高層建築物の世界史

大澤昭彦

講談社現代新書

2301

はじめに

「民主社会では、自分自身を思い浮かべるとき、人々の想像力は萎縮する。国家を思うとき、それは無限に拡大する。そのため、狭い家でつましく暮らしている人たちが、しばしば、公共の記念碑となると、とたんに巨大なものを計画する」アレクシ・ド・トクヴィル（『アメリカのデモクラシー』第二巻〈上〉）

日常風景としての高層建築物

高層建築物のある風景は、今や日常的なものとなっている。大都市だけでなく、地方都市においても、当たり前のように高層のオフィスビルや集合住宅を目にすることができる。

しかし、日本において高い建物が一般的になったのは、ここ数十年のことである。

日本初の一〇〇メートルを超える高層ビルは、一九六八年に完成した高さ一五六メートトル（軒高一四七メートル）の霞が関ビルディングである。当時も、東京では東京タワー、京都、奈良では五重塔など、高い建物は存在していた。しかし、一般の建築物の高さについては、東京では一九六四（昭和三九）年まで、日本全体でも一九七〇（昭和四五）年まで、原則三一メートルに制限されていたのである。

それから四〇年以上を経て、都内に立地する一〇〇メートルを超えるビルは約四〇〇棟に及ぶ（二〇一四年三月末現在）。

こうした高層建築物の林立は、都市のスカイラインに変化をもたらしてきた。「スカイライン（skyline）」とは、建物によってつくられる空の輪郭を意味する言葉だ。

私の職場は、横浜郊外の丘の上に立つ高層ビルにある。その最上階の窓から外に目を向けると、東京都心のスカイラインが遠くに浮かび上がる。西新宿の超高層ビル群をはじめ、渋谷、池袋、六本木、品川などに立つ高層建築物が、東京の空を複雑に切り取っている。その中央に高さ六三四メートルの東京スカイツリーがそびえることで、一目で東京のスカイラインとわかるシルエットを形づくっている。

「スカイライン」とは、もともとは地表と空の境界線を指す言葉であった。先にあげた現在の意味を持つようになったのは、アメリカのシカゴやニューヨークで摩天楼が発展した一九世紀末頃とされる。この時期に、現在の高層オフィスビルや高層マンションの原型が

高さ(m)	建物名	所在地	高さ(m)	完成年
400〜	ブルジュ・ハリファ	ドバイ・UAE	828	2010
	東京スカイツリー	東京・日本	634	2012
	ワン・ワールド・トレード・センター	ニューヨーク・アメリカ	541	2014
	ワールド・トレード・センター（現存せず）	ニューヨーク・アメリカ	417(北棟)	1972
			415(南棟)	1973
400〜200	エンパイア・ステート・ビル	ニューヨーク・アメリカ	381	1931
	東京タワー	東京・日本	333	1958
	エッフェル塔	パリ・フランス	300※	1889
	あべのハルカス	大阪・日本	300	2014
	東京都庁第一本庁舎	東京・日本	243	1991
200〜100	ケルン大聖堂	ケルン・ドイツ	157	1880
	ワシントン記念塔	ワシントンD.C.・アメリカ	169	1884
	霞が関ビルディング	東京・日本	156	1968
	クフ王のピラミッド	ギザ・エジプト	147※	A.C.2540
	サン・ピエトロ大聖堂	ヴァチカン	138	1593(頂塔部)
	セント・ポール大聖堂	ロンドン・イギリス	110	1710
〜100	国会議事堂	東京・日本	66.45	1936
	東寺の五重塔（5代目）	京都・日本	55	1644
	東京駅丸の内駅舎	東京・日本	46※※	1914
	丸ノ内ビルヂング(旧丸ビル)	東京・日本	31	1923

※建設当初　※※最高部

表0－1　本書を読んでいただくうえで物差しとなる主な高層建築物とその高さ

生まれた。
しかし、高い建築物自体は、古代から存在してきた。

高層建築物を歴史のなかで見る

歴史を眺めると、高層建築物の中心地は、世界の中で移り変わってきた。古代においては、ジッグラトという巨大な宗教的建造物を建設したメソポタミア文明や、ピラミッドをつくったエジプト文明の位置する中東地域が中心であった。中世に入るとキリスト教のゴシック大聖堂のあるヨーロッパへ移っていく。一九世紀末には大西洋を越えて、摩天楼が林立する北アメリカへと渡る。そして、二〇世紀末以降、アジアや中東へと移ることになる。

つまり、高い建物が立地する中心地は、中東にはじまり、約五〇〇〇年を経て地球を一周した結果、再び中東へと戻ってきたことになる。古代バビロンのジッグラトは高さ約九〇メートルであったとされるが、いまでは、アラブ首長国連邦（UAE）のドバイに、その何と約一〇倍、八二八メートルの高層ビルが建っている（ブルジュ・ハリファ）。さらには、一〇〇〇メートルを超えるビルも計画されている。

歴史を通して変わってきたのは、高さだけではない。高層建築物の機能や施主・所有者も変化してきた。近代以前においては、国王の神殿や大聖堂、モスクといった宗教施設や、城郭の主塔（日本では天守）などの軍事的施設が中心であり、国王、教会（教皇）、領主といった強大な権力者でなければつくれないものだった。しかし、近代以降、資本家や企業が高層建築物のおもな担い手となり、オフィスビル、集合住宅、電波塔（テレビ塔）、展望塔が中心になっていく。

本書のねらい

本書のねらいは、以下の三点を示すことにある。

まず一つは、歴史を通して、人びとがどのような高層建築物をつくってきたのかを振返ることである。時代や地域ごとに、たどっていきたい。

二つ目は、人びとがどのような動機で高層建築物をつくってきたのかを探ることである。高層建築物にどのような意味を見出してきたのかについて、時代的、社会的背景をふまえながら探っていきたい。

三つ目は、高層建築物の歴史を通して、「建物の高さから見た都市の歴史」を考えることである。建物がつくる街並みの高さが都市において何を表現してきたのかについて考えたい。

本書では、世界の高層建築物の歴史を大きく六つに分け、それぞれの時代について述べている（第一章から第六章）。各章ごとに、当時の日本の高層建築物についても触れている。終章では、まとめとして、高層建築物の意味を七つの視点から探ってみた。

本全体を通して通史的な流れになっているが、章ごとに独立しているため、興味を持ったところから読んでいただければと思う。高層建築物についての入門書として手に取ってもらえれば幸いである。

なお、高層建築物という言葉の意味であるが、そもそも一義的な定義は存在しない。本書では、高層オフィスビルや高層マンションはもとより、ピラミッドや大聖堂、鐘楼、天守、電波塔、展望塔など、さまざまな建築物（建造物）を取り上げている。「垂直性を志向する高さのある建造物」を高層建築物とみなしている、とご理解いただきたい。また、便宜的に、一〇〇メートルを超える高層ビルを、超高層ビルもしくは超高層建築物と表記している。

目次

第一章　神々をまつる巨大建造物

――紀元前三〇〇〇年頃～紀元後五世紀頃

「兵士諸君、あのピラミッドの頂きから、四〇〇〇年の歴史が諸君を見下ろしている！」ナポレオン・ボナパルト（ニナ・バーリー『ナポレオンのエジプト』）

高層建築物は、都市文明とともに生まれた。

メソポタミア文明ではジッグラトと呼ばれる都市神をまつる神殿を載せた巨大な建造物がつくられ、古代エジプト文明ではファラオ（王）のもとピラミッドが建造された。これらは、高いだけでなく、ボリュームに特徴があった。高層建築物というよりは巨大建造物と表現した方が適切かもしれない。しかし、こうした巨大建造物は、後につくられる大聖堂や鐘楼、電波塔、高層ビルといった高層建築物に多大な影響を及ぼすことになる。したがって、本章ではいわば高層建築物の前史として巨大建造物の歴史を見ていく。

古代に巨大建造物が生まれた背景には、都市住民の信仰との深い関わりがあった。都市文明は、安定的な農作物の収穫が定住と人口増を促した結果として誕生した。しかし、収穫量は洪水、干魃《かんばつ》、暴風雨、寒冷化などの自然災害の影響を受ける。自然科学の知識が十分ではない時代において、天変地異の要因を超自然的な存在、つまり神に求めたのは必然であった。神への祈りこそが豊饒を約束すると信じられ、宗教的な祭儀などの体系が確立されていく。

こうした宗教儀礼を担い、神と交信できる特別な存在が、国家運営を任される為政者となった。為政者が、神殿等の宗教的な建造物をつくったのは、自らが神と地上の世界を媒介する唯一の存在であることを、人びとに知らしめる意図があったのだろう。それが大きければ大きいほど、その正統性を保証することになったのかもしれない。

本章では、古代オリエント（メソポタミア、エジプト）、古代ギリシア、古代ローマの地中海文明と、日本の弥生から古墳時代を中心に取り上げる。多種多様な神々をまつる都市文明のなかで、どのような巨大建造物がつくられてきたのだろうか。

1——古代メソポタミアのジッグラト

まずは、文明のはじまりと称される古代メソポタミアの巨大建造物を見てみたい。

メソポタミアとは、ギリシア語で「川の間の土地」を意味する。その名が示すように、この文明はティグリス川とユーフラテス川の二つの大河に挟まれた流域で誕生した。大河の水を引き込んだ灌漑《かんがい》農業の発達が安定的な農作物の収穫をもたらし、定住社会の礎《いしずえ》となる。定住は紀元前五〇〇〇年頃にはじまり、前三五〇〇年頃には都市国家へと発展していった。

都市国家にとって農作物の豊饒は重要な関心事であり、豊饒は神の力の賜物と信じられていた。メソポタミアの神々の中でもっとも格の高い神が「都市神」であり、都市の守護神として人びとに崇められていた。この時代の神話で神々の怒りの結果として天変地異が描かれているのは、自然災害の発生要因を神の意志に背いた罰と捉えていたためと考えられている。

この都市神をまつる場として、神殿を頂上に設けた階段状の巨大な建造物ジッグラトがつくられた。

ジッグラトとは「神の玉座」や「天へのはしご」

当時の人びとは、神々の労働を肩代わりする存在とされ、都市神への信仰に生涯を捧げることが求められた。人びともまた、都市神に守られているとの意識が強く、都市神への忠誠心は高かったという。

王は都市神の執務を代行する存在で、神のための神殿をつくることも重大な責務であった。都市内には数々の神殿、宮殿などの壮麗な建造物が設けられたが、その中心的な存在がジッグラトであった。ジッグラトは都市神をまつる神殿を載せた建造物で、都市の中心に置かれた。王は巨大な宗教施設を建設することで、都市神の後ろ盾を得た権力の遂行者として、自らの権威を視覚化したのである。

ジッグラトとはアッカド語で「天上の山」「神の山」を意味するという。メソポタミア文明の祖であるシュメール人はもともと山地に暮らし、山の頂で神をまつっていた。その名残でジッグラトを神聖な山に見立てていたのではないかという説がある。

それゆえ、ジッグラトの頂部の神殿は、祭司を地上に降りてきた神に近づける場所、つまり、都市神と選ばれた人間（神官など）との交流の場であった。ジッグラトは、天と地上を結ぶモニュメンタルな祭壇であるとともに、地上における「神の玉座」や「天へのはしご」を象徴するものであった。

ウル・ウルナンムのジッグラト復元図。出所：スピロ・コストフ著、鈴木博之監訳（1990）『建築全史』住まいの図書館出版局、p.111

バベルの塔

歴史上、もっとも大きかったジッグラトは、「エ・テメン・アン・キ（天と地の礎の家）」と呼ばれるバビロンにつくられたジッグラトであった。

このジッグラトが、旧約聖書の創世記に記された「バベルの塔」であったと見られている。このバベルの塔の説話とは、次の

バビロン第1王朝のジッグラトの復元模型（バビロン博物館蔵）。写真：講談社

ようなものである。

東方から人々がやってきて、シンアル（バビロニア）の地に平野を見つけ、そこに住みついた。彼らはたがいにいった。「さあ、レンガをつくってよく焼こう」。こうして、彼らは石の代わりにレンガを、しっくいの代わりにアスファルトを用いた。彼らはいった。「さあ、町をつくり、塔を建てて、その頂きを天にとどかせよう。そしてわれわれの名をあげよう」。

ヤーウェは人々が建てた町と塔を見るために降ってきた。そしていった。「彼らはみな一つの言語をもつ一つの民である。そしてやりはじめたことがこれだ。いまや、彼らがやろうと企てることで不可能なことはなくなるだろう。さあ、われわれは降っていって、あそこで彼らの言語を乱し、たがいに言葉が通じないようにしよう」。

ヤーウェは彼らをそこから全地のおもてに散らした。そこで彼らは町をつくるのをやめた。それでその町の名はバベルと呼ばれた。つまり、そこでヤーウェが全地の言語を乱し、そこから彼らを全地のおもてに散らしたからである。（『旧約聖書・創世記』

第一一章第二−九節）

バベルの塔の伝説は、神のいる天を目指す巨大建造物の建設が神に対する冒瀆にあたるとした、人間の不遜な態度を戒める教訓として現在に語り継がれている。この聖書の記述の中には煉瓦やアスファルトなどの建設材料について言及されており、これがバベルの塔がジッグラトであったことを裏付ける根拠の一つとみなされている。

バビロンのジッグラトは、もともと存在していたジッグラトをつくりなおしたものであった。新バビロニア王国の創始者であるナボポラッサルが修復を開始し、ネブカドネザル二世（在位：前六〇四～前五六二年）が完成させたものとされる。バビロニアの主神マルドゥクに捧げたものであり、楔形文字で記された粘土板文書には、ジッグラトの建設に際しての王の役割が記されている。

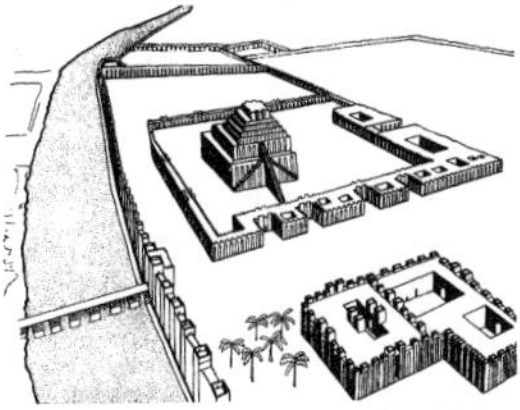
バビロンのジッグラトの復元図。
出所：ベアトリス・アンドレ＝サルヴィニ著、斎藤かぐみ訳（2005）『バビロン』白水社（文庫クセジュ）、p.111

「主マルドゥクは、バビロンの段状の塔……エ・テメン・アン・キに関して、その基礎は黄泉《よみ》の国にしっかりと据え、頂上は天の如くに造るように命ぜられ……私は焼成レンガの製造を手配した。また、計り知れない高みから落ちて来るどしゃ降りの雨の如くの勢いで、瀝青《れきせい》［引用者注：アスファルト］を

	高さ(m)	両辺の長さ(m)
1層	33	90×90
2層	18	78×78
3層	6	60×60
4層	6	51×51
5層	6	42×42
6層	6	33×33
7層	15	24×21
合計	90	

表1－1　バビロンのジッグラトの高さ

アラフトゥの運河から運び込ませた（中略）私は葦を手にし、自身で計測を行った……主マルドゥクのため私は頭を垂れ、王家の血筋を象徴するこの着物も捨てた。そして、自らの頭上にレンガや土を載せて運んだ」（スピロ・コストフ『建築全史』）

「頂上は天の如く」とあるが、遺跡から発掘された粘土板には楔形文字で各層の大きさが記されており、合計七層、高さ約九〇メートルに及ぶと推定されている（表1－1）。底辺は全体の高さと同じ約九〇メートル四方、頂上には、都市神マルドゥクの住居である神殿が設けられた。

実際のバベルの塔だが、バビロンに侵入したさまざまな国によって破壊されてしまったため、現在、形をとどめるものは存在しない。侵略者による被侵略国のシンボル的な建造物の破壊は、新たな為政者の力を示す方法として、歴史の中で繰り返し行われてきたことである。

2——古代エジプトのピラミッドとオベリスク

バベルの塔をはじめとするジッグラトの多くは現存しない。一方、いまもその姿を眺めることができる巨大建造物が、古代エジプトのピラミッドである。なかでも、「あのピラミッドの頂きから、四〇〇〇年の歴史が諸君を見下ろしている！」（バーリー、前掲書）とナポレオン一世が語った、高さ約一五〇メートルに及ぶクフ王のピラミッドが広く知られている。

古代エジプト文明（前三一〇〇頃〜前三三二年）では、ファラオ（王）が絶対的な支配者であった。ファラオは支配者であると同時に現人神とみなされ、「神々と人々とを結びつける存在」（大城道則『ピラミッドへの道』）であった。そして、ファラオが神との媒介者であることを国民に知らしめるシンボルがピラミッドであった。

ピラミッドという言葉は、ギリシア語で四角錐の形のパンを意味する「ピラミス」に由来する。古代エジプト人はピラミッドを「メル」や「ムル」と呼び、高さや階段、昇天の場を意味した。つまり、ピラミッドはその高さが重要であり、ファラオがまつる神への信

階段ピラミッド（ジェセル王のピラミッド）。写真：講談社

仰と深いかかわりがあった。

ピラミッドが建設された意図については、これまで、現人神であるファラオの墳墓とされていたが、現在ではこれに否定的な見解も少なくない。その理由は、ピラミッドの中にファラオの死体、ミイラが存在しないことのほか、一人の王が複数のピラミッドを建設しているケースもあることによる。とはいうものの、その原型は、「マスタバ」というファラオの墳墓であった。マスタバは、地下につくった墓室の上に、日乾煉瓦（粘土を固め、天日で乾かしてつくる煉瓦）による台形の構造物で覆った竪穴式地下墓室を指す。そこからメソポタミアのジッグラトのような階段状のピラミッドとなり、真正ピラミッドへと発展していった。

クフ王のピラミッド

真正ピラミッドの形式は、スネフェル王の息子クフ王（在位：前二五四九～前二五二六年頃）の時代に完成を迎える。ギザの台地に築かれた三大ピラミッドが代表的である。

そのうちの一つであるクフ王のピラミッドは、底辺二三〇メートル、高さ一四六・六メートルに及ぶ（現在の高さは一三八・七五メートル）。ちなみに、日本初の一〇〇メートル超の高層建築物である霞が関ビルの軒高が、このピラミッドとほぼ同じ一四七メートルである。

クフ王のピラミッドには、平均二・五トンの石灰岩が約二三〇万個も用いられている。石材の運搬には、定期的に訪れるナイル川の氾濫が利用されたという。氾濫によって浸水域が広がるため、石を筏《いかだ》に載せれば建設現場近くまで運ぶことができた。採石場がナイル川沿いに分布しているのはそのためである。「エジプトはナイルの賜物」というヘロドトスの「歴史」にも記述された有名な言葉があるが、ナイル川は大地を肥沃にしただけでなく、ピラミッド建設にも恩恵をもたらしていたわけである。

クフ王のピラミッド。写真：樋口諒

ピラミッドの建設には、自然の力だけでなく、当時最先端の測量技術や天文学の知識も結集された。たとえば、四辺の長さの数値を見てみると、それぞれ東二三〇・三九一メートル、西二三〇・三五七メートル、南二三〇・四五四メートル、北二三〇・二三〇メートルで、その誤差は数十センチにとどまる。また、四辺は正確に東西南北を向いており、東側の辺と真北方向の軸のずれはわずかに〇度五分三〇秒であるという。ピラミッドの美しさは、巨大かつ無数の

建物名	時代	高さ(m)	底面の一辺の長さ(m)	傾斜角
メイドゥームの崩れピラミッド	フニ王(第3王朝)〜スネフェル王(第4王朝)	93.5	147	51度50分35秒
屈折ピラミッド	スネフェル王(第4王朝)	105(設計上の高さは128.5)	188.6	43度22分(上部)51度50分35秒(下部)
赤ピラミッド	スネフェル王(第4王朝)	104	約220	43度22分
クフ王のピラミッド	クフ王(第4王朝)	146.6(現在は138.75[74])	約230	51度50分40秒
カフラー王のピラミッド	カフラー王(第4王朝)	約143.5(現在は136.4)	215.25	53度10分
メンカウラー王のピラミッド	メンカウラー王(第4王朝)	65〜66	約103.4	51度20分

表1−2　古代エジプトの主なピラミッド

石を精緻に積み上げる技術によってもたらされたのである。

太陽信仰

ピラミッドのような巨大な建造物が、古代エジプトで求められた理由は何なのだろうか。何のためにつくられたのだろうか。

ピラミッドの建設の理由は、古代エジプトの宗教と大きく関係すると言われている。真正ピラミッドが確立した第四王朝は、太陽信仰がもっとも盛んになった時期と重なる。この太陽信仰によると、ファラオには死後、永遠の命が与えられ、太陽の船に乗って、昼間は東から西へ、夜は地下を西から東へ進むとされていた。ピラミッドには、死後にできるだけ太陽神のそばに近づきたいというファラオの願いが込められていた。そのために高さが求められたとされる。

ピラミッドが四角錐の形状となった理由は、安定性があることや最小限の材料で建設可能であることといった建設技術上の合理性はもちろんであるが、それだけでなく、太陽のある天に向かう形を表現するためともみられている。ピラミッド・テキスト（ピラミッドに刻まれた葬礼文書の一つ）の中に、「太陽の光は王が天に昇るのに使う傾斜路である」との記述があるという。つまり、四角錐状のピラミッドの形は「光を石で表したもの」であり、「王を神に変えるための仕掛け」だったのである（K・ジャクソン他『図説　大ピラミッドのすべて』）。

神殿を飾るオベリスク

古代エジプトを代表する巨大なモニュメントは、ピラミッドだけではなかった。ピラミッドの建設が下火になって以降、オベリスクと呼ばれる、神殿に建てられた巨大な石の柱が、信仰上の新たなシンボルとなっていく。

オベリスクとは、一枚岩でつくられた柱である。上に行くにしたがい細くなった直方体で、先端部はピラミッドのように尖っている。「ピラミディオン」と呼ばれる金箔で覆われた頂部は、太陽の光を反射させる役割を持つ。オベリスクも、ピラミッドと同じく、太

ルクソール神殿のオベリスク。©MITSUO AMBE/JTB Photo

陽信仰と大きく関わっており、太陽神に捧げられたものであった。

オベリスクの建設は、中王国時代から新王国時代（前二〇〇〇～前一〇〇〇年頃）にかけて盛んになっていった。最初のうちは単独で建てられたが、基本的には二本一組で神殿の塔門（パイロン）の前に設置された。

代表的なものとしては、ルクソール神殿のオベリスクが挙げられる。これは、ラムセス二世（在位：前一二七九～前一二一三年頃）が、神殿の増築にあわせてつくらせたもので、塔門前、ラムセス二世の巨大坐像が据えられた前に置かれていた。

二本一組のオベリスクは、神殿の正面を飾る「門」としての機能を果たしていた。塔門自体、門ではあるが、その前にオベリスクが建っていることで、門の奥に人びとの視線を誘い、神殿の求心性を強調する役割があったとされる。市井の人びとは塔門より内側には入ることはできない。しかし、塔門の壁面やオベリスクの表面には、ファラオや神を称える碑文や彫刻が刻まれており、それらを目にすることはできただろう。オベリスクは、天空へ向けて伸びる高さとあいまって、ファラオの威光を国民に示す格好のモニュメントとなったにちがいない。

その後、王国が衰退し、ローマ帝国に侵攻されると、古代エジプトの遺構であるオベリスクは戦利品としてローマに持ち出され、市内を飾るモニュメントとして使われた。

先に述べたルクソール神殿のオベリスクは、現在、一本しか残っていない。もう一本は一八一九年にフランスに寄贈され、現在はパリのコンコルド広場の中心に設置されている。また、トトメス三世（在位：前一四九〇～前一四三六年頃）の時代につくられたオベリスクが、ロンドン、ニューヨーク、イスタンブールにある。これら国外へ持ち出されたオベリスクについては、後の章で再び述べたい。

3——巨大・高層建築物の都市、古代ローマ

古代エジプトの王国の力が弱まったあと、地中海世界の中心となったのは古代ギリシアであった。科学や文化の基礎を築いた古代ギリシアは、神殿をはじめとする建築においても独自の体系をつくりあげた。

ギリシアの建築は、比例原則や装飾を重んじたものであったために、ピラミッドやジッ

建物等の種類	数（備考）
凱旋門	40
公共広場（フォルム）	12
図書館	28
公会堂（バシリカ）	12
大浴場	11
共同浴場（テルマエ）	約1000
神殿	100
高名な人物のブロンズ像	3500
黄金や象牙製の神像	160
騎馬像	25
古代エジプトのオベリスク	25
娼家	46
水道	11
街路沿いの給水場	1352
戦車競技用の競技場	2（大競技場は40万人収容可能）
剣闘士用の円形闘技場	2（コロッセウムは5万〜7万人の観客席）
劇場	4（ポンペイウス劇場は2万5000席）
模擬海戦場	2（水中または船上闘技用の人造池）
運動競技場	1（ドミティアヌス帝の競技場。3万人の観客席）

表1－3　帝政ローマ期の主な公共建築

グラトのような巨大な建造物はつくられなかった。アクロポリスの丘の上に立つパルテノン神殿は、どこからも見ることができるランドマークとなったが、建物自体の高さは突出したものではない。大きさよりも、デザインの秩序や、人間の尺度で把握可能であることを重視したギリシアの建築は、その後、地中海世界を制して一大帝国を築き上げた古代ローマに継承されていくことになる。

共和政期のローマの建築は、古代ギリシアと同様に人間の尺度で把握可能な建物が中心であった。しかし、帝政期に入り、圧倒的な軍事力を背景に版図を拡大するにつれ、首都ローマでは、壮麗な宮殿やフォルム（公共広場）、神殿、凱旋門など、モニュメンタルな大規模建造物が建設されていった。一方で、ローマ市内の人口は増加の一途をたどり、市民の住宅として、インスラと呼ばれた高層アパートが建設されていく。

パンテオン

初代ローマ皇帝アウグストゥス（在位：前二七～後一四年）は、「私はローマを煉瓦の街として引き継ぎ、大理石の街として引き渡す」と語ったが（青柳正規『皇帝たちの都ローマ』）、代々の皇帝により建設された巨大建造物は、ローマ市内を壮麗な景観に変貌させ、帝国の繁栄を象徴するものとなった。

その一つが、ハドリアヌス帝（在位：一一七～一三八年）により再建されたパンテオン（万神殿）である。これは半球の巨大ドームを架した巨大な神殿であり、その高さは四三・二メートルに及ぶ。古代ギリシアと同様に、ローマ帝国ではさまざまな神がまつられていたが、このドームによって、ローマがさまざまな神に護られた一つの完結した世界であることを表現したとされる。なお、パンテオンのドームの曲線は、コンクリートを用いることによって実現できたと言われるが、古代ローマは世界で初めてコンクリートで建造物をつくった文明でもあった。

コロッセウム。写真：藤田康仁

凱旋門、娯楽施設

戦争によって領土を拡大していったローマ帝国は、戦勝を祝うモニュメントを多数建設した。凱旋門もその一つである。戦争に勝利した皇帝を称えるために、首都ローマへの凱旋を祝う儀式として、皇帝がその門をくぐった。それゆえ、城壁とは独立して建てられた、シンボル的な性格の強い門となっている。セプティミウス・セウェルス帝やコンスタンティヌス帝の凱旋門が特に知られているが、それぞれの高さは二三メートル、二一メートルである。なお、後にフランスのナポレオン一世はこの高さを上回ることを意図して高さ五〇メートルの凱旋門を建設するが、それについては第三章で述べたい。

戦勝の記念碑といえば、先に述べた古代エジプトのオベリスクも挙げられる。アウグストゥス帝は、エジプト征服の証としてオベリスクをローマに持ち帰ったが、なかには三〇メートルを超えるものもあった。

ローマ帝国における大きな建造物は、政府や宗教施設だけではなく、共同浴場（テルマエ）、闘技場（コロッセウム）、野外劇場、体育館、円形劇場（サーカス）といった市民の気晴らしのための娯楽施設として建設されたものも多かった。

コロッセウムは、紀元八〇年に建てられた楕円形の闘技場で、長径一八八メートル、短径一五六メートル、五万人収容可能な巨大スタジアムであった。高さは四八・五メートルだったが、客席の最上部にさらに木造の観客席を増設していたため、実際には五二メートルはあったとみられている。

古代ローマは高層アパートが密集した都市だった

都市化が急激に進んだ帝政期のローマは、壮麗な記念建造物が建ち並ぶ都市であると同時に、高層アパートの密集した高密度住宅都市でもあった。

ローマ帝国が隆盛を極めるにつれ、首都ローマへの人口集中も進んでいった。市内の面積は限られているため、必然的に住宅は高層化していった。紀元前三世紀頃の住宅は、高くても三階建てであったというが、人口の増加にあわせて徐々に高さを増していき、一般市民は、「インスラ (insula)」と呼ばれる六階から八階建ての高層アパートに暮らしていたとされる。

インスラとは、もともと「島」を意味し、街区を指す言葉であ

コロッセウム近くにあるコンスタンティヌス帝の凱旋門。写真：講談社

高層アパート（インスラ）の復元模型（チヴィタ・ロマーナ博物館所蔵）。出所：スピロ・コストフ著、鈴木博之監訳（1990）『建築全史』住まいの図書館出版局、p.350

る。街区一杯につくられたアパートの一階は店舗で、各階が独立した住宅となっていた。市内には水道網が整備されていたが、ポンプがないため、住民は水場まで水を汲みに行く必要があった。

本格的なインスラは、紀元前一世紀頃にはじめてつくられて以降、アウグストゥス帝の時代に広まり、ネロ帝（在位：五四～六八年）時代の大火後に行われた都市再建の際、一気に普及した。

帝政時代末期、紀元二世紀のセプティミウス・セウェルス帝時代の土地台帳によると、インスラは四万六六〇二ヵ所あったとの記録が残されている。一方、戸建て住宅（ドムス）は一七九七戸にとどまっていたことからも、ローマ市民の主な住まいは高層アパートであったことがうかがえる。当時の雄弁家アエリウス・アリスティデスは、「もしすべての住宅を地面の高さに降ろしたならば、ローマはたちまちアドリア海にまでひろがる」と叫んだという。

一世紀から二世紀にかけてのローマの人口は約一一〇万人で、市域面積が一七八三ヘクタールであったことから、人口密度は一ヘクタールあたり六一七人となる。いま日本でもっとも人口密度が高い自治体は、東京都豊島区で、一ヘクタールあたり二二八・八人（二〇一〇年国勢調査）だが、古代ローマはその約三倍に及んでいた。この比較からも、アリスティデスの言葉があながち大げさではないことがわかる。

高層アパートがもたらした都市問題

ローマ市内の人口は増え続ける一方であったため、アパート建設は土地所有者に安定的な収入をもたらした。土地所有者は複数のインスラを持ち、一棟を一人の借家人に貸し付け、借家人はさらに店子《たなこ》へ又貸ししていたという。また、金融業者もインスラ建設に投資し、利益を得ていた。インスラには投資対象としての側面もあったわけである。

インスラへの投資の過熱はさらなる高層化を招き、火災や崩壊などの事故を招くことになる。古代ローマの建築家ウィトルウィウスは、『建築十書』にその原因について記している。急増する人口の受け皿となる住宅を供給する必要があったものの、ローマ市内は土地に限りがあるために、建物の高度利用によって床面積を確保しなければならなかった。そのため、法律で建物の壁の厚さを約四五センチ以下に制限し、室内の空間を広く取るようにした。しかし、そのことが建物の構造を脆弱にし、結果的に崩壊などの事故を誘発したというのである。

多くのインスラでは、四階までは外壁を煉瓦で覆ったコンクリート造で、五階以上は建物の荷重を軽くするために木造だったという。この木造部分の壁は、粗壁土など耐久性の弱い素材でできていたために亀裂が入りやすく、限度を超えると崩壊してしまった。また、上層階を軽くしたといっても、建物自体の重さを支えきれずに崩落することもあった。

崩落のほか、火災による事故も頻発した。

地中海性気候のローマの夏は乾燥するため、火災も発生しやすい。一度火事が起きると、街区全体に延焼することも少なくなかった。たとえば、紀元六四年のネロ帝時代の大火では、市の三分の一が焼失した。大都市ローマにとって、火災は大きな都市リスクとなっていたのである。

そこで、アウグストゥス帝がとった防火対策の一つが消防庁の設置である。七〇〇〇人もの消防士を擁する大規模な組織で、消防作業には解放奴隷が従事していた。消防士は、火災が発生すると、延焼を防ぐために建物を壊して、空き地をつくったという。

アウグストゥス帝は、インスラの防災性や安全性を確保するために高さ制限も行った。ローマ城壁内の私有建造物の高さを七〇ペス（約二〇・六五メートル）に規制したのである。しかし、それでも十分ではなく、トラヤヌス帝の時代には六〇ペス（約一七・七メートル）に引き下げられた。高さ制限だけでなく、中庭の設置が義務づけられたほか、床に木材を使用することも禁止された。

ネロ帝は、先に述べた大火後の都市再建にあたって、区画整理により道路幅を拡大した。さらに道路の最小幅員を制限するとともに、建物の高さも道路幅員の二倍に制限したとされている。

ローマ法においても、日照や眺望確保の観点から、高さは制限されていた。たとえば、土地の所有者は、建物を改造する際、隣地の眺望や採光を阻害しないこと、また、新築の際は、隣地からの海の眺望を阻害しないことが定められていた。

それでも、制限を守らない建物も多く、中には倒壊したものもあった。

紀元一〇〇～二〇〇年頃には、「インスラ・フェリクレス」という、巨大なインスラがつくられた。あまりの高さからローマ帝国中にその名が知られ、パンテオンやマルクス・アウレリウス記念柱などと並ぶローマの観光名所になっていたという。どのくらい高かったのかは不明であるが、制限を大幅に超えるものであったことは間違いないだろう。

4――アレクサンドリアのファロスの大灯台

ギリシアの勢力が弱まり、ローマ帝国が勢力を強めていく端境期に、地中海文明を牽引した都市が、エジプトのアレクサンドリアであった。

ナイル川西部の地中海沿岸に位置するこの都市は、紀元前三三一年頃にアレキサンダー大王によって建設された。格子状に張り巡らされたギリシア都市特有の都市構造に、ムーセイオンと呼ばれる研究機関や図書館が配置された学術都市として知られる。古代の文書に「巨大な、きわめて巨大な街。豊かで、たいそう高貴な街。非常に幸福で、壮麗な街。人が獲得できるものすべて、そして望み得るものすべてを蔵する街」(ダニエル・ロンドー『アレクサンドリア』)と記されたように、アレクサンドリアは経済、文化、科学の中心都市として繁栄を極めた。

旅行記が伝える巨大さ

その都市のランドマークとも言える存在が、紀元前二八〇年頃に建設され、世界の七不思議にも挙げられる、ファロスの大灯台である。現在に至るまで人びとを惹きつけ、後世の建築にも少なからず影響を与えることになった建物である。その高さは約一二〇メートルに及び、積み重ねられた御影石と石灰岩の表面は白大理石で覆われていたという。

現存しないため、正確な高さや材料については不明であるが、一二世紀にアレクサンドリアを訪れたイブン・ジュバイルの『旅行記』の次のような記述から、その巨大さをうかがい知ることができる。

その建物は全体がひどく古めかしく強固であって、空とせりあうように高く聳えていて、筆舌に尽くしがたいものである。また一瞥《いちべつ》しただけでは全体を見ることができず、これについて述べることもできず、その全貌を伝えることは困難で観察し尽くすことはできない。（イブン・ジュバイル『イブン・ジュバイルの旅行記』）

アレクサンドリアの灯台（想像図）。出所：フランソワ・シャムー著、桐村泰次訳(2011)『ヘレニズム文明』論創社、p.398

この灯台の名は、灯台が建てられたアレクサンドリア沖合のファロス島に由来している。なお、英語では灯台をpharos(lighthouse)、ドイツ語ではPharus、フランス語ではphareというが、いずれもファロスという島の名が語源である。

灯台の頂部には灯器が設置され、樹脂を多く含むアカシアやギョリュウを燃料としてかがり火を灯し、反射鏡を通じて光を投射していた。また、昼間は、太陽光を集めて反射させていたという。古代ローマの歴史家フィラウィウス・ヨセフスによると、灯台の光は三〇〇スタディオン（約五四キロメートル）に及んだという。

学術都市と大灯台

当時、高さが約一〇〇メートルを超える建造物は、クフ王やカフラー王などのピラミッド以外に存在していなかった。これほど大きな建物をつくるには、高度な技術が求められたはずである。その建設技術の基礎となったのが、知の拠点であるムーセイオンや大図書館であった。

英語のmuseum（博物館）の語源でもあるムーセイオンは、現在の大学のようなものであるが、教育機関ではなく、あくまでも研究のみを行う場であったという。一方の大図書館には、世界中から集められた五〇万冊の蔵書が存在し、これらの厖大《ぼうだい》な資料を用いてギリシアの研究者たちが研究に勤《いそ》しんでいた。ムーセイオンには最先端の数学や科学の知識が集積していたわけである。つまり、ファロスの大灯台は、ムーセイオンに集まった研究者たちの英知の賜物であり、アレクサンドリアを象徴する建造物であった。「アテネがパルテノンによってそれと知られ、サン・ピエトロ寺院がローマを指すのとちょうど同じように、当時の人々の想像力の中では『ファロス』がアレクサンドリアになり、アレクサンドリアはファロスであった」のである（E・M・フォースター『ファロスとファリロン／デーヴィーの丘』)。

しかし、この大灯台は度々地震に襲われ、一四世紀に起きた二回の大地震で完全に崩壊した。

次章で述べるが、アラブ人はこのファロスの大灯台をモデルとして、イスラームのモスクの尖塔(ミナレット)をつくったとも言われる。

5──古代日本の巨大建造物

本書では、各章の終わりに、同時代の日本の状況についても、述べていきたい。

この時代、日本においても農耕定住社会の誕生にあわせて巨大建造物がつくられるようになる。縄文時代の三内丸山遺跡の大型掘立柱建物や、弥生時代の吉野ヶ里遺跡の環濠集落における物見櫓などが代表的なものであった。また、古墳時代に入ると、国を司る王や地域を取り仕切る首長をまつる巨大な前方後円墳が造営され、その大きさが日本の王を中心とする政治的秩序や権力の大きさを表現していく。

箸墓古墳。写真：（上）講談社、（下）著者

前方後円墳

弥生時代の末期になると、各地を治める有力者（首長）の墓の巨大化が進んだ。三世紀半ばから七世紀初頭にかけて築造された前方後円墳がその代表的なものである。

前方後円墳は、文字通り、円形の丘と台形の丘を組み合わせた古墳であり、上から見ると鍵穴のような平面形状が特徴的である。

最古の最大級の前方後円墳と言われる箸墓古墳は、全長二八〇メートル、高さ約三〇メートルに及ぶ。奈良の三輪山の麓に位置するこの古墳は、三世紀中頃に建造されたと推定されており、その後、箸墓古墳を縮小再生産したような前方後円墳が各地で建設されていった。

五世紀に入ると、前方後円墳の拡大が進んだ。墳丘の長さが三〇〇メートル、四〇〇メートルを超えるものも築造されていった。中でも大阪府堺市にある大仙陵古墳（伝仁徳天皇陵）は、最大の前方後円墳として知られている。長さは四八六メートル、最も高い部分の高さは約三五メートルある。後円部の直径は二四九メートル、前方部の幅は三〇五メートルに及ぶが、これは底面が約二三〇メートル四方であるクフ王のピラミッドを大きく上回っている。

なお、中国には、大仙陵古墳を大きく上回る規模の古墳がある。紀元前三世紀に中国全土をはじめて統一した秦の始皇帝の陵墓である。平面が三五〇メートル×三四五メートル、高さ七六メートルの墳丘であるが、築造時は、四八五メートル×五一五メートル、高さは一一五メートルあったと推測されている。現状の高さと比較しても、大仙陵古墳の二倍強に達する。

大仙陵（伝仁徳天皇陵）。写真：著者

巨大な墓がつくられた理由

なぜ、これほど巨大な墓をつくる必要があったのだろうか。

前方後円墳の大きさは、国内の政治的秩序を反映していたとの見方がある。当時、貴重な資源であった鉄は、大陸からの輸入に頼っていた。鉄の入手に際しての交渉や輸送、さらには分配を取り仕切る人間を中心に、首長間の政治的なヒエラルキーが形成されていったとされる。つまり、鉄の入手を巡る政治的秩序を視覚化したものが前方後円墳であったというわけである。

もう一つの理由は、首長などの権力者が一般の民とは異なる崇高な存在であることを意識させる意図が込められていたためとされる。首長は死後、神となり共同体を守ると信じられていた。前方後円墳とは、葬られた人物の神格化を図る宗教的な装置としてつくられた墳墓であったのである（松木武彦『古墳とはなにか』）。先代首長の偉大さを巨大な墓の建造によって視覚化し、現首長が先代の正統な後継者であることを誇示する狙いもあっただろう。

現在の前方後円墳は全体が樹木で覆われ、小高い山のように見える。その姿は、ジッグラトやピラミッドのような天を志向するような形ではなく、あくまでも水平性を基調とした巨大建造物と言える。前方後円墳は石を積み重ねた構造物ではなく、盛り土でつくられている。それゆえ、高くするためには、その分、底面を大きくとり、横に広げる必要があった。大仙陵の高さが前方部が三三メートル、後円部が三五メートルと、一〇階建てのビルと同じぐらいあるにもかかわらず、高さを実感しにくい理由はそこにある。

とはいえ、当時においては突出して高い建造物であったことには変わりはない。古墳の完成当初は樹木で覆われておらず、葺石《ふきいし》が露出していたために、エジプトのピラミッドなどと同じように、どこからでも人びとの目に入るランドマークであっただろう。

前方後円墳が下火となっていった六世紀に入ると、大陸からは仏教が到来し、仏塔を含む大伽藍がつくられていくようになる。

第二章　塔の時代
——五～一五世紀

「ひとは大聖堂のためには死ぬ。だが、石材のために死ぬのではない。（中略）ひとは「人間」への愛のゆえに死ぬ。「人間」が「共同体」という穹窿《きゅうりゅう》の要石であるならば。ひとはおのれがそれによって生きうるもののためにのみ死ぬのである」サン＝テグジュペリ（『戦う操縦士』）

ヨーロッパで「中世」とされる五世紀から一五世紀までの約一〇〇〇年間を、本書では「塔の時代」と呼ぶ。ヨーロッパからアジアにかけて、城郭の塔や見張り塔、ゴシック大聖堂、モスクのミナレット、仏塔など、垂直性を強調した建造物が建てられていった。

この「塔の時代」の推進力となったのは、キリスト教、イスラーム、仏教などの新たな宗教の興隆であった。礼拝の場である大聖堂、モスク、伽藍が都市の中心を占め、新たな建物による空の輪郭・スカイラインを形成するようになっていった。高層建築物は、新たな信仰の普及と確立という重大な役割を担っていたのである。

宗教だけでなく軍事的必要からも塔が建設されていった。ローマ帝国の崩壊による権力分散や周辺民族の侵入（移動）は、定常的な争いを招いた。領主など各地の権力者は自らの領地を守るために城を築き、塔は、防衛や軍事上の拠点として重要視されていくことになった。

塔をつくるためには、経済的・技術的な裏付けが欠かせない。九～一一世紀以降には、大開墾運動による収穫量増大を背景とする人口増加や都市の復興・発展が、塔の建設資金の確保を可能にし、技術の開発を促した。

高さの追求と危険は隣り合わせである。崩壊、倒壊、落雷などのリスクを抱えつつ、さらなる高さを求めていった時代でもあった。

1――中世ヨーロッパの城塞

高台の上にそびえる石造りの城は、中世ヨーロッパの面影を今に伝える巨大建造物の一つである。周囲を睥睨《へいげい》するように立つ主塔（日本の城で言う天守）や、それを取り巻くように巡らされた濠や城壁、そして城壁に沿って等間隔に設置された見張り塔などが一般的な城の構成である。もちろん城塞は、中世になってはじめて誕生したものではなく、古代オリエントやローマなどでも築かれていた。しかし、垂直性を際立たせた主塔や見張り塔が築造されるようになったのは、九世紀以降のヨーロッパでのことであった。

五世紀の西ローマ帝国崩壊後、フランク王国がヨーロッパを統一したものの、九世紀に入ると再び分裂し、さらにヴァイキング（ノルマン人）の侵入などもあり、不安定な情勢が続いていた。そこで各地の領主が領地防衛のために、新しい城を築いていったのである。

城の主な機能は、当然ながら軍事的拠点としての要塞である。しかし、それ以外にも、領主やその家族などの住居、領民に対する権力者としての威光の誇示、他の領主・諸侯に対する対抗意識の誇示などの役割も兼ねていた。また、中世の封建社会において、城は軍事的権力だけでなく、経済、司法、行政など多岐にわたる権力を包含した「センター」ともなった。

土と木でつくられた城

中世ヨーロッパにおける城の原型となったのは、九世紀以降に発展するモット・アンド・ベイリーという土と木でつくられた城であった。これは、人工的につくったモット＝丘（土塁）に、ベイリー＝木製の防護柵を巡らせたものである。場合によっては、丘の周りに濠が設けられることもあった。

城の最も高い場所には、主塔（英語でキープ、フランス語でドンジョン）とよばれる木造の建物が置かれた。主塔には、城主やその家族の住居、攻撃の拠点、見張り塔、備蓄庫などの多様な役割があった。敵から攻撃を受けた際には、主塔は城主や家族、家臣が立て籠もる防衛拠点ともなり、領内の住民を城の中に避難させたこともあったという。さらに、防護柵に沿って、一定間隔で見張りや攻撃のための塔が設置されることもあった。
このモット・アンド・ベイリー式のメリットは、建設コストが低く時間もかからないことであった。特別な技術が必要ないにもかかわらず、軍事的には一定の効果を発揮したため、各地で普及していくことになる。

木造から石造へ

一一世紀に入ると、木造であった城が石造につくり替えられていく。例えば、イングランドのウィンザー城は、もともと典型的なモット・アンド・ベイリー式であった。当初は木造塔が建っていたが、一一七〇年代にヘンリー二世によって円筒形の石造塔に建替えられた。

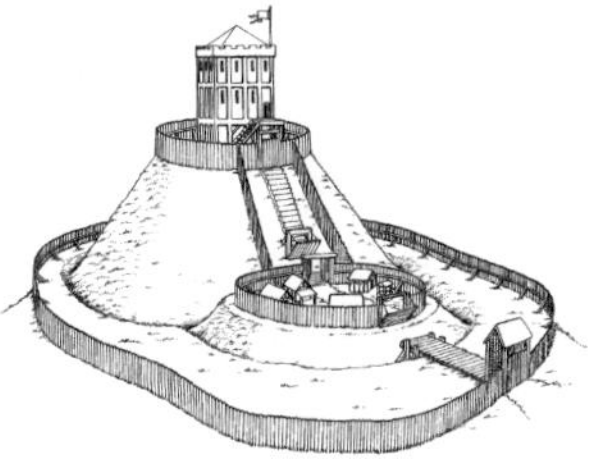

モット・アンド・ベイリーの模式図。
出所：マシュー・ベネット他著、淺野明監修、野下祥子訳（2009）『戦闘技術の歴史2　中世編』創元社、p.251

防衛の機能面から見れば木造より石造の方が優れているのは言うまでもない。それまで石造の城がつくられなかった理由は、費用や技術の問題にあった。石材の切り出しは、木の伐採よりも高度な技術を要した。また、重い石材を用いるには、運搬や切り出しなどで労働力が必要で、費用もかかった。これに対し、木材は豊富に存在し、扱いや

国名	建物名	建設時期	平面形状	主塔の高さ(m)	主塔の階数
フランス	クーシー城	1220〜1240年頃	円形	約54	4層
	ヴァンセンヌ城	1337〜1370年頃	四角形※	約66	5層
イングランド	ロンドン塔(ホワイト・タワー)	1078年頃	四角形※※	約27	4層
	ロチェスター城	1130年頃	四角形※※	約35	4層
	ドーバー城	1180年頃	四角形※※	約29	3層
ウェールズ	カーナヴォン城	1283〜1323年	多角形平面	約36	−

※四隅に円形平面の隅部城塔　※※四隅に四角平面の隅部城塔

表2−1　中世ヨーロッパの城の主塔（一例）

すく、安価でつくることができたために重宝されたのである。

しかし、一一世紀以降、都市経済が発展し、農業の生産性も高まるにつれて、領主の富が蓄積され、築城を石で行うことが可能となっていった。石造の城は、他の諸侯に対して、自らの権力を知らしめ、威圧感を与える効果もあった。城は次々に石造へとつくり替えられていき、一二世紀から一三世紀にかけて、城壁、塔、主塔が石造で造営されるようになっていった。

城壁や主塔もより高くなることで、防御の性能が強化されていった。主塔は三〇メートル程度のものが多かったが、なかにはヴァンセンヌ城（フランス）のように六六メートルとその二倍を超える高いものもあった。

こうした城塞の発展の要因として、十字軍がアラブから築城・攻城技術を持ち帰ってきたことがある。例えば、城塔の平面形状は、初期は四角形であったが、アラブで用いられていた円形塔がヨーロッパに伝播していった。四角形の塔は砲撃の的になりやすいが、円形であれば砲弾の衝撃を緩和することができた。また、四角形だと敵を見張る際、死角となる場所が生まれる欠点があったが、円形にすることで死角を減らすことが可能となった。

このような長所はあったが、石造は当然ながら木造より重くなる。従来のモット(丘)は石でできた主塔の重さを支えることが難しくなり、モット・アンド・ベイリー式はあまり用いられなくなっていった。言い換えれば、人工の丘をつくらなくても、城壁や主塔で十分な防御が可能になったのである。

モット・アンド・ベイリー式が衰退するにつれ、主塔は城壁と一体的に整備されるようになった。つまり、主塔自体が攻撃の最前線としても機能するようになった。城壁と主塔を一緒につくることは建設費用の軽減にもなるため、一三世紀には、単独の主塔自体はあまりつくられなくなり、城壁と主塔の機能を有する大規模な城門が主流となっていった。

ウィンザー城。写真:講談社

領土拡張のための築城

城をつくる(築城する)ことは、領土を拡大し、領主が臣下に対して自らの権威を示すための有効な手段として用いられた。

例えば、木造の城が主流だった時代にさかのぼるが、ノルマンディー公のギヨーム（ウィリアム一世征服王）による築城の例が挙げられる。一〇六六年、ドーバー海峡を渡り、イングランドに攻め入ったギヨームは、移動式の木造城塞を持ち込むことで、イングランド内に八四もの城をつくった。その大半が、モット・アンド・ベイリー式の城であった。さらに彼の後継者によって築かれた城は数百にも上ったとされる。

支配が一段落すると、今度は築城の抑制に転換する。一二世紀初頭、ギヨームの息子でイングランド国王のヘンリー一世は、許可なく城を建設することを禁じた。城の乱立を防ぐことによって、国王による支配を確実なものにしようとしたのである。

さらに、フランスの王の中には、支配を確固たるものにするために、配下の領主に城塞の破壊を命じた者もいたという。

2——ゴシック大聖堂

一一世紀以降、城が木造から石造へ替わっていったように、キリスト教の教会堂も石造へと建替えられていった。その典型的なものがゴシック大聖堂である。

ゴシック大聖堂は、一二世紀半ばに北フランス（イル・ド・フランス。パリを含む地域）で生まれ、一二世紀後半から一三世紀に建設ラッシュを迎え、一五世紀まではヨーロッパ各地へと広まっていった。

ゴシック大聖堂の最も大きな特色は、垂直性を強調したその高さにあると言えるだろう。「節度や均整、安定性や合理性にこだわらず、ひたすら、よりいっそうの高さをめざしていた」ところにその本質があった（酒井健『ゴシックとは何か』）。城をはるかに超える圧倒的な高さは、中世におけるスカイラインをつくるとともに、新しい都市の時代を象徴することとなる。

大聖堂とは

ところで、そもそも大聖堂とは何かを確認しておこう。

大聖堂は、単に大きな聖堂（教会堂）のことではない。「司教典礼」によると、司教座が置かれた教会のことを指す。人口二〇〇人に対し一つの聖堂があったというが、この範囲を司教区と呼んだ。司教区（教区）内を監督する役職が司教であり、祈り、説教し、ミサを執り行う。そして、複数の司教区を束ねる役割を担う教会が司教座聖堂、つまり大聖堂

ソールズベリー大聖堂。写真：中井検裕

となる。大聖堂は司教の権力の象徴であり、信者たちを束ねる統合の象徴ともなる。司教座聖堂が管轄する区域は、現在のフランスにおける県とほぼ重なるエリアであることから、司教座聖堂は県庁のようなものだったとも言えるだろう。

なお、大聖堂をフランス語でカテドラル（cathédrale）というが、これは「司教座のある」を意味する形容詞が名詞化したものである。英語のキャシードラル（cathedral）もラテン語のcathedraを語源とし、これはもともとギリシア語の「kathedra＝座席」を指す。司教の座る椅子をカテドラと呼ぶことから、「司教の座る椅子のある聖堂」に由来するとも言われる。また、ドイツ語ではドーム（dom）、イタリア語でドゥオモ（duomo）と呼ぶ。いずれもラテン語で家を意味するドムス（domus）に由来する。大聖堂は、神が自分の民（信者）を集める家、つまりは「神の家」を意味するわけである。

「神の家」でもある大聖堂の特徴は、大きな内部空間を持つことである。大聖堂には多くの市民が入れるようにつくられていた。信者の礼拝場所であるだけではなく、集会、祝祭行事、おしゃべり、食事、睡眠などに自由に使われた。第一章で触れたジッグラトやピラミッドが、市井の人びとが立ち入ることのできない聖域であり、基本的に人が出入りするための内部空間を持たなかったこととは対照的である。

天井の高さの競争

「神の家」としての大聖堂は、神の崇高さを表すものとみなされた。町の中に屹立《きつりつ》する姿は、教会が神と人間（聖と俗）とを媒介する唯一の存在であることを示した。教会に従順に従うことこそが、天国に入る近道であることを人びとに知らしめる効果があった。神の崇高さをより視覚的に表現するために、高さが追求されていった。

ゴシック以前の大聖堂の身廊の天井の高さは、せいぜい二〇メートル程度であったが、一一六三年に着工されたパリのノートルダム大聖堂の再建では、以前の一・五倍、三五メートルの高さとなった。その後、シャルトル大聖堂の三六・五メートル、ランス大聖堂の三八メートル、アミアン大聖堂の四二メートルと次々に高さは更新されていった。天井を高くすることは、そのぶん天に近づくことを意味したのである。

一二世紀末から一三世紀初頭にかけて、天井の高さの記録は塗り替えられていったが、やがて限界を迎えることになる。ボーヴェ大聖堂は、当初の四三メートルから四八メートルに計画変更され、着工から四七年後、一二七二年に主な部分が完成した。四八メートルと言えば、東京駅丸の内駅舎の八角形ドームの頂部（四六・一メートル）とほぼ同じ高さで

所在地	建物名	建設時期(年)	塔の高さ(m)
フランス	ストラスブール大聖堂	1176～1439	142
	シャルトル大聖堂	1194～1220	北塔115(1517年再建)、南塔106
	ボーヴェ大聖堂	1225～1569	153
イギリス	リンカン大聖堂(現存せず)	1192～1320	172
	ソールズベリー大聖堂	1220～1266	124
	旧セント・ポール大聖堂(4代目)	1087～1240	152(164mの説もあり)
ドイツ	ケルン大聖堂	1248～1880	157
	ウルム大聖堂	1377～1890	161
ベルギー	アントウェルペン大聖堂	1352～1592	123
オーストリア	シュテファン大聖堂	1359～1455	137

表2－2　主なゴシック大聖堂の塔の高さ

ある。しかし、完成からわずか一二年後、天井の重さを支えきれずに控え壁が崩れ落ちてしまった。

この事故ののち、天井の高さ競争は一段落し、人びとの関心は、大聖堂の尖塔の高さに移っていった。

塔の高さ

大聖堂で最も高い部分は、入り口側に位置する双塔や身廊と翼廊の交差部に建てられる中央の尖塔である。これらの尖塔は、都市の外からも見ることのできるランドマークになったことだろう。都市の内側では、狭く曲がりくねった街路から見え隠れする塔が、中心部の方向を示す目印となっていたかもしれない。

大聖堂の塔には高さ一〇〇メートルを超すものが少なくない。

ゴシック大聖堂が流行した一二世紀から一四世紀にかけて、一五〇メートルを超えていたのは、旧セント・ポール大聖堂（イギリス）、リンカン大聖堂（同）、ボーヴェ大聖堂（フランス）の尖塔である。第一章で見たクフ王のピラミッドが当時約一四七メートルだったから、それを超えたということになる。

パリのノートルダム大聖堂。写真：（右）著者、（左）講談社

このなかで、一四世紀に完成したリンカン大聖堂の中央塔は当時もっとも高く、一七二メートル（一六〇メートルという説もある）に及んだ。

しかし、石造の塔の上に鉛を葺いた木造の屋根が置かれるというつくりであったため、一五四八年に暴風雨に見舞われた際、頂部が崩壊してしまった。その後、この屋根が再建されることはなかった。

ボーヴェ大聖堂は、先に述べたように、一二八四年に天井の重さを支えきれずに崩壊したが、その約三〇〇年後、今度は中央塔によって高さの限界への挑戦がなされた。一五五八年から一五六九年の間に建設された中央塔の高さは、一五三メートルに達した。リンカン大聖堂の尖頂屋根が倒壊してから二〇年後のことで、高さ世界一となった。しかし、竣工前から指摘されていた構造的な欠陥により、この中央塔も完成から四年後には、崩壊してしまった。

倒壊のリスクをおかしても高さを追求したリンカンとボーヴェの聖堂建設は、中世ヨーロッパにおける熱狂的な塔の時代を象徴する出来事と言えるだろう。

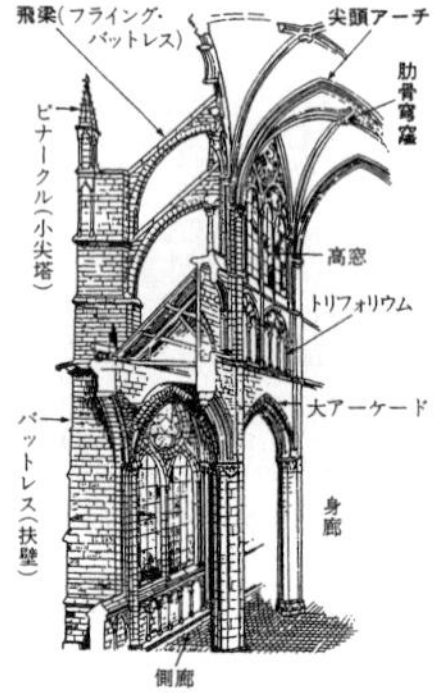

ゴシック大聖堂の構造。出所：馬杉宗夫著（1992）『大聖堂のコスモロジー』講談社現代新書、p.100

ゴシック大聖堂を支えた技術

ゴシック大聖堂を特徴づける高さは、当時新しく開発された建築技術によって実現可能となった。①リブ・ヴォールト（アーチで補強した曲面天井）技術と②飛び梁（フライング・バットレス）の利用である。

ゴシック以前の教会建築の代表的なものとしては、ロマネスク様式の修道院建築がある。これは、初期キリスト教の聖堂を発展させたもので、基本的に壁で建物全体を支える壁構造によるものであった。この構造では、分厚い石組で覆われた薄暗い内部空間が特徴となる。修道院は修道士の祈りの場であり、内省の場という特性上、暗く静かな内部空間が求められたのである。

しかし、ゴシック建築においては、リブ・ヴォールトによって、壁ではなく柱である程度支えることが可能となり、これまでになかった開口部を設けることができるようになった。そこにステンドグラスをはめ込み、荘厳な光で内部空間を満たした。

光はキリスト教にとって特別な意味を持っている。キリスト教の聖堂は、すべて東西方向を向いている。西に入口、東に祭壇が配置され、太陽が昇る東の方向に向けて人々が祈りを捧げる形式をとる。キリスト教にとって光とは「不安を消し去り、悪に対する善の、悪魔に対する神の、死に対する永遠の、確かな勝利を宣言する」ものであった（ジョルジュ・デュビィ『ヨーロッパの中世』）。

内部に光をもたらす装置として、ステンドグラスが用いられた。「ステンドグラスの窓は、真の太陽の光を教会に降り注ぐ神聖なる書物である。真の太陽とは神ご自身のことで

（上）ミラノ大聖堂の飛び梁。写真：中井検裕、（下）シャルトル大聖堂北側の飛び梁。写真：講談社

あり、教会とは信者たちの心である。かくして、この神聖なる書物は信者たちを明るく照らすのである」（マンド司教・ギヨーム・デュランの言葉、パトリック・ドゥムイ『大聖堂』）とあるように、大聖堂は、信者を導く聖書の役割を担うようになっていった。

開口部を増やすことが可能になったものの、柱で石造の天井をすべて支えることは難しい。そこで外側に設けられた控え壁と、控え壁と柱をつなぐ飛び梁によって補強されることとなった。外側へ倒れようとする力を、飛び梁を通して控え壁が吸収することで、大聖堂の重さを支える仕組みとなっている。パリのノートルダム大聖堂の天井が従来の一・五倍にまで高くなったのは、この飛び梁の賜物であった。

新技術によって、使用する石材の量も大幅に減らすことができ、建物容積に占める石材の比率は九パーセントに下がった。軽くなったことで、高さと明るさが確保できたのである。

キリスト教の布教

大聖堂の内部空間に高さが求められた理由の一つとしては、異教徒（キリスト教を信仰していない都市住民）に対するキリスト教の布教も挙げられる。

当時の都市住民は、農村から職を求めて移住してきた人が多かった。一〇五〇年頃から、恒常的な食糧難に苦しんでいた北フランスの農民は、森林を切り開き、農地を開墾していった。この大開墾運動は、一三〇〇年頃まで続いていく（古気候学の研究によると、一一世紀から一三世紀は温暖化の時期にあたり、豊作が毎年のように続くまれな時代であったという）。その結果、九世紀から一三世紀にかけて、農作物の収穫量は二倍に上昇し、食糧事情は好転した。しかし、農村人口がさらに増加したため、農民の多くが職を求めて都市へ移住していった。

かつて農民であった新都市住民の信仰は、キリスト教ではなく多神教であり、自然界に神的なものを見出していた。彼らにとって「失った巨木の聖林への思いは強く、母なる大地への憧憬を募らせ」ていた（酒井、前掲書）。そこで、キリスト教会側は、失った巨木の森林の象徴としてゴシック大聖堂を建設することで、住民のキリスト教化を図っていったとされる。

スイス・ローザンヌのノートルダム大聖堂内部。写真：講談社

司教や国王の権威づけ

大聖堂の建設の背景には、司教や国王が自らの権威を高めようとする意図もあった。こうした司教の虚栄心は、「王領内の司教間に対抗意識を生

みだし、ゴシック建設ラッシュと大聖堂の壮大化という事態を引き起こし」ていく(酒井、前掲書)。

大聖堂の建設は、国王が権力基盤を固めることにも、大きく寄与した。建設に際して、国王が直接的に関わることは少なく、中心的な役割を担っていたのは司教だったが、うまく機会に乗じたのである。

例えば、フランスのフィリップ二世(尊厳王)は、通商路の整備によって司教座都市(大聖堂のある都市)の経済発展を促し、司教座都市を国王の拠点とした。また、フランス国王の戴冠式は、ランスの大聖堂で執り行うことが伝統となっていた。大聖堂を政治的に利用することで、国王が神の委託により領土を支配していることを知らしめる効果があったとも言えるだろう。

市民の競争心

ゴシックは「都市で生まれ、都市から噴出し、都市を昇華させ、都市に君臨する、まさに都市の芸術」(ジャック・ル・ゴフ『中世西欧文明』)と言われる。ゴシック大聖堂の大半は、都市、しかも発展途上にある都市につくられた。人里離れた場所に建てられたロマネスク様式の修道院建築とは対照的に、ゴシック大聖堂は都市の時代を象徴する存在でもあった。

都市の産物であるがゆえに、高さをめぐる都市間の競争も起きた。

他都市の情報が入ってこなければ、競争心自体が生じない。高くしたいという欲望は比較対象があってはじめて生まれる。

最初期のゴシック様式の聖堂の一つにサン・ドニ修道院聖堂がある（一九六六年に司教座が置かれて大聖堂となった）。この教会堂の献堂式には、全国の大司教や司教が列席し、かつてない高さと明るさを有する聖堂に大きな感銘を受けたという。このようにして知った他都市の大聖堂の存在が、司教に大聖堂への欲求や競争心を呼び起こしたであろうことは想像に難くない。

また、都市の経済が発展し、交易、職人の行き来、巡礼等の宗教的な交流などを通じて、市民も他都市のゴシック大聖堂の存在を知り、自らの都市にはより立派な大聖堂を求めた。

他都市の大聖堂を凌駕するために、豪華な装飾はもちろんのこと、身廊の天井や塔を高くすることに力が注がれていった。塔の高さは「実際的目的などほとんどもたない純粋に感情の産物」であり、「人間の熱望が最高だった時代に、人間の熱望を典型化したもの」（ヘンリー・アダムズ『モン・サン・ミシェルとシャルトル』）であった。

建設費用の調達

絢爛豪華な装飾が施されたゴシック大聖堂は、大規模であるばかりでなく、建設費用も莫大であった。資金調達に国王が直接関与することはなく、司教が中心的に集金を行ったという。調達の方法は、免罪符の発行、信者からの寄附、聖遺物（聖母マリアやキリストが着用したと伝えられる衣服など）の巡回で集められた寄附金など、市民の信仰心を利用したものであった。いわば市民がゴシック大聖堂をつくったとも言えるだろう。先に、ゴシック大聖堂の建設理由の一つとして、市民の競争心を挙げたが、これらと信仰心があいまって、大聖堂建設の原動力になったとも考えられる。

しかし、こうした信仰心を利用した集金は、「守銭奴のもうけた利子、虚偽の術策、説教師の詭弁」（ジャン・ジャンペル『カテドラルを建てた人びと』）であるとして反発もあった。免罪符の発行や根拠のない聖遺物の乱用などを容認していた教会自体に対する批判へとつながり、のちの宗教改革の要因ともなっていく。ゴシック大聖堂と宗教改革との関係については、次章で触れる。

3――塔の都市、中世イタリア

一二世紀からヨーロッパを席巻したゴシック大聖堂であったが、イタリアではそれほど流行しなかった。「ゴシック」という呼び名自体、ルネサンス期の芸術家がつけたもので、「野蛮なゴート人がつくった中世の建築様式」を指す蔑称であったことはよく知られている。もちろん巨大な大聖堂はつくられたものの、この時期のイタリアを象徴する高層建築物は、カサ・トッレと呼ばれる塔状住宅や市庁舎の塔、鐘楼であった。

ダンテはトスカーナ地方の城郭都市サン・ジミニャーノを「美しい塔の町」と呼んだ。「シエナにあふれる四つのものは、騎士に淑女に塔に鐘」(石鍋真澄『聖母の都市シエナ』)ということわざがあるほど、塔は中世イタリアを特徴づけるものであった。

中世イタリア諸都市は、さながら「塔の都市」であったが、その美しい風景は、貴族間の権力闘争の産物でもあった。

サン・ジミニャーノのスカイライン。写真：大野隆造

貴族間の争いと塔状住宅

一一世紀以降、北部・中部イタリアでは、農業生産の増大を背景に商工業が発達していった。富を蓄えた封建領主や貴族などの支配階級は、都市内に豪奢な邸宅をつくり、一族の力や名誉を誇示するために、競うように高い塔を建てていった。一二世紀末のフィレンツェでは一七六本、サン・ジミニャーノでは七二本、シエナでは五〇～六〇本もの塔が林立していたという。

塔が林立した背景には、軍事防衛という実際的な目的もあった。というのも、都市内では、貴族間の争いが日常茶飯事であり、塔は防衛や攻撃といった軍事行動の拠点でもあったからである。敵から攻撃を受けた際、一族や使用人などが立てこもる場所としても塔状住宅は使われた。

塔が攻撃の対象となり破壊されるのを防ぐために、家同士が同盟を結ぶことも少なくなかった。同盟関係にある家同士は、戦いにあたって相互に塔を活用していたようである。

ここで、フィレンツェにおける政治抗争の中で、塔がいかに大きな意味を持っていたかを見てみたい。当時のフィレンツェは、政治的には、神聖ローマ皇帝（フリードリヒ二世）

を支持する「ギベッリーニ派（皇帝派）」とローマ教皇を支持する「グェルフィ派（教皇派）」に二分されていた。前者は主に旧来の封建貴族（農村に土地を所有する騎士階層など）、後者は交易や金融で財を成した新興商人を中心とするポポロ（非封建階層）であった。

一二四八年、ギベッリーニ派がフィレンツェを支配すると、グェルフィ派の家が所有する三六の塔が破壊された。しかし、一二五〇年にギベッリーニ派の後ろ盾であった皇帝フリードリヒ二世が死去すると、グェルフィ派が盛り返し、支配権を奪い返す。すると、自分たちがやられたのと同じように、ギベッリーニ派の塔や邸宅を徹底的に取り壊した。見せしめのために、破壊した塔の瓦礫はそのまま放置したという。

シエナやフィレンツェの市庁舎

塔状住宅。写真：藤田康仁

グェルフィ派のポポロが支配する自治政府は、政府の中心として、市庁舎を建設するようになる。市庁舎には自治政府を象徴する塔が設けられた。たとえば、一二五五年につくられた行政長官の館は、すでに存在していた高さ五七メートルのヴォロニャーナの塔を館の一部として取り込む形で整備された。一三一四年には、新しい市

シエナの市庁舎（マンジャの塔）。写真：大野隆造

庁舎パラッツォ・ヴェッキオが完成したが、その高さは約八四メートルに達した。

フィレンツェのライバル都市、同じくトスカーナ地方のシエナでは、一三三八年、フィレンツェに対抗するように市庁舎（パラッツォ・プッブリコ）の建設が始まった。当時のシエナの評議員たちは、市庁舎の新築に際して、次のような決議をしている。

都市の支配者や役人たちが美しくりっぱな建物を占めるということは、コムーネ［引用者注：自治都市］自身のためにも、また外国人がしばしば仕事で彼らを訪れることからしても、各都市にとって名誉にかかる事柄である。このことは、都市の威信のために（*secundum qualitatem ipsius*）大いに重要なことである。（D・ウェーリー『イタリアの都市国家』）

この決議に促されるように、一三八四年に完成した市庁舎の塔（マンジャの塔）の高さは、フィレンツェのパラッツォ・ヴェッキオを超える約一〇一メートルに達した。市庁舎が面するカンポ広場は、祭りや集会の場として使われるだけでなく、市民の精神的な核とも言える広場である。高さ一〇〇メートルを超える塔を有する市庁舎は、カンポ広場とともに、シエナを象徴する景観をつくり出した。

なお、市役所の塔には、機械時計も取り付けられた。機械時計は、一三世紀の終わりに誕生したとされ、イタリア、ドイツ、フランス、イングランドへ広まり、一四～一五世紀には、全キリスト教世界に普及していった。

かつて時間は、教会の鐘によって人びとに伝えられるものであったが、機械時計の発明によって、客観的に計測可能な単位として認識する方法が確立された。時間は、教会の鐘に象徴される「聖職者の時間」から、機械時計がもたらす「世俗的な時間」へと移行していった。時計塔は、客観的かつ科学的に物事を理解しようとするルネサンスの時代のはじまりを告げるシンボルであった。

高さ制限を超えた部分は切り落とされた

ポポロによる自治政府が力を持つにつれて、塔に対する規制が行われるようになっていく。

この最も早い例とされるのが、フィレンツェの南西に位置する都市ヴォルテッラにおける高さ制限である。一二一〇年に制定された法規によると、塔の高さが二五ブラッチャ（約一五メートル）と三〇ブラッチャ（約一八メートル）に制限され、行政長官によって規制が守られるよう監視することが定められていた。

また、サン・ジミニャーノでは、塔の高さは市庁舎の塔（旧庁舎五〇メートル、新庁舎五三メートル）を超えてはならず、塔を建てるには一定額以上の財産の所有を証明することが必要と定められていた。一三世紀半ばのボローニャの法律では、宮殿や裁判所より高い建物をつくった者は、罰金を科され、塔を破壊することが命じられたという。

最盛期には一七〇本以上の塔が林立したフィレンツェでは、ポポロが実権を握った一二五〇年に塔の高さが五〇ブラッチャ（約三〇メートル）に制限され、高さ制限値を超えた部分は切り落とされた。一三世紀の年代記によると、当時、多くの塔の高さは一二〇ブラッチャ（約七二メートル）程度であったというから、半分以下の高さにされたことになる。ただし、先に見た市庁舎の塔（パラッツォ・ヴェッキオやヴォロニャーナの塔）は規制の対象外となった。

その後、ポポロは政権の座を追われるが、一三世紀末に再び政権を握ると、一二五〇年の制限を継承した条例を制定し（一三二五年）、違反者に罰金と塔の取り壊しを求めた。権力を握る者によって高さ制限も左右されたのである。

このような制限が行われたのは、倒壊防止など安全上の理由もあったが、権力闘争によるところが大きかった。都市のシンボルは市庁舎の塔である。それより高い建物をつくらせないようにすることで、自治政府による支配を、視覚的に示したわけである。

塔と景観

中世の都市は、狭く曲がりくねった道沿いに、建物が密集する混沌とした市街地が典型的な姿であった。しかし、一四世紀以降、景観や街並みを意識した整備やルールづくりを行う都市があらわれてくる。

たとえば、シエナのカンポ広場の周辺では、窓の意匠や建物の高さなどが制限された。フィレンツェでも、市庁舎前のシニョリーア広場をかこむ建物の高さをコントロールして、広場の景観整備をはかった。景観を整えることが都市の威信を示すことにつながる、との考えが根底にあった。

塔についても、先に述べたように、一三世紀までは塔の建設や高さを抑える規制が行われていたが、一四世紀に入ると発想が逆転し、塔は景観を構成する重要な要素として、破壊を禁ずる条例までつくられた。ペルージャで一三四二年に制定された法律では、塔は美観を形成する重要な要素として位置付けられ、許可なく売却、破壊することが禁じられた。

このように、景観の視点から塔をとらえる考え方が出てきた背景には、一三世紀後半までには、都市内・都市間の抗争が少なくなり、防衛施設としての役割が弱まったことが指摘できる。また、建築規制や破壊などで数が減少していたことも挙げられる。かつては軍事力や貴族の権力の象徴であった塔が、ランドマークとして肯定的に評価されるようになったと考えられるだろう。

中世イタリアにおけるスカイライン＝建物によってつくられる空の輪郭と景観は、一一世紀から一四世紀にかけて、混沌としたものから秩序あるものへと変容していった。都市景観の核（ランドマーク）となる建物を中心にして、その周辺においては、ランドマークとの関係に配慮した高さを誘導する発想へ転換したとも言えるだろう。

ここには、ルネサンス以降の、秩序ある高さがつくる景観に通じる思想の萌芽も見ることができるが、これについては次章で見ていく。

4――イスラームのモスク

キリスト教と並び勢力を拡大していったのがイスラーム（イスラム教）である。イスラームの都市では、礼拝の場であるモスクが建設された。キリスト教における礼拝堂が聖堂であるならば、イスラームではモスクが該当する。モスクのミナレット（光塔）やドームは地域のランドマークとなるとともに、宗教的権威を象徴した。

モスクとは

六一〇年頃、商人ムハンマドが、神のお告げをもとにイスラームを誕生させた。その預言者ムハンマドの居宅が最初のモスクであり、その後につくられるモスクの原型となるものであった。預言者ムハンマドのモスクは、日乾煉瓦でつくられた建物が中庭を囲む簡素な形式であった。現在、モスクの代名詞とも言えるミナレットやドームは、のちのイスラーム建築の発展とともに加わっていったものである。

モスクとは、ムスリム（イスラーム教徒）が礼拝をするための建築物であるが、そのほかにも宗教教育（学校）、憩いの場、政治活動の場など多様な機能を有している。誰でも入れる公共的な空間であるという点ではキリスト教の聖堂とも共通すると言えよう。

スルタン・ハサン・モスク。
写真：講談社

ミナレット（光塔）

モスクの中で、とりわけ高さを印象付ける要素が、モスクに付属するミナレットと呼ばれる塔である。ミナレットは、アラビア語の「マナーラ（manāra）」に由来し、「光の場所」を意味する。そのためミナレットを日本語では「光塔」とも表記する。

コーランには、「光」が象徴的な意味を持って登場する。キリスト教において光が神聖なものであったのと同じように、イスラームにおいても光は重要な意味を持った。つまり、ミナレットは、コーランの教えを象徴する存在でもあると言えよう。

ミナレットは実際的な役割を担う塔でもあった。ミナレットから町に暮らす信者に礼拝を呼びかけること（この呼びかけを「アザーン」という）が行われていた。ミナレットがなかった時代は、モスクの屋根の上から呼びかけが行われたという。また、その他の機能として、火を焚いて位置を示す道標、防御用の塔、時間を報《しら》せること、権力のシンボル、宗教的敬虔さの象徴といった機能も有していたとされる。北アフリカでは、高僧の宿泊施設など、居住用の塔として用いられたとの記録もある。

ミナレットは、時代や地域によってさまざまな形のものがつくられていることから、以下では具体的な例を挙げながら、その特徴を見ていく。

ダマスクスのウマイヤ・モスク

最初期につくられたミナレットは、現在のシリアの首都ダマスクスにあるウマイヤ・モスクのものとされる。ウマイヤ・モスクとは、ウマイヤ朝の六代カリフ（カリフとは預言者ムハンマドの代理を意味する権力者）、ワリード一世が、七〇六年から七〇九年にかけて建設したモスクである。当時、聖地メッカを支配していた他の部族を内戦で破ったばかりのワリード一世は、自らの威光を示すために、ミナレットやドームを持つ装飾的なモスクをつくったとされる。

ウマイヤ・モスク。写真：樋口諒

このモスクは、東西方向一五七メートル、南北方向一〇〇メートルの広さを持つ。ミナレットは、その両隅に一本ずつ設置され、さらに中庭を挟んで中央のドームの向かい側にもう一本立つ。しかし、このミナレットは、キリスト教の聖堂の物見櫓《ものみやぐら》を再利用したものであった。さらにさかのぼると、もともとローマ帝国時代に天空神ジュピターをまつる神殿があり、四世紀末にキリスト教の聖堂へとつくり替えられた。そして、七世紀にイスラームが支配するようになると、モスクに転用されたのである。

螺旋型のミナレット

続いて、九世紀にアッバース朝の首都サーマッラーに建設された大モスクのミナレットを見てみる。

サーマッラーの大モスクのミナレット。写真:Targa/AGE Fotostock/JTB Photo

七五〇年にウマイヤ朝に代わって建国されたアッバース朝は、首都をダマスクスからバグダードに移した。八三六年にはさらにティグリス川の上流約一二〇キロメートルのサーマッラーへと遷都した。その首都サーマッラーに、一〇代カリフ、アル＝ムタワッキルのときに完成したモスクの一つがサーマッラーの大モスクである。

八五二年に完成した大モスク（グランド・モスク）は、二四〇メートル×一五六メートルの広さを持つ。先に見たウマイヤ・モスクの約二・五倍に及び、数世紀にわたり世界最大の規模を誇ることになる。

モスクに付属するミナレットは日乾煉瓦造で、モスクの回廊の外側につくられた。高さは基壇部を含めて約五三メートルで、これは後述する京都の東寺の五重塔（五五メートル）とほぼ同じである。螺旋階段が渦を巻きながら立ち上がったような形状で、高くなるほど螺旋階段の勾配がきつくなっている。アル＝ムタワッキルは、ロバに乗って急勾配の螺旋階段を登っていたとも伝えられる。

このミナレットの形状は、旧約聖書に記されたバベルの塔を模したものとの説もあるが、第一章で見たように、ミナレットとバベルの塔とされるジッグラトの形はまったく異なる。話はむしろ逆で、旧約聖書をモチーフに描いた画家たちが、メソポタミアの地に屹立するサーマッラーのミナレットに想像力を刺激され、「バベルの塔」を描いたのではないか。ピーテル・ブリューゲルのバベルの塔が有名であるが、これはローマのコロッセウムに着想を得たと言われている。だが、のちにブリューゲルの影響を受けたバベルの塔の絵画の中には、よりサーマッラーのミナレットに似ているものが少なくない。いずれにせよ、見渡す限りの平野にミナレットがそびえるさまは、古代のジッグラトと同じように、遠くからも見えるランドマークになったことだろう。

バベルの塔を描いた絵画。(上) ピーテル・ブリューゲル「バベルの塔」(1568年頃、ボイマンス・ミュージアム蔵)、(下) アタナシウス・キルヒャー「バベルの塔」(1679年、フランス国立図書館蔵)

角塔のミナレット

アッバース朝の時代には、螺旋型ではないミナレットもつくられ

カイラワーン・モスクのミナレット。写真：アフロ

た。それがアル＝ムタワッキルのモスクと同じく九世紀半ばに完成したカイラワーン・モスクのミナレットである。カイラワーンは、北アフリカの現在のチュニジア付近に軍事キャンプとして設けられた都市である。

ミナレットは、三層構成の角塔であり、高さは三一メートルに及ぶ。アッバース朝の他のミナレットとの相違点の一つは、煉瓦造ではなく石造であることである。石の採れないメソポタミアと異なり、地中海沿いでは材料となる石が存在する。なお、ジッグラトが煉瓦造で、ピラミッドが石造であったのも地質の違いを反映している。

また、ミナレットの形が四角形平面の角塔であることも相違点として挙げられる。カイラワーンのミナレットは、サラクタという近隣の都市に建設された古代ローマ時代の灯台を模したものと伝えられる。さらにさかのぼると、同じく地中海沿いの都市アレクサンドリアに築かれたファロスの大灯台（第一章参照）の影響を受けていると考えられている。

角塔のミナレットは、北アフリカやスペインなどの地中海沿岸の都市で広まっていくことになる。

宗教的な対立とモスク

イスラーム世界では、宗派の異なる部族が政治的に競合し、個々に隔離された地区を形成していた。モスクは地区ごとに建設されていたが、部族間で争いが起きても、ライバル部族のモスクを破壊することは避けたという。モスクの持つ宗教的な神聖性が、部族間の政治的競合よりも重視されていたことがうかがえる。

しかし、異なる宗教間の対立となると、象徴的存在であるモスクは、破壊もしくは他宗教の施設への転用の対象となった。たとえば、八〜一五世紀のレコンキスタ(国土回復運動)によってイベリア半島がキリスト教圏に移ると、コルドバのモスクがカトリックの聖堂となった。また、十字軍によるエルサレム侵攻で、アル＝アクサーのモスクは聖堂に変えられたが、一一八七年のイスラームによるエルサレム奪還によってモスクに戻されている。

逆にキリスト教の聖堂がモスクに変えられた代表的な存在がアヤ・ソフィアである。一四五三年、ビザンティン帝国の首都コンスタンティノープルが陥落し、オスマン帝国の首都イスタンブールと改称された。その際、オスマン帝国のスルタン(皇帝)、メフメト二世の命により、アヤ・ソフィア大聖堂がモスクに改修、転用されたのである。

アヤ・ソフィアのドームとミナレット。写真：藤田康仁

オスマン帝国下で

オスマン帝国によってモスクに変えられたアヤ・ソフィアは、もともと五三七年に完成したキリスト教の大聖堂だった。高さ五五・六メートル、直径三一メートルの大ドームと、それを囲うように中小のドームが組み合わされたデザインが特徴的な荘重な建築物である。古代ローマのパンテオンのドームの直径（四三メートル）には及ばないが、高さは一〇メートル以上上回る。

メフメト二世にとって、アヤ・ソフィアはオスマン帝国の新たな首都を飾るにはうってつけの建物であった。モスクへの改修に際しては、四本の細長いミナレットが敷地の四隅に配置された。頂部には円錐状の屋根を持つ鉛筆状のミナレットで、途中の高さにはバルコニーが設けられた。

ただし、先の尖ったミナレットを四本配置する方法はアヤ・ソフィアが最初ではない。メフメト二世の父ムラト二世が、当時の首都エディルネに造営したウチュ・シェレフェリ・モスクですでに試されていた。一四四七年に完成したこのモスクには、四本のミナレットが設けられた。高さやデザインはバラバラであったが、最も高いミナレットは六七・五メートルに及び、当時、帝国内でこれを超える建造物はなかったという。モスクを飾る四本の巨大なミナレットには、スルタンの権威を誇示する意図が込められていたのであろう。

その後、アヤ・ソフィアの影響を色濃く受けたスレイマン（スレイマニエ）・モスク（一五五七年完成）でも四本のミナレットが設けられた。ウチュ・シェレフェリ・モスクと異なり、高さとデザインには統一性があり、高さ七六メートルのものと五六メートルのものがそれぞれ二本ずつ配置された。また、スルタン・アフメト・モスク（一六一六年完成。通称ブルー・モスク）では六本つくられたが、この数になった経緯については第六章で述べる。

こうした細長いミナレットと大小織り交ぜたドームで構成されるオスマン期のモスクは、新しい首都のランドマークとしてイスタンブールのスカイラインを形づくることになる。

ブルー・モスク。写真：藤田康仁

5——日本の仏塔

キリスト教やイスラームがヨーロッパや地中海世界で勢力を拡大させる中、アジアを中心に浸透していった宗教が仏教である。

六世紀半ばに、仏教が大陸から伝来すると、仏教建築も日本に入ってきた。仏教建築は、本尊を安置する金堂（本堂）、説法を行う講堂、仏舎利を安置する仏塔、これらの建物を囲う回廊などで構成され、一連の建造物群を伽藍と呼ぶ。伽藍の中で、とりわけ高さが際立つ仏塔は、キリスト教のゴシック大聖堂やイスラームのミナレットのように垂直性を表現するシンボリックな建築である。

仏教は国家的な宗教として保護され、政治的にも利用されていったが、仏塔も、国内外に向けて権力を誇示するモニュメントとして、重要な役割を果たしていく。

仏塔とは

仏塔はもともと仏舎利（釈迦の遺骨）をまつるインドのストゥーパを起源とする建物で、釈迦を象徴している。ただ、ストゥーパは円墳であって、いわゆる塔ではなかった。仏教が、シルクロードを通じて中国、さらに朝鮮半島、日本へと伝わるにつれて、ストゥーパの呼称が卒塔婆、塔婆、塔へと変わり、その形状も高く伸びていった。日本の仏塔は五重塔や三重塔のような多層建築ではあるが、なぜ舎利の安置に多層建築である必要があったのかは定かではない。しかも、多層建築であるにもかかわらず、内部には人が登れるような空間がほとんどない。つまり、外から見られることを意図した建築であった。伽藍の中でもとりわけモニュメンタルな建築とみなされるゆえんである。

一方、中国の仏塔の内部には、階段が設けられ、人が上がれるようになっている。理由として、中国の仏塔は、中国における高層建築の原点と言える漢代の楼閣建築の影響を受けていることが挙げられる。仙人は高い場所に住むことを好んだとされ、仙人、仙界への憧憬が楼閣建築へとつながっていったという。それゆえ仏塔も中に入れる形式になったと考えられる。また、見張り塔としての軍事的な目的を兼ねていたとの説もある。

日本と中国の仏塔の違いはそれ以外にもある。日本の仏塔が、木造で軒が深く、平面形状が四角形であるのに対し、中国の仏塔は、石造もしくは塼造《せんぞう》（煉瓦造）で軒が浅く、平面形状も四角形だけでなく、八角形や十二角形といった多角形が多いことも特徴である。

法隆寺の五重塔。写真：著者

日本初の本格的仏塔——飛鳥寺の五重塔

日本における最初の本格的寺院は、飛鳥寺とされている。飛鳥寺は、蘇我馬子によって発願された蘇我氏の氏寺として現在の奈良県明日香《あすか》村付近に建立された。

飛鳥寺建立の背景には、新興豪族の一つであった蘇我氏と、古来より続く豪族の物部氏との対立があった。この新旧豪族の政治的対立では、新旧の宗教が利用された。古くから信奉されていた神々をまつっていた物部氏に対し、蘇我氏は大陸から新たに渡ってきた仏教を掲げて権力基盤の確立を図ろうとした。物部氏と蘇我氏の争いは、新旧宗教の代理戦争でもあったのである。

排仏派の物部氏との間で行われた激しい政治闘争の末、蘇我氏が権力を掌握すると、蘇我馬子が飛鳥寺の建立に着手する。五八八年から造営が開始され、約二〇年をかけて伽藍が完成した。飛鳥寺の伽藍は、五重塔を真ん中に据えて、三つの金堂が囲む形式となっているところから、仏塔が伽藍の中心的な存在であったことがわかる。

蘇我馬子が飛鳥寺の建立を発願した五八七年に用明天皇が崩御すると、天皇の墓は従来の前方後円墳ではなく方墳で築造された。また、その大きさも前方後円墳のように大規模なものではなくなった。つまり、飛鳥寺の五重塔は、蘇我氏の権力の大きさを表すと同時に、権力のシンボルが前方後円墳から仏塔へと移り変わったことを象徴したとも言えるだろう。

国立の仏塔――大官大寺の九重塔

天皇に重視されたとはいえ、蘇我氏の氏寺である飛鳥寺は、あくまで私的な寺であった。しかし、国家が仏教を保護するようになると、国が直接的に寺の造営に関与していく。それが大官大寺などの国立の寺、つまり官寺である。

日本の仏塔の形式は五重塔や三重塔が一般的であるが、国が経営する官寺では九重塔や七重塔といった巨大な仏塔がつくられた。なかでも広く知られているものが大官大寺の九重塔であろう。

大官大寺は藤原京の造営にあわせて文武天皇の発願によりつくられた官寺である。藤原京では、大官大寺、薬師寺、川原寺、飛鳥寺の四寺が大和朝廷から重んじられたが、特に大官大寺は最も格の高いものとして位置付けられた。仏塔を含む伽藍全体は焼失したため現存しないが、仏塔の高さは約九一メートルと推測されている。第一章で見た最古の巨大前方後円墳である箸墓古墳の高さが約三〇メートルであることから、その三倍にも及ぶ。

また、この高さは、大官大寺の北に位置する香久山（香具山）の高さをも超える。かつての大官大寺付近の標高が約一〇〇メートルであるため、塔の高さを加えると約一九一メートルとなる。この高さは香久山の標高一五二メートルを約四〇メートル上回る。大官大寺の九重塔が、山を基調とした大和のスカイラインを支配していたとも言えるだろう。

それまで、香久山をはじめとする山々は、神体として崇められるとともに、天皇の国見の場、つまり国を見下ろす神聖な場でもあった。万葉集の中に「大和には　群山《むらやま》あれど　とりよろふ　天《あめ》の香具山　登り立ち　国見をすれば　国原は　煙立ち立つ　海原は　かま

め立ち立つ　うまし国そ　あきづしま　大和の国は」（『新日本古典文学大系1　萬葉集一』）という舒明天皇の歌があるように、香久山は大和の中でもとりわけ重要な山であった。その山の高さを超える人工の建造物が設けられたことを見ても、当時、いかに仏教が国内に浸透していたかが理解できるだろう。

東アジアにおける仏塔の高さ競争

日本で高い仏塔がつくられた背景には、中央集権的な国家体制が固まりつつあった当時、国家が造営する寺の仏塔を高くすることで、権力の大きさを人びとに誇示する意図があったと考えられる。

しかし九重塔の造塔には、そのような内政的な問題だけでなく、当時の東アジア情勢も大きく関わっていた。

日本初の九重塔は先に見た藤原京の大官大寺のものではない。大官大寺は、舒明天皇が六三九年に建立を発願した官寺、百済大寺《くだらのおおでら》を起源とする。この寺の仏塔が日本最古の九重塔であり、その高さは約八〇メートルあったとされる。この九重塔が建立された七世紀前半は、朝鮮半島の百済や新羅の官寺においても、相次いで九重塔がつくられた時期にあたる。

たとえば、百済の武王がつくった弥勒寺の伽藍には三つの仏塔があり、東西に配置された石塔に挟まれるように木造の九重塔があったとされる。現存する仏塔は西側の石塔のみであるが、その碑には六三九年と彫られている。これはまさに百済大寺の建立が発願された年にあたる。

また、百済の隣国・新羅の皇龍寺には、善徳王の発願で六四六年に九重塔がつくられた。その高さは百済大寺の九重塔とほぼ同じ八〇・二メートルと推定されている。仏塔の心礎（塔の中心の柱を支える石）に収められていた銘文には隣国からの災いを鎮めることが刻まれていたことから、国家を守るシンボルとして仏塔が位置付けられていたことがわかる。

皇龍寺の九重塔の銘文にあった「隣国からの災い」とは、当時の不安定な東アジア情勢を意味する。六二八年に中国全土を統一した唐が、版図を拡大すべく、隣国への進攻を図っていたのである。唐は、六三〇年代に北方、西方の国を傘下に収め、さらに東方の高句麗への攻撃を画策していく。六三〇年には第一次遣唐使が派遣されていることから、唐の高句麗進攻の情報は遣唐使を通じて日本にもたらされていたであろう。唐と新羅に挟まれた高句麗は、百済や倭（日本）との連携を模索し、片や新羅は高句麗、百済から国を守るために唐との協力態勢を整えていった。

唐の軍事的な伸張が、朝鮮半島や日本を含む東アジア地域の政治的秩序に大きな影響を与えつつあったのである。その結果、隣国からの災い、つまり軍事的侵略から国家を守るために、九重塔が各国で建立された。また、いずれの仏塔も国の王や皇帝の発願でつくられたことを見ても、流動的な東アジア情勢の中で、国の威信を示す格好のシンボルが、仏教のモニュメントたる九重塔であったと言えよう。

鎮護国家の象徴としての仏塔——東大寺大仏殿と東西の七重塔

日本国内における仏教寺院の数は、六二四年から六九二年にかけて、四六から五四五に増加したという。七世紀を通じて仏教が急速に日本全国へ広まっていったことがうかがえる。しかし、八世紀に入ると、飢饉や疫病の流行、内政の混乱によって世情が不安定になるとともに、各地の寺院の荒廃が進んだ。

そうした中、七四一年に聖武天皇による国分寺建立の詔が出された。この詔は、仏教によって国を守るという鎮護国家の思想を色濃く反映した施策であり、全国の国府に国分寺とともに七重塔一基の建立を命じたものであった。

この詔に基づき建立された代表的な国分寺の一つが奈良の大仏で知られる東大寺である。東大寺の建立には七四三(天平一五)年から約二〇年が費やされ、像高一四・九八メートルの大仏と高さ約四七メートル（四〇メートルとの説もある）の大仏殿がつくられた。現在の大仏殿は江戸時代（一七〇九年）に再建された三代目で、高さは四七・五メートルである。伝統工法による木造建築としては世界最大とされる。

そして、東大寺には、かつて七重塔が二つあった。「大仏殿碑文」によると、東塔は二三丈八寸（約七〇メートル）、西塔は二三丈六尺七寸（約七二メートル）とある。それぞれ屋根の上につく相輪（高さ八丈八尺二寸、約二七メートル）を加えると、東塔が約九七メートル、西塔が約九九メートルと、大仏殿の二倍にも及ぶ高さになる。巨大な大仏殿と比べて見劣りがしないようにするためには、それだけの高さが必要とされたのであろう。

しかし、この巨大な二つの塔はいずれも現存しない。西塔は九三四年に落雷で焼失し、東塔は一一八〇年に平氏による焼き討ちで灰燼に帰した。東塔はその後再建されたものの、落雷によって再び焼け落ち、その後つくり直されることはなかった。

このように、落雷や火事などで焼失する仏塔は少なくなかった。現存する日本の木造の塔で最も高い東寺（教王護国寺）の五重塔（五五メートル）も、創建以来、度々焼失の憂き目にあってきた。九世紀末に完成して以来、一〇五五（天喜三）年、一二七〇（文永七）年、一五六三（永禄六）年、一六三五（寛永一二）年と四回にわたって焼失し、その都度再建されてきた。現存する塔は一六四四（寛永二一）年に、徳川家光によって建立されたものである。

だが、東大寺や東寺に限らず、地震によって倒壊した仏塔の記録はないという。柳のように自ら揺れることで大きな地震の力を吸収する構造になっているためと言われている。こうした仏塔の特性は、のちの超高層ビルの構造設計に活かされることとなるが、これについては第五章で述べる。

信仰の対象から装飾としての仏塔へ

仏教建築の中心的な建造物である仏塔であるが、時代とともに伽藍に占める位置付けは変化していく。先に見たように、飛鳥寺の五重塔は伽藍の中心に配置され、金堂よりも重要な位置を占めていた。法隆寺が建立された七世紀頃には、金堂と仏塔が並列配置となっているが、塔は中庭の中心部に置かれていた。

その後、八世紀の薬師寺、東大寺の頃になると、仏塔は中庭の周辺あるいは外側へと移っていった。薬師寺、東大寺、大安寺（百済大寺、大官大寺の後身の寺）などでは、東西二つの塔が伽藍の前方に置かれ、あたかも二つの塔が金堂などの伽藍の枢要部へと誘《いざな》う門のような役割を果たしているように見える。それは古代エジプトで神殿の塔門前に設置された一対のオベリスクを想起させる（第一章参照）。つまり、時代を経るにつれて、塔は伽藍の中心的な存在ではなくなり、伽藍を飾る役割を強めていったとも考えられている。

かつては仏舎利をおさめた塔が中心的な信仰の対象であった。しかし、仏像を安置した金堂が重要視されるようになることで、仏塔の信仰の対象としての性格は弱まっていったのであろう。聖武天皇の国分寺建立の詔の中に見られる「其造塔之寺、兼為国華（造塔の寺はまた国華たり）」との考え方にも表れているように、仏の役割は信仰の対象、国威発揚のための装置にシフトしていったとも言える。

幻の出雲大社

仏教が興隆を迎えたといっても、古来よりまつられていた神々が信仰されなくなったわけではなかった。神社建築の中にも高さを追求したものはあった。その代表的なものが出雲大社である。出雲大社は、神有月《かみありづき》に全国の神々が集う国護りの聖地として知られる。出雲大社本殿の現在の高さは八丈（約二四メートル）であるが、かつてはその倍の一六丈（約四八・五メートル）あったと考えられている。

長らくそのような巨大な社殿の存在を疑問視する声が多かったが、二〇〇〇（平成一二）年に丸太三本を一組とする金属の帯で束ねた巨大柱（直径一丈、約三メートル）の柱根が発見され、高さ四八メートルの本殿の存在が裏付けられたとされる。

出雲大社本殿の復元模型（島根県立古代出雲歴史博物館所蔵）

この本殿が最初に姿を見せたのは、遅くとも八世紀初めと言われており、その巨大さは、九七〇（天禄元）年に成立した「口遊《くちずさみ》」にも記された。口遊とは、貴族の子息が勉強のために用いた教科書のような書物である。その中に、日本に存在する橋、大仏、建築などのうち、それぞれ最も大きいものの三つが書かれている。建築については、「雲太、和二、京三」とあり、それぞれ出雲大社、大和の東大寺、京の大極殿を示す（なお、この中に塔は含まれていない）。

太、二、三とは、太郎、二郎、三郎の略で、大きさの順番を示すものである。つまり、出雲大社は当時最も大きい建築物だったということになる。二番目に大きい東大寺大仏殿は、当時一五丈六尺（約四七メートル）あったことから、一位の出雲大社の一六丈という高さと整合する（橋は「山太、近二、宇三」で、京の山崎橋、近江の勢多橋（瀬田の唐橋）、京の宇治橋を指し、大仏は「和太、河二、近三」で、大和の東大寺、河内の知識寺、近江の関寺の三つである。いずれも実際に大きい順に並んでいることから、口遊の記述と平仄《ひょうそく》がとれる）。

また、この本殿は、平安時代の中期から、鎌倉時代の初期にかけて七回も倒壊したとの記録が残っている。たとえば、一〇三一（長元四）年には、風が吹いていたわけでもないにもかかわらず「震動転倒し、材木は、いっこうに中より倒れ伏す。ただ、乾《いぬい》の角の一本は倒れず」との記述が「左経記」に残されている。木材が中ほどで折れ、一方向に倒れたが、角の一本が倒れず残ったという。一本だけ残ったということは、柱を土中に埋める掘立式であったことの証拠でもある。

というのも、当時の通常の建物は、礎石を据えた上に柱を立て、柱の間にかけられた梁、桁といった水平部材によって支える形式をとる。つまり、礎石の上に柱を立てた場合、一つの柱が倒れればすべての柱が一緒に倒れるため、一本だけ柱が残るということはありえない。二〇〇〇年に地中から発見された柱根の存在は、こうした過去の倒壊の記録とも符合するのである。なお、鎌倉時代に小さい本殿に建替えられてから倒壊はなかったという。

以上から、本殿が倒壊しやすい不安定な構造を持っていたこと、つまりは極端に高い建物であったと推定されるのである。

第三章　秩序ある高さと都市景観の時代

——一五～一九世紀

「装飾の花咲く国、風景の魅力、建築の魅力、ありとあらゆる舞台装置の効果はひとえに遠近法の法則に基づく」フランツ・ベーレ（ベンヤミン『パサージュ論』第1巻）

中世都市を席巻した塔の林立競争が翳《かげ》りをみせはじめると、都市の高さには、一定の秩序がもたらされていく。

本章では一五世紀から一九世紀までを扱うが、この時代には、都市全体の中での高さの秩序が重視されるようになった。

この時代の建物には、サン・ピエトロ大聖堂やセント・ポール大聖堂、アメリカのワシントン記念塔など、高さが一〇〇メートルを超えるものも少なくない。しかし、高さをひたすら追求するというよりは、都市の中での位置づけが重視されるようになっていった。

心理学の一学派であるゲシュタルト心理学では、ある物を見たとき、前景に浮かび上がって知覚されるものを「図」、その背景として見えるものを「地」と呼ぶ。この「図」と「地」の考え方を都市の高さにあてはめると、都市における「図」は、巨大建造物や高層建築物であり、「地」は、その他の一般的な建物群がつくる街並みととらえることができる。

この考え方を援用するなら、この時代には、「地」となる街並みの景観を整えることによって、「図」であるモニュメンタルな高層建築物の存在感を際立たせ、都市全体の視覚的秩序を創出することに、価値が見出されていったのである。

その転換点となったのは、一四世紀から一六世紀にかけて興った、ヨーロッパのルネサンスであった。ルネサンス期の絵画技法から生まれた遠近法が都市に応用され、遠近感を強調する理想都市の提案や都市づくりが試みられていった。

一六世紀にはローマ改造、一七世紀の大火後のロンドン復興、一九世紀には、パリやワシントンD.C.をはじめとする首都改造・建設など――。そこでは、程度の差こそはあったが、真っ直ぐに伸びる街路や、枢要な場所にランドマーク的に配置された記念建造物などによって、秩序だった壮麗な都市景観が形成されていった。

このような景観整備の目的は多様である。たとえばローマは凋落《ちょうらく》していたカトリックの宗教的威光の再興を目指し、ロンドンでは災害に強い首都への復興が企図された。一九世紀の首都改造・建設においては、国家の威信を内外に誇示することが狙いとなった。

日本を見ると、一五～一九世紀は、戦国時代～明治時代にあたる。

江戸期には、幕府は「図」となる天守の建設を抑制する一方、「地」となる城下町の高さを制限し、結果として統一的な景観が生まれた。幕府の目的は、中央集権体制の確立や身分制に基づく封建秩序の維持にあった。

明治期になると、美観形成を意図した都市整備が、銀座、丸の内などで行われた。これは、欧米列強と並ぶ近代国家の仲間入りを目指したものであった。

このような「図」としての高層建築物と「地」としての街並みという視点から、本章では、都市において高さがどのような意味を持ち、どのように「図」と「地」が形づくられてきたのかを見ていきたい。

1――ルネサンス都市における高さ

古代ローマとギリシアの文化を復興、再評価するルネサンス運動が、建築や都市のあり方を大きく変容させることになる。比例原則に基づく調和のとれた建築や都市が志向されるとともに、幾何学的形態を持つ理想都市が提案され、その後の秩序ある高さを有する都市整備のベースとなっていく。

ゴシック大聖堂の衰退

一五世紀以降、ヨーロッパを席巻したゴシック大聖堂の建設が下火となっていくが、その理由としては三つ考えられる。

まず一つは戦争や疫病の影響である。ゴシック大聖堂の発祥地であるフランスでは、英仏間の百年戦争（一三三七〜一四五三年）やペストによる人口減少から都市が疲弊し、巨大な大聖堂をつくる労働力も資金もなくなっていた（一三〇〇年代に流行したペストにより、ヨーロッパの人口は三分の一減少した）。祈りの場である大聖堂よりも、人びとを守ってくれる城塞が必要とされるようになっていったのである。

二つ目の理由としては、ルターやカルヴァンによる宗教改革の影響が挙げられる。フランスの作家ヴィクトル・ユゴーが『ノートル＝ダム・ド・パリ』の中で、「建物ははるかに堅固で、持ちのよい、じょうぶな書物なのだ！」と述べたように、大聖堂はいわば「石の聖書」であった。中世においては大聖堂の絢爛豪華なステンドグラスや堂内の彫刻、絵画が、聖書の代替的な機能を果たしていた。そして天を志向した大聖堂の高さは、カトリックの威光を人びとに知らしめる役割を担った。前章で述べたように、教会は神と人とを結ぶ媒介であり、大聖堂はそのシンボルであった。

しかし、聖書中心主義を唱えるルターらプロテスタントは、大聖堂を、神との直接的な結びつきを阻む障害物とみなして厳しく批判した。大聖堂は「悪しき教会」を象徴する存在であったために、ヴァンダリズム（破壊行為）の対象となったと言われる。

グーテンベルクによる活版印刷術の発明と出版資本主義の発達も、大きく影響した。一四五五年、グーテンベルクによって「四二行聖書」が刊行されたのを皮切りに、聖書は急速に普及していった。それまで一部エリートのみが所有できた書物の価格は下がり、一六世紀を通じて、一五万~二〇万種類、計一億五〇〇〇万~二億部が流通したという。このような聖書の普及が大聖堂の存在意義を弱める一因となったことは、間違いないだろう。

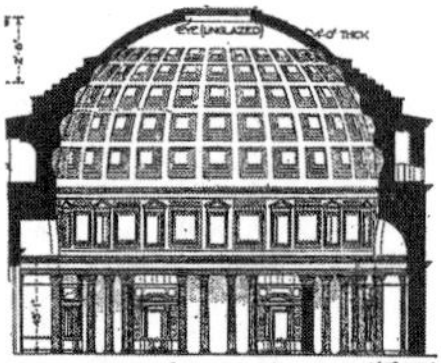
ローマ・パンテオンの断面図。出所:「SD:Space design」(13)、1966年1月、p.18

三つ目が、先に述べたルネサンス運動の勃興である。ルネサンスとは、古代ギリシア、ローマ芸術の復興、再評価であり、建物の比率、秩序、バランスが重視された。それゆえ、垂直性の極端な表現であるゴシックは好まれなかったのである。

ゴシック大聖堂が他国ほどは普及しなかったイタリア(特にトスカーナ地方)において、ルネサンスが誕生したのは偶然ではない。イタリアでは、ゴシックというフランスで生まれた様式よりも、古代ローマやギリシアの方が近しい存在であった。遠くのゴシックよりも近くの古典に、範を求めたわけである。

サンタ・マリア・デル・フィオーレ大聖堂

ゴシックの時代の終わりを象徴する大聖堂が、ルネサンスを生んだ都市フィレンツェのサンタ・マリア・デル・フィオーレ大聖堂である。この大聖堂のドームが完成したのは一四三六年。高さ九一メートル（頂塔を含めると一一四メートル）は、ゴシック期の大聖堂と比較しても突出して高いというわけではないが、紡錘状のドームはそれまでにないスカイラインをつくり出した。

それまでドーム建築と言えば、古代ローマのパンテオンやコンスタンティノープルの大聖堂（現在のアヤ・ソフィア）など半球状のドームが主流であった。球状は全能の神を体現するという象徴的な意味を有していた。このサンタ・マリア・デル・フィオーレ大聖堂でも、当初は半球状のドームが検討されていたが、どうしても平坦な印象が拭えなかった。そこで、設計を担当することになったフィリッポ・ブルネレスキは、半球状ではなく、垂直方向に伸びる紡錘状ドームを考えたのである。ゴシックほど強力な垂直表現ではないが、パンテオンなど

サンタ・マリア・デル・フィオーレ大聖堂。写真：講談社

サンタ・マリア・デル・フィオーレ大聖堂とフィレンツェのスカイライン。写真：大野隆造

の半球体よりは視覚的なランドマークとしての象徴性が高いものとなった。

　ブルネレスキのドームは、リブ構造などのゴシック技術が活かされているものの、明らかに反ゴシック的な美学で構成されていた。

ゴシック建築の大聖堂（ミラノ大聖堂）。写真：講談社

　当時のフィレンツェ人には、ゴシックを乗り越えたいという欲求があり、そこには「ナショナリズム（国家主義、国粋主義）の心理」が働いていたという（酒井健『ゴシックとは何か』）。具体的には、隣国であるミラノ公国への対抗心である。ミラノには高さ一〇八メートルの尖塔（小尖塔の数は一三五、彫刻数三四〇〇以上）を有するゴシック様式のミラノ大聖堂があった。

　つまり、フィレンツェにとって、ゴシックは外来（北フランス）の様式であるばかりでなく、敵国ミラノの象徴でもあった。一方、ドームは、自らの原点とも言える「古代ローマのパンテオンとの連続性と、共和制という市民間の調和を感じさせる建造物、それ故彼らの愛国主義的プライドを満たしてくれる建造物」（酒井、前掲書）であった。

　一五世紀の建築家レオン・バティスタ・アルベルティ（一四〇四〜一四七二年）は、その著書『絵画論』の冒頭で、サンタ・マリア・デル・フィオーレを評して「空に聳え、その影のもとにすべてのトスカーナの民をつつむ」（若桑みどり『フィレンツェ』）と謳《うた》った。このドームがつくるスカイラインは、フィレンツェのイメージを市民の中に確立させ、フィレンツェ共和国の影響力がトスカーナ地方全域に及ぶことを象徴するものとなった。

なお、このドームは、後で述べる、ローマのサン・ピエトロ大聖堂の建替えや、ロンドンのセント・ポール大聖堂の再建、アメリカの連邦議会議事堂建設などにも影響を及ぼすことになる。

中世の城塞都市からルネサンス理想都市へ

城塞都市における防御の方法も、転換を余儀なくされていた。その要因の一つは、一四世紀における大砲の出現であった。技術的改良を経て、殺傷能力が高まり、射程が伸びた大砲は、戦争における主要な武器として普及していった。大砲によって、城壁や塔を簡単に破壊することができるようになったために、各都市は城塞を抜本的に見直す必要に迫られることになった。

その対策として、まず、標的となる塔を撤去するとともに、城壁を低くし、土塁などで厚くした。また、敵を攻撃する際の死角をつくらないように、幾何学的な多角形の稜堡《りょうほ》が築かれていった。このように、塔には軍事的な機能が求められなくなっていった。

またルネサンス期には、狭く曲がりくねった街路沿いに建物が無秩序に建ち並ぶ中世都市に対して、計画的に構築された理想都市が構想された。たとえばルネサンス期の建築家でもあったアルベルティは、主要街路は直線的で、沿道に並ぶ建物の高さは統一され、同じデザインの柱廊で縁取られるべきと、著作「建築論」の中で主張している。

アルベルティは、絵画の遠近法の理論を都市に応用することも試みた。直線的な街路や、高さを統一した沿道の建物によって都市の遠近感を強調し、道行く人びとの視線を受け止める先として、突き当りにモニュメンタルな大規模な建物を配置することで、見通しのいい壮大な都市景観が創り出せる、と考えたのである。レオナルド・ダ・ヴィンチも、「道路は一般家屋の高さに比例してひろくすべきである」(『レオナルド・ダ・ヴィンチの手記』下巻)と述べ、理想都市の建設には、街路の幅と沿道建物の高さの関係が重要であることを指摘している。

ルネサンス期に提案された理想都市の多くは、星形や多角形の城壁を持ち、直線的な道路が碁盤目、放射状に配置された幾何学的なものであった。こうした多角形の稜堡は、単にデザイン面から生まれたわけではなく、先述したような、軍事上の必要から考え出されたものであった。

といっても、既存の都市をすべて理想都市に改良するなどとは現実的ではない。

そのため、中世都市を徐々に改変し、整えていく方法が取られることが多かった。前章で述べたシエナやフィレンツェでの広場周辺における高さ制限なども、部分的な改変に過ぎなかったものの、この理想都市の理論を先取りした取り組みと言えるだろう。

遠近法の理論を活用した壮大な眺望景観を持つ都市づくりは、一六世紀以降、多くの都市で試みられるようになる。

2——宗教都市ローマの大改造

プロテスタントによる一六世紀の宗教改革はカトリックの弱体化をもたらしたものの、同時にカトリック改革の気運を高めることとなった。

一五四五～一五六三年のトレント公会議で、聖母マリア信仰の正統性が確認されると、反宗教改革（対抗宗教改革）の動きが活発化していった。その動きにあわせて、カトリックの信頼を回復するために、ローマ全体を「一つの聖地」（S・ギーディオン『新版　空間・時間・建築1』）として再建する動きも出てくる。カトリックの首都ローマを荘重な都市へと改造することで、カトリックへの信頼や信仰心の回復を図ろうとしたのである。

なかでも知られているのは、ローマ教皇シクストゥス五世（在位：一五八五〜一五九〇年）が行った都市改造である。

教皇シクストゥス五世によるローマ改造

このローマ改造は、ローマ教皇庁が一三〇〇年から始めた「聖年（ジュビレオ）」と呼ばれる行事を活用したものであった。

聖年とは、二五年に一度、ローマ市内の七つの主要な聖堂を巡礼すれば贖宥《しょくゆう》（贖罪）が得られると謳ったもので、多くの巡礼者をローマに集めていた。そこで、巡礼者たちにカトリックの威光を知らしめるためにローマを壮麗な聖地として再建しようという動きが生まれたのである。

シクストゥス五世による都市改造のコンセプトは明快である。七つの聖堂を一日で回ることができる都市への転換である。そのために主要な聖堂を直線道路で結び、かつ結節点となる場所（主に主要な聖堂の前）に巡礼者が聖堂を巡る際の道標となるオベリスクを建立した。

第一章で見たように、オベリスクは、古代エジプトの神殿の塔門の前に建てられた、柱状のモニュメントである。

現在、ローマ市内にはオベリスクが計一四本存在するが、多くは古代ローマ時代にエジプトから戦利品として持ち込まれたものである。ローマ帝国の滅亡以後、存在も忘れられていたのだが、シクストゥス五世とその腹心である建築家ドメニコ・フォンターナが、このオベリスクに目をつけ、再利用を図ったのである。

しかし、そもそもオベリスクは、キリスト教から見れば異教のシンボルであった。そこでシクストゥス五世は、その先端に十字架を載せることで「聖化」し、カトリックのモニュメントへと仕立て上げた。「カトリック教会の勝利」（スピロ・コストフ『建築全史』）をオベリスクで表現したのである。また、当時のローマ市内には、オベリスク以外にもトラヤヌス帝やマルクス・アウレリウス帝の記念柱が存在していたが、これらも頂部に聖ペトロや聖パウロの彫像を載せられ、キリスト教化された。

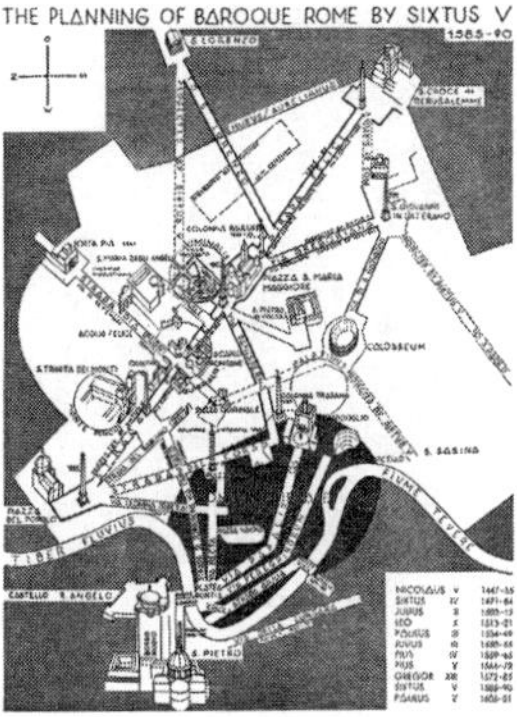

シクストゥス五世のローマ改造の計画図。出所：ジークフリート・ギーディオン著、太田實訳（1973）『新版 空間・時間・建築1』丸善、p.119

オベリスクの役割は、巡礼者にとっての目印というだけではない。真っ直ぐに伸びる街路の先にオベリスクを建てることで、壮大な眺望を創出し、聖なる都市の印象を強める狙いもあった。

ポポロ広場のオベリスク。写真：講談社

都市改造の結果、街路沿道に店や住宅が並び、賑わいを見せるようになった。一五二七年には五万五〇〇〇人程度であった人口が、一六世紀末には当時のロンドンと同程度の一〇万人にまで回復し、一六〇〇年の聖年には、なんと数十万人もの巡礼者が訪れたとされる。ローマは世界の首都と称されるまでに、その威光を取り戻しつつあったのである。また、道路完成後、枢機卿や貴族たちが移動手段として馬車を用いるようになったことから、ローマの都市改造が馬車の時代への先鞭をつけたとも言われる。

シクストゥス五世は、聖都ローマを効果的に印象付けるため、核となる次の四つの拠点にオベリスクを配置した。

①サン・ピエトロ大聖堂前広場（一五八六年）、②サンタ・マリア・マッジョーレ聖堂前（一五八七年）、③サン・ジョヴァンニ・イン・ラテラノ大聖堂前（一五八八年）、④ポポロ広場（一五八九年）である。

たとえば、④のポポロ広場は、ヨーロッパ各国からローマを訪れる人びとが最初にくぐるポポロ門の目の前に位置する重要な玄関口である。三本の直線街路がポポロ広場に収斂するように整備され、そのアイストップとしてオベリスクがつくられた。このように直線街路の焦点に記念建造物を配置する都市構造は、のちにヴェルサイユやパリ、ワシントンD.C.などにも及んでいくことになる。

サン・ピエトロ大聖堂とオベリスク

以下では、①のサン・ピエトロ大聖堂とその広場に建てられたオベリスクについて、詳しく見ていきたい。

カトリックの総本山サン・ピエトロ大聖堂前広場のオベリスクは、もともとサン・ピエトロ大聖堂の南側に位置するネロ帝の戦車競技場にあったものを、大聖堂前の広場の中央に移築したものである。大理石製で、高さ二五メートル、重さ三二〇トンにも及ぶ巨大なもので、移設には九〇〇名の人足、四四台の巻揚げ機、一四〇頭の馬を要したという。

このオベリスクが建てられた一五八六年当時、サン・ピエトロ大聖堂は建替えの只中にあった。建替えのきっかけは、シクストゥス五世の治世の約一五〇年前にもさかのぼる。

当時のサン・ピエトロは老朽化が著しく、巡礼者を迎え入れる聖堂の機能を十分に果たしているとは言えない状態だった。そこで、教皇ニコラウス五世（在位：一四四七～一四五五年）によって建直しが提案された。ニコラウス五世は次のように語っている。「堅実で安定

サン・ピエトロ大聖堂とオベリスク。
写真：藤田康仁

した確信を与えるには、目に訴えるものがなければならぬ。教義だけで支えられた信仰は、つねに弱々しく揺れ動く……もし教皇庁の権威が壮麗な建物として目に見える形で示されれば……世界中がそれを受け入れて尊敬するだろう。趣味がよく美しく堂々とした広さのある高尚な建築物は、サン・ピエトロの椅子をはなはだしく高めてくれるだろう」（バーバラ・W・タックマン『愚行の世界史』上巻）。

建替え案は、ニコラウス五世没後、一時的に忘れ去られたが、ユリウス二世の時代に再び脚光を浴びることになる。しかし、教会内部には、旧サン・ピエトロの取り壊しを望まない反対意見も根強かった。この聖堂は、ローマ帝国内でキリスト教を公認したコンスタンティヌス帝が三二四年に創建した由緒ある聖堂だったからである。

また、反カトリック勢力にとって、サン・ピエトロの建替えは格好の攻撃材料ともなった。マルティン・ルターは「なぜ教皇は、最も大金持ちの財布よりも大きな財布をもっているのに、貧しい信者たちのカネでなく自分のカネでサン・ピエトロ寺院を建てないのか？」（ジャン・ドリュモー『ルネサンス文明』）と、贖宥状の発行で建設費用を調達していたカトリックを批判した。

当時、贖宥状や聖職の売買による収入は、ローマ・カトリック教会の収入全体の三分の一を占めるまでになっていたとされる。そのカトリックを拝金主義として非難する人びとは少なくなかった。たとえば、人文主義者のエラスムスも、敬虔なカトリック信者であったにもかかわらず、大聖堂の建替えは浪費にすぎないとして異議を唱えたとされる。

設計案がなかなか決まらないという問題もあった。設計者も何人も交替し、当時の主要な建築家のほとんどがサン・ピエトロの設計に関わったと言われるほどである。

最終的な設計案を担ったのが、ミケランジェロ（一四七五〜一五六四年）であった。教皇がミケランジェロにサン・ピエトロの建設を委任する勅書を与えた際、ミケランジェロは「神への愛ゆえにいかなる報酬も受けずに建造に着手する」（石鍋真澄『サン・ピエトロ大聖堂』）と勅書に記載することを要望したという。実際に、晩年の一七年間を無償でサン・ピエトロの設計に捧げ、このサン・ピエトロがミケランジェロの遺作となった。

ミケランジェロのプランの特徴は、大聖堂の平面を大幅に変更したことと、当初、パンテオンのように半球状であったドームをフィレンツェのサンタ・マリア・デル・フィオーレ大聖堂と同じ紡錘状のドームにしたことである。ミケランジェロは、サンタ・マリア・デル・フィオーレのドームについて、「これと同じものを造ることは至難であり、これ以上のものを造ることは不可能である」(ドリュモー、前掲書)と賛辞を贈っていたことからうかがえるように、少なからず影響を受けていたようである。

ミケランジェロ没後二六年が経過した一五九〇年、ようやくドームがかかり、サン・ピエトロ大聖堂の偉容が現れることとなった。なお、オベリスクの立つ広場が現在の形となったのは、シクストゥス五世没後の一七世紀に入ってからである。

3——ロンドン大火と都市復興

人口や建物が集中した大都市ほど、地震や大火による被害が拡大するリスクは大きい。そして、災害が都市改造の契機となることも少なくない。ここでは、一七世紀に大火に襲われたロンドンの中心部シティの例を見ていきたい。

シティの復興に際しては、直線街路の主要な結節点に記念建造物を配置する理想的な都市改造案がつくられたものの、実際には現実的な選択肢が取られた。

その理由として、絶対的な権力を有する教皇主導で行われたローマと異なり、シティは自治意識の強い商業都市であったことが挙げられる。抜本的な都市改造ではなかったものの、道路の拡幅などの整備にあわせて、道路の幅に応じて高さの揃った煉瓦・石造の建物が建ち並び、防災性にも優れた街並み景観が姿を現すこととなった。復興にあわせてロンドンのランドマークであるセント・ポール大聖堂も再建され、煉瓦・石造の街並みとともに、新しいロンドンのスカイラインをつくっていくことになる。

五日間続いた大火

一六六六年九月二日にロンドンで発生した大火は、中心部シティを焼き尽くした。五日間続いた大火によって、四〇〇以上の街路、約一万三〇〇〇戸の家屋が焼失した。一〇九あった教会堂も八四棟(八七棟、八九棟との説もある)が焼け落ち、その被害面積はシティ全体の五分の四にあたる約一七六ヘクタールに及んだという。

大火発生前の市内の住宅は、二階建てから四、五階建てへと高層化されつつあった。しかも、本来は広く取られていた道路に建物がはみ出していったことで、実質的な街路は狭くなり、建物は壁のように高くなっていた。街路は薄暗く、空気も通りにくい劣悪な住環境が形成されていた。典型的な中世都市の姿と言えよう。

高層化した建物は相変わらず木造であった。というのも、煉瓦造や石造で高層化させると、その重さを支えるためには、壁面積が厚くなってしまう。住宅面積をできるだけ多く確保するために、多くの住宅は木造で建設されたのである。

そのような状況の中、一六一五年の国王布告で煉瓦造の建物への転換が謳われた。

初代ローマ皇帝（アウグストゥス）について、つぎのようなことが言われる。皇帝が引き継いだローマ市は煉瓦づくりであったが、引き渡したローマは大理石づくりであった、と。われわれは神様のお恵みで最初のブリテン人となる光栄に恵まれた。同じように、引き継いだロンドンはシティも郊外も木造であったが、引き渡したロンドンは、木よりもはるかに耐久性があって、火事の心配がなく、美しく、威厳のある建材である煉瓦づくりであった、と言えるようになろうではないか。（見市雅俊『ロンドン＝炎が生んだ世界都市』）

王は、ロンドンをアウグストゥス帝時代のローマになぞらえ、木造で引き継いだ都市を煉瓦づくりの都市として再生することを宣言したのである。この布告から半世紀後、ロンドン大火が発生した。不幸な出来事ではあったものの、皮肉にもこの大火が布告の目指す「煉瓦づくり」の都市の実現を早めることになる。

幻の復興計画案

シティの再建にあたっては、いくつかの復興計画案が作成された。大火発生から八日後の九月一〇日には、建築家で天文学者のクリストファー・レンが、国王チャールズ二世と枢密院に復興案を提出している。いかに短期間で復興プランが練られたかがうかがえる。レンの計画は、真っ直ぐに伸びる格子状と放射状の街路網の組み合わせを基本として、その焦点にセント・ポール大聖堂や王立取引所（ロイヤル・エクスチェンジ）、ロンドン塔といった記念建造物を配置するものであった。

この案には、前述のローマ改造やその影響を受けたとされるヴェルサイユの計画と共通する考えを見出すことができる。長らくフランスで暮らしていた国王チャールズ二世にとって、首都ロンドンをヴェルサイユなどのような幾何学的で壮大な景観を持つ都市へと再生させる案は魅力的に映ったことだろう。

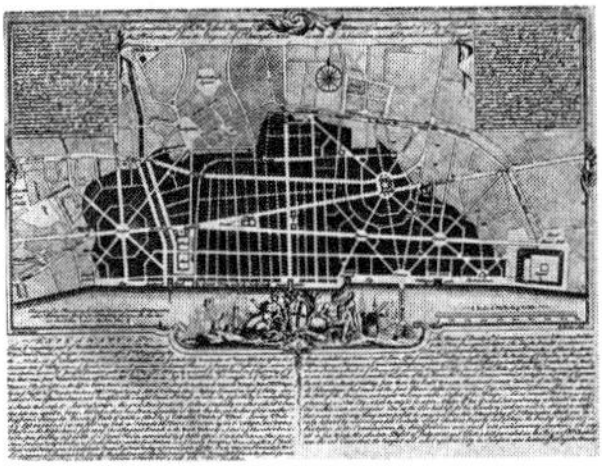

レンによるロンドン再建計画案。出所：渡邉研司(2009)『図説 ロンドン 都市と建築の歴史』河出書房新社、p.17

しかし、現在のロンドンを見ればわかるように、レンの計画案が実行に移されることはなかった。

レンの案が採用されなかった理由は、速やかな復興が求められたことにある。シティは経済活動の中心地であり、復興のスピードが国の命運を左右しかねなかった。

確かにチャールズ二世は、ロンドンを理想都市につくり変えることを望んではいた。しかし、自治意識の強いシティにおいて、土地所有の権利を調整することは難しく、大火後間もなく発布された布告で、国王は土地所有権の尊重を約束していた。また、国にシティの土地を収用する財政的余裕もなかった。大火の前年にはペストが発生し、ロンドンはすでに疲弊していたのである。つまり、そもそもレンの計画案が現実性に乏しいことを国王は承知しており、抜本的な都市改造は事実上不可能だった。理想都市への改造案は早々に放棄されていたのである。とはいえ、大火前のように野放図な建築行為を許すわけにはいかない。

そこで、従前の都市構造を抜本的に変えることなく、中世都市の混沌を改善しながら再建を図る道が模索されることとなる。

建築物の高さ制限と不燃化

シティ復興には、大胆な都市改造ではなく、より現実的かつ地権者の意向を踏まえた復興策がとられたと述べたが、その中核となったのが、大火の翌年の一六六七年二月に制定されたロンドン再建法である。この法律は、①再建にあたっての資金調達、②道路整備、

③建築規制の三本柱で構成されていた。

自治都市であるシティに対して、国庫からの援助はなく、シティ自ら再建資金を用意しなければならなかった。そのため、シティに持ち込まれる石炭に税金（石炭税）を課し、公共部分の再建事業にあてた。

道路整備についても、既存の都市構造をベースとしたものであった。とはいえ、道路の拡幅や直線化、急勾配の改善といった工事がなされ、従来の狭く曲がった中世都市の道路からは見違えるようになった。

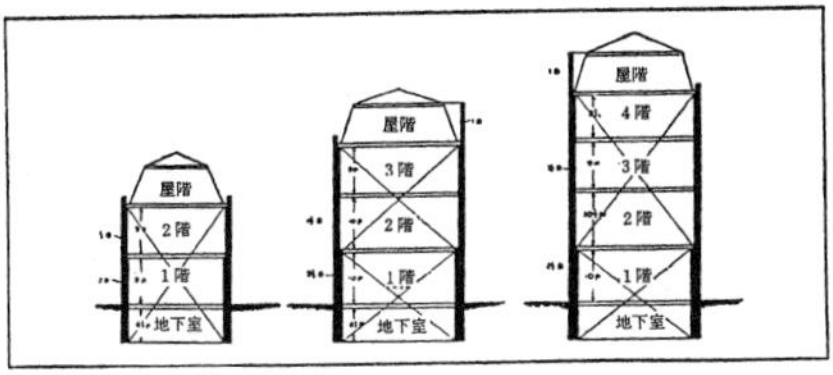

ロンドン大火後の高さ制限。出所：S・E・ラスムッセン著、兼田啓一訳（1987）『ロンドン物語』中央公論美術出版、p.124

建築規制については、建築物の不燃化（石造もしくは煉瓦造）を義務づけるとともに、道路幅員に応じた高さ制限が定められた。建物の高さは、道路によって三種類に定められた。路地は二階建て、一般の道路が三階建て、六つの主要道路が四階建てとされた（屋根裏除く）。広い道には高い建物を許容し、狭い道には低い建物しか建てられないようにしたわけである。

規制は厳しく、違反者には多額の罰金が科されたほか、牢獄に入れられることもあった。また、市の参事会員は認可されていない建物を取り壊す権限を有していた。そのため、これらの規制はおおむね遵守されたという。その結果、シティは順調に木造から煉瓦の都市へと変わっていき、火事は激減していった。

ロンドンの都市改造の特徴は、先に見たローマのようなトップダウンによる大胆な改造ではない点である。都市構造を抜本的に見直すものではなく、大胆な改造を謳ったレンの計画案が早々と放棄されたことは、後年、批判の対象にもなった。

しかし、別の見方をすれば、自治の進んだ「ロンドンの思想とでも呼んでいいようなものの新たな勝利」（S・E・ラスムッセン『ロンドン物語』）として評価できるだろう。また、街並みが整序された不燃都市に生まれ変わり、アメニティ（暮らしやすさ、快適さ）が格段に向上したことは間違いなかった。

なお、ロンドン再建は、亡命中にロンドンで暮らした経験を持つナポレオン三世による一九世紀のパリの大改造にも、少なからず影響を与えることになる。

セント・ポール大聖堂の再建

さて、レンが描いた理想的な復興都市計画は日の目を見なかったが、レン自身はシティ再建の王立委員会の委員として、五一の教会堂の再建を担った。彼は、教会堂再建にあたって尖塔の重要性を強く意識し、「それぞれの教会堂を互いに距離を置いて設置することで、教会堂が過度に密集したり分散したりして見えないように」再建することを意図していたという（Spiro Kostof, *The City Shaped*）。地区の視覚的なランドマークとなるように、尖塔のデザインや教会堂の配置に気を配ったのである。

中でも、ロンドン・シティのシルエットに多大な影響を及ぼすことになったのが、セント・ポール大聖堂の再建である。

大火以前のセント・ポール大聖堂は、焼失と再建を繰り返してきた。初代は六〇四年に木造で建造されたが焼失し、七世紀末に石造で再建された。これも一〇世紀半ばにヴァイキング（ノルマン人）によって焼き払われ、その後つくられた三代目も一〇八七年に焼失し、一二四〇年にゴシック大聖堂として再建された。これが四代目のいわゆる「旧セント・ポール（Old St Paul's）」である。前章で述べたように、当時は、ゴシック様式がイギリス国内を席巻していた。尖塔の高さは約一五二メートルにも及び、同じイギリス国内のソールズベリー大聖堂（尖頂部の完成は一三七七年）の高さ一二三メートルを上回るばかりでなく、当時世界一の高さであった（ちなみに、クフ王のピラミッドの高さ一四七メートルも超えて

セント・ポール大聖堂（1860–1875年の写真）。大聖堂以外の建物が低い様子がわかる。出所：アレックス・ワーナー、トニー・ウィリアムズ著、松尾恭子訳（2013）『写真で見るヴィクトリア朝ロンドンの都市と生活』原書房、p.51

いた)。しかし、一五六一年に大尖塔が焼失、一六六三年に本格的な修復が試みられようとしたが、そのわずか三年後のロンドン大火で、大聖堂は灰燼に帰した。

大火後、再建は思うように進まなかった。というのも、聖堂を純粋な信仰の妨げとみなすイギリス系プロテスタントであるピューリタンが、再建に反対したためである。しばらく焼け跡は放置され、再建が始まったのは一六七五年、それから三五年後の一七一〇年に完成した。

新たな大聖堂には、以前のゴシック様式ではなく、ローマのサン・ピエトロ大聖堂のような紡錘状ドームを擁するバロック様式が採用された。高さは一〇八・四メートルと、旧大聖堂の高さ一五二メートルに匹敵する大きさを追求したわけでもなかった。街並みだけでなく、大聖堂の高さや様式でも、中世からの決別を宣言したことがうかがえる。

レンの復興計画案では、セント・ポール大聖堂は、高幅員の大街路が鋭角に交わる結節点の角に立つことになっていたが、そのような道路は、結局、整備されなかった。そのため、直線街路の突き当たりにそびえる大聖堂といった、ローマ改造でシクストゥス五世がつくり上げたような視覚的効果は、もたらされるべくもなかった。

新生セント・ポールの高さはサン・ピエトロには及ばなかったものの、そのドームはシティの新たなシンボル、ランドマークとなっていく。その後、二〇世紀に入ってからは、第二次世界大戦での空襲や、周辺ビルの高層化による景観阻害といった困難に直面することになるが、これについては第四章、第六章で見ていきたい。

4――国民国家の都市改造

幅の広い直線街路の主要な交差点に記念建造物を配置するという壮大な都市計画は、ロンドン大火後の復興都市改造では実現しなかったものの、一九世紀の欧米各国の首都で実行されていくことになった。

欧米では、教会の弱体化や民主的な動きの胎動などを背景に、国民国家の成立の時代を迎えていた。国家の威信を高めるために、パリ、ウィーン、ベルリン、ワシントンD.C.、バルセロナなどにおいて、都市改造・都市建設がさかんに進められていった。

こうした大規模な都市改造・都市建設においては、「図」となる記念建造物よりも「地」を形成する無名の膨大な建物群の整備やコントロールが重要となる。歴史学者のドナルド・J・オールセンは、一九世紀の都市改造・建設で着目すべき点は、大聖堂や凱旋門などの「非凡な傑作」ではなく、街路沿いに建ち並ぶ「高度の凡作」であると述べた

(『芸術作品としての都市』)。つまり、特別ではない一般の建物にも着目し、軒線や壁面を揃えた「高度の凡作」が秩序ある街路景観を形成することで、ランドマークとなる「非凡な傑作」を引き立たせていると考えたのである。

以下では、一九世紀の都市改造・建設における建物の高さについて見ていく。都市改造の例としてパリ、新都市建設の例としてワシントンD.C.を取り上げる。

パリにおける都市改造

一九世紀の都市改造の中でも、大規模かつ抜本的なものがパリの大改造であった。ナポレオン三世が構想し、セーヌ県知事に任命されたジョルジュ＝ウジェーヌ・オスマンが指揮をとったこの改造計画によって、中世都市パリに切開手術が施され、大街路のネットワークによる都市の再構築が図られた。格子状道路と放射状道路、環状道路の組み合わせで構成される街路網を基本とし、複数の街路が集まる主要な結節点には、ロータリー広場と記念建造物が設けられた。

パリの大改造に際しては、交通、衛生、治安の改善、人口分散などの目的に加えて美観も重視された。街路を移動のための手段としてだけではなく、歩く人が見て楽しむ存在につくり変えた点も大きな特徴であった。

一九世紀半ばのパリは、人口過密、交通渋滞、貧困、不衛生、病気、犯罪、暴動などの問題を抱えていた。一九世紀初頭には五〇万人ほどであった人口は、半世紀後には約一〇〇万人に倍増していた。しかし、都市の構造は、ほぼ中世以来のままで、狭く曲がりくねった街路に沿って、高いアパートが建ち並んでおり、陽は当たらず通気もよくない劣悪な環境であった。汚物を窓から街路に捨てている人も多く、悪臭もひどいものだったという。

この劣悪なパリの都市環境に対し、ナポレオン三世は激しい嫌悪を抱いていた。もともと亡命先の外国に長く暮らしていた彼は、とりわけロンドンの清潔で整然とした街並みには心を動かされていたという。ナポレオン三世は、ロンドンを手本にパリをつくり変えたいという理想を抱いていたのである。

オスマンによるパリ大改造

ナポレオン三世は、一八五〇年の大統領時代に次のような演説を行い、都市改造による美化と環境改善への意欲をみせている。

パリはフランスの心臓であります。この偉大な都市を美化することにわれわれの全力

大改造後のパリの街並み（オスマン通り）。出所：Jonathan Barnett(2011) *City Design*, Routledge, p.79（From Shepp's *Photos of the World*, 1892）

を注ごうではありませんか。新しい通りを開き、空気と日光を欠いている人口密集地区を清潔な界隈に変え、健康な光がわれわれの建物の至るところに入り込むようにしようではありませんか」（鹿島茂『怪帝ナポレオン三世』）

そして、一八五二年に皇帝の座に就くと、早速大改造に着手する。その理想を形にしたのが、セーヌ県知事のオスマンである。オスマンは、土木技師でも建築家でもないが、優れた行政官であった。優秀な専門家を抜擢し、計画を推進していくプロデューサーとして手腕を発揮していく。大改造の発想はナポレオン三世であったが、それを具体的に実施したのはオスマンであった。オスマン抜きにパリ大改造は実現しなかったとも言われ、「オスマンのパリ大改造」と呼ぶことが多いのはそのためである。

オスマンの大改造は、街路、広場、公園、下水道などのインフラを一体的に整備したうえで、さらに公的な建築物の建設や民間建物の誘導も行った点に特徴がある。とりわけ街路整備が大改造の骨格的な事業であった。

街路整備は、①古い街路を拡幅し、直線化を図ること、②幹線道路は複線化によって交通循環の円滑化を図ること、③重要な拠点は斜交路で接合すること、という三原則に基づき進められた。道路の直線化やネットワーク化は、旧来の街路の拡幅だけでは不十分であったため、建物を壊して新たな街路が切り開かれることもあった。

こうした街路整備の目的は、交通の円滑化や日照・通風の確保だけでなかった。狭く迷路のような従来の町は、犯罪の温床であり、反政府組織の格好の隠れ家となっていた。新しい幅の広い道路を通すことで古い町を一新し、治安を回復することもオスマンは目論んでいたのである。

こうした都市改造の難しい点は、パリ市民が日常の生活を続ける中で遂行しなければならないことである。都市に「生きたまま治療を施すこと」（松井道昭『フランス第二帝政下のパリ都市改造』）が求められたのである。オスマンの大改造が「パリの外科手術」「大切開手術」などと形容された所以はそこにもあるのだろう。

都市改造時に実施された高さ制限

これほど大規模な都市改造においては、「図」となる記念建造物よりも「地」を形成する無名の膨大な建物群の整備・コントロールも重要となる。真っ直ぐに伸びた大街路やそ

<table>
<tr><th>年
道路幅員</th><th>1667年</th><th>1784年</th><th>1859年</th><th>1884年</th></tr>
<tr><td>7.8m未満
【7.5m未満】</td><td rowspan="4">8トワズ
(15.59m)以下</td><td>36ピエ(11.7m)
以下</td><td>11.7m以下</td><td>12m以下</td></tr>
<tr><td>7.8m以上9.75m未満
【7.5m以上9.4m未満】</td><td>45ピエ(14.6m)
以下</td><td>14.6m以下</td><td>15m以下</td></tr>
<tr><td>9.75m以上20m未満】
【9.4m以上】</td><td rowspan="2">54ピエ(17.6m)
以下</td><td>17.55m以下</td><td>18m以下</td></tr>
<tr><td>20m以上</td><td>20m以下、6階以下
(屋根裏含まず)</td><td>20m以下、6階以下
(屋根裏含まず)</td></tr>
</table>

※道路幅員の【　】内は、1859年政令以前の数値。1859年政令からメートル法を採用。1884年政令で数値を切り上げ。

出典：鈴木（2005）、フィエロ（2011）を元に作成

表3－1　17～19世紀にかけてのパリの高さ制限（高さは軒高）

の焦点に記念建造物を配置したとしても、大街路沿道の建物がバラバラでは、壮大な見通し景観を創出することはできないためである。それゆえ、沿道の統一性のある建物群の整備が求められた。

その一つの手段として、街路幅員に応じた高さ制限が実施された。一八五九年の建築規制によって、軒高一一・七メートル（幅員七・八メートル未満）、一四・六メートル（幅員七・八〜九・七五メートル）、一七・五五メートル（幅員九・七五メートル以上）に制限された（いずれの高さも屋根裏の一層分は除く）。ただし、幅員が二〇メートル以上あって、外観の統一（バルコニー、軒などのラインを揃える）を図っている場合には、高さ二〇メートル、六階（屋根裏除く）まで認められた。

ただ、建築物の高さ制限自体は、オスマンによる都市改造以前のパリでも実施されていた。

一七世紀前半の住宅は四階建て程度であったが、

徐々に高層化が進んでいったため、一六六七年には軒高八トワズ（約一五・五九メートル）に制限された。しかし、屋根の高さは規制の対象外だったことから、「家の上に家を建てるようなこと」が行われ、一八世紀のパリは、「建物はすさまじい高さなのに、街路のほうは狭くて、奇妙な対照をなしている」状況だったという（メルシエ『十八世紀パリ生活誌』上巻）。

一八世紀以降、人の健康にはきれいな空気や太陽の光が必要であるとの衛生観念が定着していったこともあり、一七八四年には道路幅員に応じた三段階の高さ制限に再編され、日照、採光、通風の確保が図られるようになった。

このように、従来の高さ制限が主に日照確保や防災を目的としたものであったのに対し、オスマンが実施した高さ制限は、「美観創出」を積極的な目的に据えていた点が大きく異なる。

とはいえ、高さを揃えるだけでは、美観は期待できない。そこで、オスマンは建物ひとつひとつのデザインにも規制を加えた。具体的には、階高（各階の高さ）を二・六メートルまでに規制したほか、屋根の高さ、天窓の張り出し方、煙突の高さなどのルールを設けた。さらに、土地売却に際する売買契約条件の中に、一定のデザインのバルコニーや軒線（軒蛇腹などのライン）、屋根をもたせる条項を盛り込むことで、統一されたデザインのファサード（建物正面）の創出を実現させた。

二〇世紀の建築家ル・コルビュジエは「オースマンは、腐朽した六階建の建物を贅沢な六階建の建物に変えただけだ。それゆえ彼は、質の価値を高めただけで、量を増したのではない」（『ユルバニスム』）とパリ改造を批判した。しかし、質の向上による膨大な数の「高度の凡作」を生み出したことこそがオースマンの都市改造の真骨頂であり、現在に続くパリの街並みの礎を築いたことは間違いない。

エトワール凱旋門。写真：講談社

ナポレオン一世のエトワール凱旋門

繰り返しになるが、複数の大街路が交差する場所に、「非凡な傑作」たる記念建造物を広場とセットで設けた点が、オスマン都市改造の特徴の一つである。その記念建造物としては、凱旋門やオペラ座（ガルニエ宮）、ヴァンドーム広場の記念柱、コンコルド広場のオベリスクなどが挙げられる。これらの中にはすでに建設済みのものもあったが、これらを際立たせるように、道路や広場が計画された。

その代表的な存在が、高さ五〇メートルのエトワール凱旋門であろう。これはナポレオン一世がアウステルリッツの戦いの勝利を記念して建設を命じたものである。古代ローマのコンスタンティヌス帝の凱旋門にならい、「勝利から勝利へと突き進む皇帝の象徴」(ラスムッセン『都市と建築』)として、一八〇六年に建設が開始された。しかし、ナポレオン一世の失脚で中断し、一八三六年になってようやく除幕式を行った(実際の完成は一八四四年)。

その高さ五〇メートルは、古代ローマの凱旋門の二倍以上に及んだ。過去の偉大な文明が生んだ建造物の意匠を借用しつつ、より巨大なものへと仕立てることは、ナポレオンに限らず多くの権力者が繰り返してきたことである。

ワシントンD.C.におけるアメリカの理念の表現

これまで見てきたローマ改造、ロンドン復興、パリ大改造は、既存の都市をつくり変える試みであった。

それに対し、まったくの更地に一からつくりあげたのが、アメリカの首都、ワシントンD.C.である。アメリカの独立宣言から一五年後の一七九一年に、フランス生まれの軍人のピエール・シャルル・ランファン少佐が作成した首都計画をベースに建設された。この計画の特徴は、直線的な大通りの主要な交差点に、連邦議会議事堂、大統領官邸(ホワイトハウス)、ワシントン記念塔など象徴的な建造物や広場を配していることである。

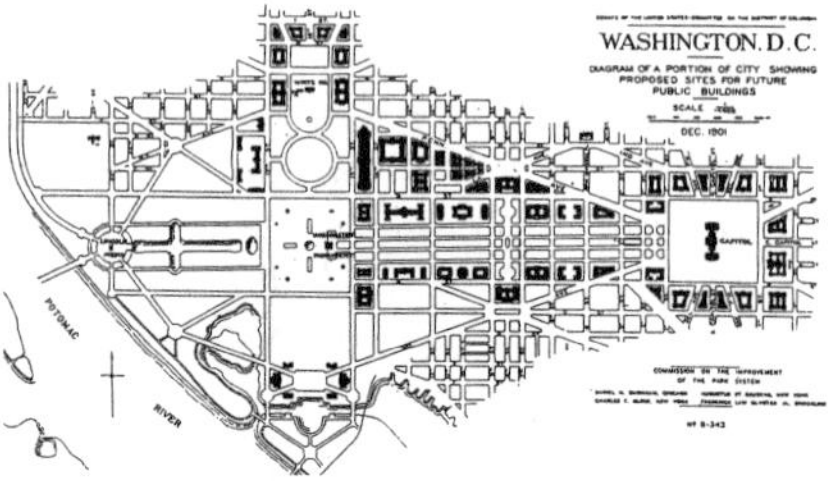

ワシントンD.C.の都市計画図。出所：Jonathan Barnett (2011) *City Design*, Routledge, p.83 (From H. V. Lanchester, *The Art of Town Planning*, 1925)

特徴を具体的に見てみると、

①格子（グリッド）状街路と、放射状街路との重ね合わせによる街路構成であること

②格子と放射状街路が交差する場所に、主要な広場や建物が設置されていること

③連邦議会議事堂と大統領官邸などの国家を象徴する建築物が斜交軸で結ばれ、視覚的な相互関係をもたせていること

④議事堂と大統領官邸を核としてそれぞれ東西軸と南北軸を位置付け、その交点に記念碑（現在のワシントン記念塔）を設置すること

などが挙げられる。

議事堂から西へ伸びる東西軸が、幅一二〇メートル、全長約一・六キロメートルに及ぶモール（グランド・アヴェニュー）であり、ワシントン記念塔はその中心に位置する。

こうした街路構成とモニュメンタルな建物の配置は、ローマやパリ、ヴェルサイユといった都市と共通する点が多いが、ワシントンD.C.独自の論理も存在する。

等間隔で直角に交わる格子状街路は、防災上や衛生環境上の観点だけでなく、アメリカのデモクラシーの理念、つまり自由と平等を象徴していたのである（奴隷制が残っていた時代ではあったが）。放射状の通りの焦点に連邦を構成する各州を意味する広場が配され、連邦議会議事堂、大統領官邸へと収斂していた。

このような構成は、平等の理念や各州の自立と同時に、最終的に連邦政府のもとで各州が結びつくという「ユニオン」を表しており、アメリカの国家理念や権力構造を具現化している。なお、連邦議会議事堂と大統領官邸は、ペンシルヴェニア・アヴェニューという大通りで結ばれているが、その距離は一マイル以上離れている。これは、「立法権と行政権という二つの権力の抑制と均衡」を表現しているとの見方もある（入子文子『アメリカの理想都市』）。

ディケンズの皮肉

新築される建築物に対する高さのルールも早々に設けられた。一七九一年制定の建築条例で、高さは三五フィート（一一メートル）以上四〇フィート（一二メートル）以下に制限された。この制限を実施するにあたって、首都建設の推進者の一人、トマス・ジェファーソンは、パリをはじめとするヨーロッパを訪問し、各都市の条例を研究したという。これは先に述べたパリの大改造の半世紀以上前のことであるが、パリやロンドンでは道路幅員に対応した高さ制限を実施し、都市環境の保全をはかっていた。

ワシントンD.C.における高さ制限は、高さの上限だけでなく下限にも規制を定めた点に特徴があった。そうすることで、街路沿道の建物の高さの凸凹が小さくなり、「地」の景観を統一させることができると考えたのであろう。

実際には、首都建設は遅れた。道路などのインフラ整備が不十分であったことや、高さ制限などの建築条例がデベロッパーの投資意欲を削いだため、土地の売却が進まなかったのである。

その結果、条例制定から五年後の一七九六年には建築条例が一時停止され、首都移転が完了した一八〇一年にも再び建築条例が停止された。一九世紀を通して、米英戦争や南北戦争などもあって首都建設はなかなか進まず、高さ制限は停止されたままであった。

なお、ワシントンD.C.の開発が遅れていたことは、イギリスの作家チャールズ・ディケンズの旅行記にも記されている。一八四三年にアメリカを訪問したディケンズは、一向に建設が進まないワシントンD.C.を「壮大な空間都市《シティ》」ではなく「壮大な計画都市」と呼ぶ方が適切であると皮肉っている。そして、「一マイルはあろうかと思われるさまざまな通りは、それから派生する道路や家や住人を欠き、公共の建物は公共のものとなるための公衆に欠け」ていたと、当時の閑散とした都市の状況を書き残している（『アメリカ紀行』上巻）。

停止されていた高さ制限であったが、一六〇フィート（約四九メートル）の集合住宅の建設をきっかけとして、一八九四年に再び導入されることとなる。当初の制限よりは大分緩いが、集合住宅は九〇フィート（約二七メートル）、オフィスビルは一一〇フィート（約三四メートル）に制限された。一八九九年には、木造などの非耐火建築物は六〇フィート（約一八メートル）、住居地区は九〇フィート（約二七メートル）、もっとも広い街路沿いで一三〇フィート（約四〇メートル）に変更されている。高さ制限は若干緩和されたものの連邦議会議事堂などの重要な政府施設の高さを超えた建物が禁じられたことで、シンボル的な建造物を際立たせた景観保全がはかられることとなった。

連邦議会議事堂のドーム問題

続いては、「図」となるシンボル的な建造物として、連邦議会議事堂とワシントン記念塔を見ていこう。

ワシントンD.C.を東西に貫くモールの東端の丘にそびえる白亜のドームが、連邦議会議事堂である。ローマのサン・ピエトロ大聖堂やロンドンのセント・ポール大聖堂を思わせる古典主義的な紡錘状のシンボリックなドームの頂部には、アメリカの国家理念を象徴する〝勝利をおさめた自由の像〟が据えられている。約八七・八メートルという高さ自体は、サン・ピエトロやセント・ポール に及ばない。しかし、議事堂は、ランファンが「記念碑が建てられるのを待っている台座」と呼んだ小高い丘の上に立地しており、その高さを加味すると見かけの高さは一〇〇メートルを超える。

議事堂の計画自体は、もともとランファンの計画案が採択されて間もない一七九三年から開始されていた。しかし、現在のドームが完成するまでには紆余曲折があった。

当初建設された議事堂のドームは、現在のものとは異なるローマのパンテオン風の半球状で、銅板張りの木造であった。工事開始後、金銭面、技術面で難航し、さらに米英戦争中の一八一四年には、イギリス軍によって大統領官邸や議事堂が攻撃されたため、建設は思うように進まなかった。

ドームは、建設開始から約四〇年後の一八三〇年に完成したが、わずか二五年後の一八五五年、さらに高い鋳鉄製ドームに架け替えることが決まった。

そして、一八六三年に、現在のドームが姿を現すことになる。

新しい白亜の紡錘状ドームのデザインは、サン・ピエトロ大聖堂、セント・ポール大聖堂、パリのパンテオンをモデルにしたというが、これらの建物と異なる点は、二つあった。

一つは、三つの建物はいずれも教会堂（パリのパンテオンはもともとサント・ジュヌヴィエーヴ聖堂）であったのに対して、ワシントンD.C.の場合は議事堂であったことである。宗教的権力が相対的に影をひそめ、国民国家が大きな権力基盤を確立しつつあった状況を象徴していると言えよう。

もう一つは、ドームの構造が石造ではなく、鋳鉄による鉄骨造であったことである。鉄という新しい材料の時代の到来を告げるものであった。鉄は、エッフェル塔やシカゴ・ニューヨークの摩天楼などの高層建造物に欠かせない材料となっていくが、これについては次章で見ていく。

連邦議会議事堂。写真：中井検裕

ところで、なぜ、わずか二五年で当初のドームは架け替えられたのだろうか。

理由の一つは、建物のデザインにあった。当時、議員の増加にともない議事堂を広げる必要が生じたため、北翼、南翼部分が横に拡張されていた。ドームの高さが変わらぬままに建物が横方向へ伸びたことで、建物のバランス（水平方向と垂直方向の）が崩れてしまったのである。

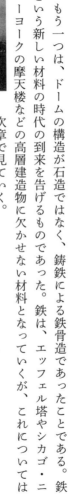

ビッグベンと国会議事堂。ウエストミンスター橋より望む。写真：講談社

それ以上に大きかった理由として、当時のアメリカにはドームを大きくする必要性があったことが挙げられる。一八二〇年代から一八六〇年代の南北戦争直前まで、新興国アメリカは強硬な外交路線を推し進めていた。西部への領土伸張をはかり、一八四八年末までに南西部、カリフォルニア、オレゴンなどがアメリカに組み込まれた。同年には旧メキシコ領のカリフォルニアで金鉱脈が発見され、一獲千金を狙ったアメリカ人がこぞって移住した。いわゆる「ゴールド・ラッシュ」である。

アメリカの領土拡大とフロンティアの開拓にあわせて、国内の人口が急増し、それに伴い議員数も増大していった。そのため、既存の議事堂が手狭になった。領土拡大を推し進める強国アメリカにふさわしい議事堂には、より大きく、高いドームが必要であるとの意識が高まっていったとしても不思議ではない。

同じ時期（一八五〇年代）、大西洋を隔てたイギリスでは、一八三四年に火事で焼失した国会議事堂（ウエストミンスター宮殿）の再建が進められていた。「ビッグベン」として知られる時鐘を収めた高さ九六メートルの時計塔は、一八五九年に完成した。高さに大きな違いはなかったものの、イギリスの議事堂がネオ・ゴシック、アメリカはバロックと建築様式面では対照的であった（なお、ゴシック的な垂直性の表現は、アメリカ国内では一九世紀末以降のシカゴやニューヨークの摩天楼で発揮されていくことになる）。

ワシントン記念塔

さて、連邦議会議事堂から西へ伸びるモールの中央に屹立しているのが、ワシントン記念塔である。アメリカ独立の立役者の一人で、初代大統領であるジョージ・ワシントンの偉業を称えるモニュメントとして一八八四年に完成、一八八八年に一般公開された。エジプトのオベリスクを模した形状を持つこの記念塔の高さは約五五五フィート（約一六九メートル）。一八八九年にパリのエッフェル塔ができるまでの五年間、世界一の高さを有する建造物だった。

先に述べたように、ワシントン記念塔の形はオベリスクと同じであるが、次の三つの点で大きく異なる。

まず第一に、その大きさである。第一章で述べたように、オベリスクは高さ二〇〜三〇メートル程度で、台座を含めても五〇メートル弱である。それに対してワシントン記念塔は一六九メートルと大きな差がある。

二つ目は、オベリスクが一つの石（単石）からつくられているのに対し、記念塔は複数の大理石を積み上げた組積造であることだ。これはアメリカの理念でもある「多から一へ（ラテン語で「エ・プルリブス・ウヌム」。アメリカの国璽や硬貨に刻印されている言葉）」を象徴しているとも言われる。

そして三つ目は、柱の中に入れることである。記念塔の中には階段（計九〇〇段）とエレベーターが設置され、展望台につながっている。首都を一望する展望台からは、連邦議会議事堂、大統領官邸、リンカーン記念館といった主要な公共建築物を正面に見ることができる。まさにワシントンD.C.の中心となるシンボルとなっている。

ワシントン記念塔。写真：講談社

このワシントン記念塔の建設も、連邦議会議事堂と同様に、すんなりとは進まなかった。一七九一年のランファンの首都計画の中では、現在の記念塔の場所付近にワシントンの騎馬像を設置することが決められていた。モニュメントとして騎馬像を建立することは、ランファンの母国フランスでは馴染み深いものであった。たとえば、パリのヴァンドーム広場にはルイ一四世の騎馬像が、コンコルド広場にはルイ一五世の騎馬像が置かれていた（のちにそれぞれ記念柱、オベリスクに置き換えられている）。

しかし、計画の途中から騎馬像ではなく記念塔へと変更された。一八三三年にワシントン国民記念塔建設協会が設立され、一八四五年に記念碑の形がオベリスクに決まる。オベリスクの形状が現在の形に決まるまでにも、さらに紆余曲折があった。

記念塔建設協会は、塔の建立にあたって、塔の内部にはめ込む記念の石の寄附を世界各国に求めていた（ちなみに、日本からは箱館、下田産の石が贈られている。それをアメリカに持ち帰ったのが、マシュー・ペリー提督だった。黒船来航の目的には、ワシントン記念塔のための記念石の収集も含まれていたのである）。

しかし、一八五四年（ペリーが浦賀にやってきた翌年）、ローマ法王からアメリカ政府に寄附された大理石が盗まれるという事件が起きた。この大理石は、もともとはローマの神殿に使われていたものだったという。この事件がアメリカ国民の怒りを買い、寄附金が集まらなくなり、建設工事は中断された。

一八六一年には南北戦争が始まり、工事は中止されたままとなった。当時、ワシントンD.C.で新聞記者をしていた作家のマーク・トウェインは、建設途中の記念塔を目にしていた。自身の小説の中で「祖国の父の記念碑が泥濘《ぬかるみ》（中略）から聳え立っている。その様子は、さながらてっぺんが折れて壊れた工場の煙突といったところである」（マーク・トウェイン、C・D・ウォーナー『金メッキ時代』上巻）と表現している。ようやく完成したのは、一八八四年。騎馬像の設置が決められてから、実に一〇〇年近くが経過していた。

オベリスクの形状が採用された理由の一つには、オベリスクが古代文明の永遠性を象徴していることがあった。つまり、偉大な文明として人びとに認識されている古代エジプトの威光を借り、アメリカの永続性を祈念する意図があったと思われる。

また、この記念碑の建立に反対意見が少なくなかったことも影響していた。当初予定されていたワシントンの騎馬像は、ジョージ・ワシントン個人を神格化、賛美するもので、自由と平等というアメリカの国家理念に反するとみなされたのである。その点、オベリスクは、はるか昔の文明のシンボルであり、特定の個人や権力と結びついているわけではない。国家の理念の崇高さを純粋に象徴しうるモニュメントと判断されたのかもしれない。

5──近世・近代日本における「都市の高さ」

本章が対象としてきた一五世紀から一九世紀は、日本ではおよそ戦国時代から江戸期、そして徳川幕府瓦解後の明治期にあたる。

この時代の日本を代表する高層建築物の一つが、城の中核をなす天守(いわゆる天守閣)であろう。これは中世ヨーロッパの城でいう「主塔(キープ、ドンジョン)」に該当する。前述のように、ルネサンス期以降のヨーロッパでは大砲を用いた戦争に対応するために、すでに主塔を中心とする築城方法は衰退していたが、日本においては一六世紀末から一七世紀初頭に天守の築造が隆盛を極めていく。

軍事的な必要性から誕生した天守には、大名の権威や権力を表現する政治的な意図も込められていた。

戦乱の世が過ぎ徳川幕府下の泰平の世に入ると、城下町の発展に伴って天守の実用的な役割は薄れ、よりシンボル的な存在へと変質していくことになる。

一方、天守が「図」とすれば、それを取り巻く「地」となる城下町の建物については、封建社会の身分制度に基づき、主に商人の贅沢を禁じるために高さが制限されていった。

明治維新後の文明開化の時代に入ると、封建制の遺物とみなされた城郭の破壊が進み、身分制度による高さ制限も撤廃される。近代国家の体裁を整えるべく、西洋風の塔を持つ高い建物が近代都市の「図」を形成し、また、銀座や丸の内などでは「地」となる街並みの建設が行われ、近代化がはかられていくのである。

天守の誕生と発展

中世末から近世にかけての戦乱の連続により、日本の城郭建築は急速に発展した。中世の城は自然の地形を用いた山城が中心で、ヨーロッパのモット・アンド・ベイリー式の城と同じように、山の上に柵や空濠、土塁を設けた簡素なものが主であったが、城郭建築が発達するにつれて、軍事的な拠点である高層の天守が生まれていった。

天守の起源は、中世の井楼、高楼等の櫓から発達したと考えられており、室町の末期にまでさかのぼることができる。これに武家邸宅における主殿の要素や軍事的な物見の望楼機能が加わり、天守が誕生したと考えられている。高所から城内外の情勢を把握すると同時に、城の内外にある味方からもよく見えるようにする必要から、城の中央、本丸に設けられた。

織田信長の安土城

現在見られる天守の姿の原点と言える存在が、織田信長のつくった安土城である。天守を中心とする近世城郭の形式は、安土城によって確立されたとも言われる。

一五七九（天正七）年、琵琶湖の近くに位置する安土山の山頂に築かれた安土城は、外観五層で、建物の高さは三二・四メートル、土台となる石垣の高さも含めると、計四五・九メートルあったとされる。安土山は標高一九〇メートルであるため、天守からは、琵琶湖を見下ろすことができると同時に、周囲のどこからでも見ることのできるランドマークとなったことだろう。

当時、日本でカトリックの布教活動を行っていたポルトガル人宣教師のルイス・フロイスは、自らが書き残した「日本史」の中で安土城にも触れている。「信長は、中央の山の頂に宮殿と城を築いたが、その構造と堅固さ、財宝と華麗において、それらはヨーロッパのもっとも壮大な城に比肩し得るものである」(『完訳フロイス日本史③安土城と本能寺の変』)との記述があり、安土城が絢爛豪華な城であったことがうかがえる。

無神論者であった信長は比叡山延暦寺の焼き打ちを行うなど、宗教に対して寛容でなかったことはよく知られている。「信長以外に礼拝に価する者は誰もいない」(同)と公言したとされ、彼自身の神格化を望んでいた。荘重な天守は、信長にとって自らを神格化する表現の一つだったのかもしれない。

信長は天守を視覚的に際立たせるために、数多《あまた》の提灯で城を照らした。フロイスによると「それは高く聳え立ち、無数の提燈の群は、まるで上(空)で燃えているように見え、鮮やかな景観を呈していた」(同)という。ライトアップによって城の存在、つまりは信長自身の存在を強調したと言えるだろう。

豊臣秀吉の大坂城

安土城で確立した天守の発展は、一五九〇(天正一八)年に天下統一を果たした豊臣秀吉によって引き継がれる。秀吉が着手した大坂城は安土城を模範とした城郭であった。大坂城を訪れたフロイスは、「筑前殿〔引用者注：秀吉のこと〕はまず同所（大坂）に甚だ宏大な城を築き、其中央に甚だ高い塔を建て堀・壁及び堡塁を設けた。（中略）其の宏大・精巧・美観は新らしい建築に匹敵している。殊に重なる塔は金色及び青色の飾を施し、遠方より見え一層壮厳の観を呈している」（岡本良一『大坂城』）と本国への報告書に記している。このことからも、安土城に比肩する豪華壮麗な城であったことがうかがえる。

慶長の築城ブーム

その後、安土城や大坂城に倣《なら》うように、全国の大名がそれぞれの国に城郭を建設していくことになる。特に慶長年間（一五九六〜一六一五年）には、多くの城が建造された。いわゆる「慶長の築城ブーム」である。

一六〇九（慶長一四）年は『鍋島直茂公譜考補』によると、「今年日本国中ノ天主数二十五立」（内藤昌編著『城の日本史』）とあり、わずか一年の間に二五もの天守が建設されたという。姫路城、松本城など、現存する天守の大多数は慶長期につくられたものとされる（表3−2）。この時期に日本の築城技術は高度なものへと洗練されていった。

しかし、徳川幕府が天下を治め、幕府による支配が確立するにつれて築城ブームは沈静

建物名	造営年	建物の高さ(m)	石垣の高さ(m)	総高さ(建物＋石垣、m)
安土城	1579	32.42	13.48	45.91
岡山城	1597	23.03	3.09	26.12
松本城	1597	25.18	4.36	29.54
松江城	1611	22.44	7.92	30.36
姫路城	1609	31.5	14.85	46.35
名古屋城	1612	36.06	12.48	48.55
二条城	1626	25.15	8.12	33.27
大坂城(徳川期)	1626	43.91	14.39	58.3
江戸城	1638	44.85	13.79	58.64

出典：内藤（2006）p.214、内藤編著（2011）p.138を元に作成

表3－2　16世紀末から17世紀初頭にかけて建造された主な天守

化していく。その契機が一国一城令であった。

一国一城令

大坂夏の陣の後、徳川家康が天下を統一したが、再び戦乱が起こることを恐れた幕府は、各藩の軍備拡張の制限を行った。特に築城は戦争を招く一因とみなされ、武家諸法度の一つとして、一六一五(元和元)年に「一国一城令」が定められた。

これは、文字通り一つの国に一つの城のみを容認したルールである。原則として領内の統治上、政治的・経済的な意義をもつ本城だけを残すことが認められ、それ以外の城は廃止が命じられた。また、一部の例外を除いて新たな築城も禁止となり、改築や修理にあたっても幕府の許可を必要とする制限を加えた。

戦国時代から慶長の築城ブームまでに約三〇〇〇もの城がつくられたというが、一国一城令以降、一七〇にま

で激減した。この令がいかに厳しく運用されていたかがうかがえる。一国一城令の厳格な適用は、幕府の力を諸藩に見せつける意味合いもあった。逆に言えば、徳川幕府が各国の反幕府勢力の軍備拡大を過度に恐れていたことの表れともとらえることができよう。

松本城。写真：著者

江戸城と大坂城

各国の築城を規制した幕府であるが、幕府の御膝元では大規模な築城が行われた。代表的なものが、江戸城と大坂城である。

大坂の陣の後の一六一九（元和五）年、大坂は政治的、経済的な枢要地として幕府の直轄地となった。そこで、大坂の陣で破壊された大坂城の再建が進められ、一六二六（寛永三）年に完成した。外観五層の大坂城天守は、高さ四三・九一メートル、土台の石垣込みで計五八・三メートルであった。大坂城下の人々にとって、城と言えば「宏大・精巧・美観」を誇った豊臣の大坂城を指した。新たな大坂の支配者である徳川家にしてみれば、幕府の威勢を知らしめるためにも、豊臣時代をはるかに上回る規模で普請する必要があったのである。

この大坂城を凌ぐ規模で築造されたのが、将軍の居城である江戸城であった。江戸城は、一六三八（寛永一五）年、三代将軍徳川家光の時代に完成した。天守は外観五層で、高さは四四・八五メートル、石垣の高さを加えると五八・六四メートルに及んだ。日本で最も高い天守であるばかりでなく、東寺の五重塔や東大寺の大仏殿も上回る規模であった（現存する東寺の五重塔は家光が再建したもの）。天守が建てられた場所の標高は、城内で最も高い約二五メートルであるため、江戸中から見えるランドマークとなった。

再建されなかった天守

その後、「パックス・トクガワーナ」とも呼ばれる泰平の世が続くと、軍事施設としての天守は無用の長物と化し、「天守は一城の飾り」といわれるに至った。また、造営から時間が経つにつれて修理の必要も生じていったが、諸藩の経済が逼迫《ひっぱく》していたため、大城郭の修理維持さえも困難となり、城郭建築は衰退していく。大火により焼失する天守もあったが、軍事的な必要性がなくなるにつれ、再建されずに天守台のみが残されるケースも少なくなかった。その代表的な例が江戸城の天守である。

一六五七（明暦三）年の明暦の大火（いわゆる振袖火事）が江戸を焼き尽くした。その九年後に発生したロンドン大火の焼失面積が約一七六ヘクタールであったのに対し、明暦の大火ではその約一五倍の二五七四ヘクタールに及んだ。「大名屋敷は上《かみ》・中《なか》・下《しも》屋敷あわせて五百余、旗本屋敷は七百七十余、組屋敷は数知れず。神社仏閣三百五十余、橋梁六十、町屋四百町、片町八百町——計二十二里八町がことごとく焦土と化し、十万七千四十六人が焼死した」（中村彰彦『保科正之』）という状況を見ても、その被害の甚大さが理解できよう。当然ながら江戸城にも火が及び、天守を始め、本丸、二丸、三丸の諸御殿が焼失した。

城の復興計画が練られたものの、大火から二年後の一六五九（万治二）年に四代将軍家綱の補佐役であった保科正之（会津藩主）が、以下のように述べ、天守の再建に反対したという。

天守は近代織田右府（信長）以来の事にて、さのみ城の要害に利あるといふにも非《あ》らずたゞ遠く観望いたす迄の事なり、方今武家町家大小の輩、家作を為すの場合、公儀の作事永引《ながびく》ときは下々の障《さわり》にもあるべし、且箇様の儀に国財を費すべき時節に非ざるべし、当分御延引可然《しかるべし》とて天守の作事は沙汰止《さたやみ》になりしとぞ。（中村、前掲書）

つまり、天守は軍事的な意味があるわけではなく、遠くを眺める展望台でしかない。今は城下町の復興に注力すべきで、天守に国費を費やすべきではないと保科は建言したのである。結果的に天守は再建されず、石垣の天守台のみが整備された。江戸城の天守が江戸の町にそびえていた期間は、完成から二〇年足らずしかなかったことになる。

ほかに、再建されなかった理由としては、江戸のシンボルは遠くに見える富士山や筑波山などであり、天守などの人工物のランドマークは必要ではなかったとの見方もある。

天守が再建されなかったのは江戸城だけではない。明暦の大火から八年後の一六六五（寛文五）年には、大坂城の天守も雷による火災で灰燼に帰した。大坂城においても、江戸城の例にならって天守の再建は見送られた。再び天守が大阪の街に姿を現すのは一九三一（昭和六）年の復元まで待たなければならないが、これについては第五章で触れる。

城下町における高さ

これまでは「図」としての建築である天守について見てきたが、天守を取り巻く「地」としての城下町の高さはどうだったのだろうか。

時代は豊臣秀吉が天下を統一した一五九〇（天正一八）年にさかのぼる。秀吉は京都の城下町化の一環として、伏見から京都へむかう「御成道」沿いの整備を行った。具体的には、町屋の街並みを整えるために建物の高さを制限した。この高さ制限についてはフロイスの「日本史」に書き記されている。

「暴君関白〔引用者注：秀吉〕は（中略）都《ミヤコ》の市《まち》〔引用者注：京都〕にかつて見られなかったような建造物とか豪華な諸建築を（次々に）完成し、日々新たに造築していった。彼は市に平屋の家が一軒として存在することを許さず、すべての家屋が二階建とされるように命じた」（フロイス、前掲書）という。つまり、二階建ての建物で揃えることで、統一的な街並み景観の整備を意図していたことがうかがえる。

この街並みを整えるという発想には、当時のヨーロッパ都市計画の影響がうかがえる。というのも、一五八四（天正一二）年にルイス・フロイスが送った書簡に、ローマの都市を描いた絵は、日本の領主にローマ・カトリック教会の栄光と繁栄を印象付けるうえで効果的であったとの記述が見られるのである。この年は、前述のシクストゥス五世による大々的なローマ改造はまだ始まってはいないが、すでに部分的にはローマ復権を目指して直線街路の整備などの都市開発が行われていた時期にあたる。絵画を通じて、こうしたローマの都市の姿を目にした秀吉が首都の景観整備に意欲を示したとしても、不思議はないだろう。

身分制に基づく三階建て禁止

徳川幕府の時代に入ると、江戸でも三階建てが出現しはじめる。江戸時代初期の江戸の市街地を描いた「江戸名所図屛風」や「江戸図屛風」を見ると、日本橋の橋詰の角にある商家に三階建ての櫓が確認できる。江戸市中の中心では主に二階建てが建っていたが、日本橋から新橋までの東海道沿いでは、主要な街角に三階櫓がつくられたという。当時の三階櫓がどのような用途として利用されていたかは不明であるが、「裕福な商人の見栄や財力の象徴的空間構造物といった性格が強かった」と見られている（早田宰「我が国における都市住宅像の形成過程――近世江戸期の影響を中心に」『早稲田人文自然科学研究』53号）。

これに対して幕府は、封建秩序の維持を大義名分に、富の象徴だった三階建ての建物を制限していく。中央集権的な封建体制が確立されるにつれて、士農工商の身分格式が重んじられるようになり、一六四九（慶安二）年には、「三階仕間敷事」、つまり三階建てを禁止する町触れが出された（近世史料研究会編『江戸町触集成』第一巻）。その後、たびたび規制が強化され、八代将軍徳川吉宗が一八世紀前半に行った享保の改革では、「家作り、なるべく成《せい》（棟高《むねだか》）はひきく（低く）建て」ることが市中に要請され、さらには一八〇六（文化三）年には、棟高が二丈四尺（約七・三メートル）に制限された（内藤昌『日本　町の風景学』）。

高さ制限の結果、軒線の揃った統一した景観が形成されたが、この制限はあくまで富を蓄積していた商人の贅沢を抑えることや身分制度の維持に眼目があった。先に見たロンドンやパリなどのヨーロッパ諸都市では、日照、防災、景観といった環境面の向上を企図して規制されたわけだが、江戸期の日本では封建的な身分制度を視覚化する手段として高さ制限が用いられたのである。

しかし、幕末期になると高さ制限を守らない建物も増えていった。富裕化した町人階級が武士階級に対抗できるようになった結果、幕府の骨格である身分制度のほころびが街の姿に反映されていったともいえよう。また、庶民、市民にとっての遊興や娯楽の場が充実していくにつれて、建物も大規模化していった。たとえば、町外れの料亭や庭園などでは、三階建ての楼閣建築の建設が許された。遊郭においては高さ制限が適用されず、軒高が高く大きな内部空間を持つ建築物が建てられた。遊郭や庭園は、庶民に娯楽を与える非日常的な空間である。それゆえ、世俗的な規制の範囲外とみなされ、例外的に許可されていたものと思われる。

明治維新後の天守破壊と高さ制限の撤廃

ヨーロッパ各国が首都改造を進めていた一九世紀半ばは、日本では徳川幕府が瓦解し、明治新政府による国家へと転換を図る時期に該当する。富国強兵を掲げる明治政府は、国家の近代化を推し進めるために、西欧列強の技術や政治・行政等の統治システムを積極的に導入していく。この文明開化期におけるスローガンの一つが「脱亜入欧」であった。前体制のシンボルである天守を破壊し、身分制に基づく高さ制限を解除することで「脱亜」を図る一方、近代化を象徴する洋風の建築や街並みをつくることで「入欧」を進めたわけである。

一八七三(明治六)年の太政官達により、東京城(江戸城)など四三城、一要害の存城が決定し、一四城、一九要害、一二六陣屋については廃城となった。存城といっても城全体を保存するわけではなく、陸軍の所管となって軍用地に転用された。一方、廃城となった城は大蔵省に移管され、入札・一般への払い下げが行われた。

転用や払い下げの過程で、天守が封建時代の遺物として破壊された城も少なくなかった。たとえば、会津藩の若松城(鶴ヶ城)は、戊辰戦争で新政府軍からの攻撃により著しく損壊し、一八七四(明治七)年に天守をはじめとする城郭が解体された。長らく無用の長物とされていた天守であったが、戊辰戦争時に藩主・松平容保《かたもり》が一ヵ月間天守に籠城するなど、幕末になってようやく本来の軍事的な要塞としての役割を果たした末に破却されたのは皮肉なことであった。

明治政府は、天守や城郭を破壊する一方で保存にも取り組んでいる。一八七九(明治一二)年には、陸軍省・太政官の承認により、国費で名古屋城と姫路城が永久保存されることなった。その理由は、両城が「全国屈指ノモノ」で、「名古屋城ハ規模宏壮」、「姫路城ハ経営精巧」であり、「永久保存」すれば「本邦往昔築城ノ模範ヲ実見」できるためであった（木下直之『わたしの城下町』）。

また、民間による天守の保存も行われた。現在は天守が国宝に指定されている松本城も、明治初期に壊される可能性があった。天守が競売にかけられ、落札者が解体しようとしたのである。しかし、地元の名士であった市川良造が天守の保存を働きかけ、松本城の城内で博覧会を開催した収益で天守を買い戻し、守られることとなった。

なお、一六四九年から二〇〇年以上続いた三階建て禁止令は、幕末の一八六七（慶応三）年九月二六日に、老中稲葉美濃守正邦から三奉行へ出された御触れによって解除された。一五代将軍の徳川慶喜が大政奉還を上奏し受諾される直前である。解除の理由として、場所によっては人家が過密状態にあり、家屋の建設に支障があるためと記された（石井良助他編『幕末御触書集成』第四巻）。都市の高密化が進み、高層化をはからざるを得なくなった当時の状況がうかがえよう。翌一〇月二日には、同趣旨の町触れが名主（町役人）から出され、市中へ伝えられることとなった（近世史料研究会編『江戸町触集成』第一八巻）。

文明開化と擬洋風建築物

前体制のシンボルである天守が破壊され、身分制度に基づく高さ制限が解除される中、西洋建築を模した高い建物が街の景色を変えていくことになる。

明治に入ると、西洋の文明に敏感な大工の棟梁たちは、日本の伝統的な木造建築をベースに、洋風の意匠を組み合わせた「擬洋風建築物」を多数生み出した。近代化を迎えた日本の最初期における高層建築物と言えるだろう。

その代表的なものの一つが、一八七二（明治五）年に建設された第一国立銀行の建物である。二階建ての建物の上に、天守を模したような五層の塔を重ねたデザインを特徴とする和洋折衷の建物であった。近代化を迎えたとはいえ、当時の日本で高い建物の代名詞は天守であり、そのイメージから抜け切れなかった時代状況がうかがえる。兜町の日本橋川沿いに立つこの第一国立銀行は東京の新名所となり、地方からやって来た観光客の中には柏手をうったり、賽銭を上げたりする人もいたという。彼らには霊験あらたかな寺の仏塔のように見えていたのかもしれない。

第一国立銀行本店（日本建築学会図書館所蔵）。出所：(1968)『明治百年の歴史』講談社、p.110

このように擬洋風建築物には塔が設置されることが多かった。国文学者の前田愛が指摘したように、明治初期の塔は

「上昇志向のシンボル」であり、文明開化の象徴であった（前田愛『都市と文学』）。塔は「文明の威容を誇示する都市の装置」として「人びとの心を遠い西洋の世界へとうながしたてる視覚的な記号」であったのである。しかし、あくまで「地上から仰ぎ見られる塔」であり、「人がそれに登って下界の展望を自由に愉しむ」ための塔ではなかった（同『都市空間のなかの文学』）。つまり、多くの人びとにとって仰ぎ眺める建物であった点は、従来の仏塔や天守などと同じだったと言えよう。

以上のように、文明開化期には和洋折衷の擬洋風建築物が多くつくられたものの、全体の建物数から見ると少なく、伝統的な街並みの中に点在するだけであった。とはいえ、西洋化は「図」となる単体の建築物だけでなく、都市の「地」となる街並み形成においても試みられるようになる。以下では、銀座煉瓦街と丸の内のオフィス街の例を見ていきたい。

銀座煉瓦街計画による街並みの統一

明治期に入り、江戸から東京へと変わっても木造を主体とした都市であることには変わりなく、しばしば大火に見舞われている。一八七二（明治五）年二月二六日に東京で発生した大火によって、銀座から木挽町、築地地区一帯の約九五ヘクタールが焼失した。

明治新政府は、首都の表玄関に位置する銀座を文明開化の先鞭をつける街として再建することを早々に決めた。大火の翌月の三月二日には、早くも道路の拡幅と家屋の煉瓦造化が布告され、三月一三日には御雇《おやとい》外国人技師であるトーマス・ジェームス・ウォートルスによる計画案が公布された。銀座は、煉瓦造の建物が建ち並ぶ燃えにくく整った街並みにつくり替えられることとなったのである。

銀座煉瓦街（日本建築学会図書館所蔵）。出所：建築学会／明治建築資料に関する委員会編（1936）『明治大正建築写真聚覧』

この計画案では、ロンドン大火後の高さ制限のように、道路の幅員（等級）ごとに建物の高さが定められ、高さの揃った統一的な街並みの形成が意図された。階数は一等の道路は三階、二等は二階、三等は平屋と規定された。一等の一五間・一〇間道路（約二七メートル・一八メートル）では三階建て、高さ三〇〜四〇尺（約九〜一二メートル）、軒高三〇尺以下に建物の高さが定められた。しかし、三階建てとされていた大通り沿いで実際につくられた建物の大半は二階建て、平均的な軒高は約二四尺（七メートル）程度であった。また、行政がつくった建物の中には、規定以上の高さの建物もつくられたという。当初の高さ制限どおりには建設されなかったものの、おおむね高さの揃った街並みが整っていたことが当時の写真などからも確かめることができる。

計画案公布から五年後の一八七七(明治一〇)年に銀座煉瓦街計画は完了したが、計画どおりに進捗した場所は、現在の銀座通りや晴海通りのみであった。その後、建替え等が進み、残りも関東大震災により倒壊し、統一的な街並みを誇った銀座煉瓦街は姿を消すこととなる。

丸の内の赤煉瓦オフィス街「一丁倫敦《ロンドン》」

銀座煉瓦街は、政府主導による官製の街並みであったが、明治期には民間主導の面的な街並み整備も行われた。その一つが丸の内の赤煉瓦オフィス街である。

丸の内一帯は明治に入り陸軍練兵場として用いられていたが、一八九〇(明治二三)年、三菱社の岩崎彌之助に払い下げられた。その翌年に岩崎彌之助が東京府に提出した計画には、丸の内が宮城《きゅうじょう》(現在の皇居)に面した首都東京の中心地であることを鑑《かんが》み、石造・煉瓦造による美しい景観整備を図っていくことが示された。

その後、具体的な計画が進められ、一八九四(明治二七)年に丸の内初のオフィスビルである三菱一号館(ジョサイア・コンドル設計)が竣工した。煉瓦造、三階建て、軒高約五〇尺(約一五メートル)のビルである。この高さは、建物が面する馬場先通りの幅員二〇間(約三六メートル）とのバランスを考慮して決まったという。

この一号館を皮切りに、コンドルやその弟子の曽禰達蔵らの手により、赤煉瓦のオフィスビルが馬場先通り沿道に連なり、その街並みから「一丁倫敦《ロンドン》」と呼ばれることになる。なお、一丁倫敦は、ロンドンのシティにある金融街・ロンバード街に範をとったとされるが、このロンバード街はロンドン大火後に建設された赤煉瓦の街であった。シティの復興が政府主導ではなく、地元主体の都市整備であった点も、民間主導の丸の内と共通している。

丸の内一丁倫敦。出所：石黒敬章編・解説（2001）『明治・大正・昭和　東京写真大集成』新潮社、p.55

丸の内において煉瓦造のオフィスビルは、一九一一（明治四四）年竣工の一三号館までつくられ、その後は鉄骨造、鉄筋コンクリート造の時代へと移り変わっていく。なお、三菱一号館は一九六八（昭和四三）年に老朽化を理由に解体されることになるが、これについては第五章で述べる。

正岡子規が描く四〇〇年後の東京の高さ

三菱一号館竣工から五年後の一八九九（明治三二）年の元日、俳人の正岡子規が「四百年後の東京」と題する一文を新聞『日本』に寄せている。その中で子規は、四〇〇年後の御茶ノ水周辺の姿として「三層五層の楼閣は突兀《とつこつ》［引用者注：「物が高く突き出ているさま」『大辞林』］として空を凌《しの》ぎ」（『飯待つ間《ま》』）と記している。三階、五階建ての建物を未来の高層ビルとして描いていたのである。

では、この時代の東京の建物は、どのくらいの高さだったのだろうか。

この一一年前の一八八八（明治二一）年に遡るが、御茶ノ水で建設中のニコライ堂（一八九一年完成）の足場から撮影されたパノラマ写真「全東京展望写真帖」で、当時の街を確認することができる（なお、正教会の教会堂であるニコライ堂の実施設計は、三菱一号館を担当したジョサイア・コンドル）。御茶ノ水周辺は、平屋、二階建ての家並みが広がっており、三階建て以上は少ない。子規が「四百年後の東京」を書いた時も大きな変化はなかったと思われる。翌々一八九〇（明治二三）年には、次章で触れる高層建築物、浅草凌雲閣（通称、浅草十二階）が完成しているが、これは例外的な存在で、「地」の街並みはせいぜい二階建てだった。

一方、一八九九年時点の丸の内の赤煉瓦街は、まだ一号館から三号館までしか完成しておらず、三階建て（二号館は階高の大きい二階建て）、軒高約一五メートルの街並みがつくられようとしている段階だった。

つまり、子規が想像した三階、五階建ては、当時、十分に高いものだったのである。

第四章

超高層都市の誕生
――一九世紀末〜二〇世紀半ば

「建築家は言った。『これより高いものは現れないだろう』。エンジニアはこう言った。『これより高いものをつくれるはずがない』と。一方、都市計画家は、『これ以上高くすべきではない』と主張し、ビル所有者は、『これより高い建物では採算が合わないだろう』と言った」ハーベイ・ウィレイ・コルベット (Neal Bascomb, *Higher*)

一九世紀後半、アメリカのシカゴにおいて、従来とは異なる高さを持つ建物群が誕生した。鉄骨造の高層オフィスビル、いわゆる「摩天楼(skyscraper)」である。以後一九三〇年代初頭にかけて、シカゴ、ニューヨークで、摩天楼は、その高さを追求し、新たなスカイラインを描いていくことになる。

前章で述べたパリ、ワシントンD.C.などの首都計画では、「建物の高さ」という視点から見た都市全体の秩序が重視されていた。

その点、摩天楼は、高さの均衡を打ち破るものであった。摩天楼が次々に建ち並ぶことで、高い場所で人が働いて暮らす「垂直の都市」(ル・コルビュジエ『伽藍が白かったとき』)が生み出された。摩天楼ブームは、それまでの秩序ある高さの時代に対する反動のように、中世イタリアの塔状住宅や鐘楼、フランス発祥のゴシック大聖堂が林立した「塔の時代」の再来とも言える様相をつくりだしていく。

この摩天楼の誕生には、大きく二つの要素が関係していた。高層ビルをつくる技術と資金である。前者は、産業革命以降の技術開発によって可能となり、後者は資本主義経済の確立が後押しした。アメリカで発展した建築技術と資本主義経済は、それまで貴族や教会など特別な存在に独占されていた高層建築物の大衆化を促したと言える。それゆえ、摩天楼の時代は、それ以前の時代と一線を画することになる。

本章では、本格的な工業化・大衆消費社会を迎える一九世紀末から第二次世界大戦後までにおける高層建築物の誕生の背景とその展開を取り上げる。話の中心はアメリカになるが、この時代、ヨーロッパの諸都市において高層建築物がどのように捉えられていたのか、そして、第一次世界大戦後に誕生した全体主義国家（イタリア、ドイツ、ソヴィエト連邦）で計画された巨大建造物とはどのようなものだったのかについても見ていきたい。

これまでの章と同様に、章末では、高層化をはかりつつあった日本の建築物について見てみる。

1――鉄骨、ガラス、エレベーター

産業革命以降、都市には多くの工場が建設され、仕事を求める労働者が都市部に集中しはじめた。都市部における土地需要の高まりから地価が上昇し、住宅、オフィス等の建物の高層化が進展していく。

高層化の背景には建築技術の進歩が欠かせなかった。なかでも鉄・ガラスの技術の進歩とエレベーターの発明が、摩天楼の実現を支えた。

鉄とガラスの進化

石造や煉瓦造などの組積造の場合、建材を積み上げて壁をつくり、天井や屋根を支えることになる。そのため高層化するほど、自重を支える必要から下層部分の壁を厚くせざるを得なくなる。あまり高くすると、壁が厚くなり、部屋として使えるスペースが少なくなるため、高層化にはおのずと限界があった。しかし、鉄を用いた骨組造の発達により、高層化が容易となった。こうした伝統的な石造の建物から鉄による建物への移行は、高層化とともに近代の到来を象徴するものであった。

また、鉄は、技術開発を通じて、鋳鉄、錬鉄、鋼鉄へと段階的に強度を高めていった。鋳鉄は、産業革命以降、大量生産が可能となった。しかし、比較的脆《もろ》く、橋や建造物には不向きであるとされていた。そのため、建物は基本的には石造で、鋳鉄は、石の壁を支えるための骨組みとして使用されるにとどまった。錬鉄は、一八四〇年代に開発され、橋梁や鉄道レールなどに用いられていく。アメリカでは、大陸横断鉄道をはじめとする鉄道網の整備で鉄の需要が急増し、技術開発も進んでいった。

建築物により適しているのは、軽くて圧縮や引張りに強い鋼鉄だったが、当初はコストの高さが普及のネックとなっていた。しかし、一八五六年にアメリカで開発されたベッセマー製鋼法により、安価な鋼鉄の生産が可能となり、高層建築物にも使いやすくなっていった。鋼鉄の普及によって、摩天楼の誕生の下地が整ったわけである。

従来の組積造の建物は、壁の石を支える必要から、開口部を大きく取ることが難しかった。この問題についても、鉄を用いた骨組みの構造が、開口部の広い建築を可能とした。

その開口部におさめられたのがガラスである。ガラスによって外と内を隔てながらも、明るさを取り入れた開放的な内部空間をつくることが可能となった。

鉄骨造とガラスは、市場やアーケード、図書館、温室、駅など、内部空間の明るさが特に求められる建築で活用されるようになる。

エレベーター技術の発展

一九世紀、ロンドンやパリの平均的な建物の高さは、五〜六階程度であったが、これは、人々が階段で登ることのできる限度から自然に決まったものであった。その限界を、エレベーターの発明が打ち破った。上下方向の移動手段であるエレベーターがあってこそ摩天楼は実現した、と言っても過言ではない。

動力を使った最初のエレベーターは、一八三五年にイギリスで誕生した。蒸気機関を用いたもので、工場での荷物運搬用に設置されていたという。

その後、アメリカの機械技術者エリシャ・グレイブス・オーティスの手によって、落下防止装置付きの蒸気式エレベーターが実用化された。オーティスは、一八五三年のニューヨーク万国博覧会でこのエレベーターの公開実験を行い、一躍有名となった。彼は、観衆が見守る中、自らが乗ったエレベーターを吊った綱（ロープ）を切断させたのである。しかし、エレベーターの籠は二本のガイドレールに支えられて落下せず、その安全性がアピールされることになった。なお、このときのロープは麻だったが、一八六二年にはワイヤーロープが用いられるようになった。一八七八年に電動エレベーターが開発され、一八八九年にはオーティスにより商品化された。彼の名は、エレベーター・メーカー「オーティス（オーチス）・エレベーター・カンパニー」として、現在も残っている。同社のエレベーターは、前章で見たワシントン記念塔をはじめ、後述するエッフェル塔、エンパイア・ステート・ビル、ワールド・トレード・センター、霞が関ビル、通天閣など、数多くの高層建築物で設置されることになる。

エレベーターのこうした技術開発と普及によって、それまで貸しにくいとされていた上層階のデメリットは小さくなり、むしろ価値が高まることにつながった。

そして、建物の所有者にとっては、望む高さの建物をつくることが可能となった。

2――万国博覧会と巨大モニュメント――クリスタル・パレスとエッフェル塔

鉄・ガラス・エレベーターといった技術は、一九世紀半ば以降、欧米各国で開催された万国博覧会によって象徴的に用いられていった。万国博覧会とは、世界中の産業、技術、商品、デザインなどを網羅的、体系的に展示する催しである。工業技術や産業の育成、浸透をはかることに加え、国家の威信を内外に誇示することを目的として、欧米各国で開催された。

特に、一八五一年のロンドン万国博覧会におけるクリスタル・パレス（水晶宮）、そして一八八九年のパリ万国博覧会におけるエッフェル塔は、鉄、ガラス、エレベーターといった新しい技術が大衆にまで広まる契機となった。

クリスタル・パレス（水晶宮）

万国博覧会は、パリにおいて一八世紀末に開催された産業博覧会をルーツとする。その後、他のヨーロッパ諸国でも同様の博覧会が開かれるようになるが、これらはあくまでも国内にとどまるものであった。

国際的な規模で開催された初めての万国博覧会が、一八五一年のロンドン万国博覧会である。王立公園の一つであるハイド・パークを会場とした博覧会には、世界四〇ヵ国が参加し、一四一日間の会期中、のべで約六〇〇万人が訪れたという。六〇〇万人という数は、当時のロンドンの人口の約三倍に匹敵する。

このロンドン万国博の展示館として建設されたのが、鉄とガラスでつくられたクリスタル・パレス（水晶宮）である。この建物は、長さ五六三メートルで、中央部の半円柱状の大屋根の高さは三三メートルに及んだ。公園にもともとあった三本の楡《にれ》の木を保存する必要から、建物の内部に楡の木が収まるように、大屋根がつくられたという。巨木を覆うほどのガラスの箱は、技術が自然をコントロールするこの時代を象徴するものだった。

建物の中に樹木を取り込むことから、温室を連想される人もいるだろう。クリスタル・パレスは、まさに温室から発展した建築物であった。設計者のジョセフ・パクストンは造園家である。チャッツワースのデヴォンシャー公爵邸の庭園整備を任されていた彼は、長さ約八四メートル、幅三七メートル、高さ約二〇メートルの円形屋根を持つ大温室の設計を手掛けたことがある。水晶宮は、この大温室を応用、拡大したものであった。一八五一年当時のロンドンでは、煉瓦造・石張りのビッグベンやヴィクトリア・タワーの建設が進捗中で、煉瓦や石の建物が主流であった。それゆえ、この鉄とガラスの建物は、当時の人びとに、産業革命の成果を示すだけでなく、新しい時代の到来を予見させるのに充分なインパクトを与えたに違いない。

クリスタル・パレス。（上）外観と（下）内部。出所：(1980)『世界の博物館8』講談社、p.157

クリスタル・パレスには、三八〇〇トンの鋳鉄と七〇〇トンの錬鉄、三〇万枚のガラス、約一万七〇〇〇立方メートルの木材が用いられ、プレハブ工法により建設された。プレハブ工法が採用された理由は、もともと王立公園であるハイド・パーク内に恒久的な建物を建てることには反発があり、博覧会閉幕後に解体可能な仮設建築物が求められたためである。当初、万国博の建築委員会から発表された案は、長さ約六七一メートル、奥行約一三七メートルの煉瓦造の建物であった。この案は、建設費用も莫大となるばかりか、解体も容易ではないために仮設建築としての要件を満たしていなかった。開会まで一年弱と時間が残されていなかった主催者側としては、解体が容易であるばかりか、安価でスピーディーに建設可能なクリスタル・パレスの案は、渡りに船であったと言えるだろう。

博覧会終了後の一八五四年、水晶宮はロンドン郊外のシデナムの丘に移築されたが、一九三六年の火災により全焼したために現存していない。現在、「クリスタル・パレス」公園となったその場所には、高さ二一九メートルのテレビ塔が立っているが、この塔については次章で詳しく見ていきたい。

エッフェル塔

アメリカで摩天楼が都市のスカイラインを変貌させようとしていた頃、パリではエッフエル塔が完成した。エッフェル塔は、フランス革命一〇〇周年を記念した一八八九年のパリ万国博覧会のモニュメントとして建設されたが、一八七一年の普仏戦争の敗戦からの復興の象徴という意味も託されていた。

設計は、塔の名前にもなっている土木技師アレクサンドル・ギュスターヴ・エッフェルが担当し、高さは三〇〇・六五メートル、避雷針を含めて三一二・三メートルに達した（その後、放送用アンテナが設置されたため三二四メートル）。当時、パリ市内の建物で最も高いものは廃兵院（アンヴァリッド）の尖塔（一〇五メートル）であった。その他にはパンテオン（七九メートル）、ノートルダム大聖堂（六九メートル）などが主要な高層建築物であったことからも、高さ三〇〇メートルが桁外れであったことがわかる。

エッフェル塔。写真：著者

エッフェル塔は、ワシントン記念塔（高さ一六九メートル）を抜いて、当時世界一の人工建造物となった。同じ年には、イタリアのトリノに、シナゴーグ（ユダヤ教の会堂）である高さ一六七・五メートルのモーレ・アントネッリアーナが建設されたが、エッフェル塔はそれを一〇〇メートル以上上回った。このタワーは、新技術を用いたエッフェル塔と対照的に、旧来の方法である煉瓦造で高さの限界に挑んだ建造物であった。エッフェル塔とモーレ・

アントネッリアーナの二つの塔は、建設技術が急速に進展していた一九世紀末の過渡的な状況を象徴してもいたと言えよう。

利用した鉄の種類でも、エッフェル塔は過渡的な存在であった。一九世紀後半の時点で安価な鋼鉄の生産技術は確立しつつあったが、エッフェル塔では錬鉄が用いられた。その理由としては、設計者エッフェルが新素材である鋼鉄を信頼していなかったことや、壁や床がほとんどない塔の場合、鋼鉄のような軽くて圧縮に強い素材は必要ではなかったことなどが挙げられる。全体に鉄を用いた構造物であるがゆえに、エッフェル塔は工業化社会の象徴となったわけだが、用いられた鉄自体は一時代前のものであったのである。

エッフェル塔の特徴は、工業化時代の象徴としての側面だけでなく、高所からの「眺め」を普及させた存在としても語ることができる。地上五七・六メートルと一一五・七メートルの高さに展望台が設置され、パリを一望できた（一九〇〇年の改修で、二七六・一メートルの位置にも展望台が設けられたが、ここはもともとエッフェル専用の住居兼研究所だった）。

フランスの思想家ロラン・バルトはエッフェル塔について、こう述べている。「塔は見られているときは事物（＝対象）だが、人間がのぼってしまえば今度は視線となって、ついさっきまで塔を眺めていたパリを、眼の下に拡がり集められた事物とする」（『エッフェル塔』）。つまり、エッフェル塔は、地上から見上げる対象であるばかりでなく、眺めを提供する高層建造物の先駆けでもあり、大衆が高所からの眺めを享受できるようにした点に、時代的な意義があったと言えるだろう。

博覧会開催中は計一九五万人あまりが来場するほどの人気を誇ったものの、一九〇九年には解体されることが決まっていた。しかし、一九〇四年に軍事用無線電信用アンテナの設置場所に適していると判断されたために取り壊しは中止となり、一九二一年にはラジオ放送、一九三五年からはテレビ放送の電波も発信されるようになった。展望塔に電波塔の機能が附加されたことで、延命することになったのである。

エッフェル塔への拒否反応

当時、エッフェル塔は、鉄やエレベーターといった新技術やその高さから近代の象徴ともみなされた（近代の特徴が、機能の合目的性にあるとするならば、エッフェル塔は、工場やオフィスビルのような合目的的な建物ではないため、近代的な建物ではないという見解もある）。そこから、賛否両論が巻き起こった。

肯定的な反応を見ると、「科学と技術の応用によって自然に対する技術の優越を象徴するもの」として、多くの人びとに歓迎された。たとえば、アメリカの発明家エジソンは、エッフェル塔を見学して「『偉大な構造物』が実現されたことを神に感謝した」という

（エドワード・レルフ『都市景観の20世紀』）。

一方、嫌悪感を抱く人びとも少なからず存在した。塔が完成する二年前の一八八七年二月、四七人の芸術家や文学者など知識人が建設反対の陳情書をパリ市役所に提出し、エッフェル塔は「その野蛮な大きさによって、ノートル＝ダム、サント＝シャペル、サン＝ジャック塔、など、わが国の建造物すべてを侮辱し、わが国の建築物をすべて矮小化して、踏み砕くに等しい」と厳しく非難したのである（ベンヤミン『パサージュ論』第1巻）。この陳情書に名を連ねた作家のギ・ド・モーパッサンは、エッフェル塔の真下のカフェを好んだと言われるが、その理由は、唯一エッフェル塔を見なくてすむ場所だからというものであった。また、イギリスの詩人・デザイナーのウィリアム・モリスは、「パリに立ち寄るときはいつでも、エッフェル塔が見えないように塔のできるだけ近くに宿をとる」ことを公言したという（レルフ、前掲書）。

こうした賛否両論が巻き起こること自体、高い建造物が一部の為政者のものではなく、いわば国民のものへと変容してきたことの証左とも解釈できる。つまり、エッフェル塔は大衆化社会や国民国家の象徴的存在でもあったと言えるだろう。

3——シカゴ・ニューヨークにおける摩天楼の誕生と発展

南北戦争が終わる一九世紀半ば以降、アメリカ都市部においては人口流入が顕著となっていく。一八七〇年から一九二〇年までの半世紀で、都市部の人口は九九〇万人から五四三〇万人へと約五・五倍に増加した。

こうした都市への人口集中や工業化の進展を背景に、鉄骨造の高層オフィスビルである「摩天楼」が生まれた。

一八八〇年代にシカゴで誕生し、その後ニューヨークで発展を遂げていく摩天楼には、それ以前の高層建造物と大きく異なる点があった。権力者の権威のシンボルではなく、経済活動の場であり、実用的な用途に即した建築物だったことである。

また、摩天楼は、「鉄骨構造なしには実現できず、またエレベーターの動力となりオフィスの照明となる電気がなければ不可能」であり、「オフィスの仕事と運営を変えつつあったタイプライターと電話の発達がなかったなら、摩天楼は利益をもたらさず、事業としても成り立たなかった」（レルフ、前掲書）。

資金と技術があれば誰でもつくることができるようになった高層建築物は、資本主義経済やデモクラシーの発達といった時代的背景と一体不可分のものとして発展していく。

摩天楼の誕生

シカゴでは一八七一年に大火が起き、一八七三年には経済危機が訪れたが、その後の工業の発展に伴い、人口流入が進み、地価も高騰していた。一八三七年に約四五〇〇人であったシカゴの人口は、大火前年の一八七〇年には約三〇万人にまで増加していたが、二〇年後の一八九〇年には約一一〇万人にまで増えていた。人口増や地価高騰への対処方法として、摩天楼という新たな建築技術が開花することになる。

シカゴで摩天楼が誕生した理由としては、経済的な成長が著しい都市で大きな建物が求められたことや、鋼鉄という新しい材料が普及しつつあったこと、大火で街全体が焼き尽くされた後であったために新しい試みが受け入れられやすかったことなどが挙げられる。

摩天楼に一義的な定義はないが、建築評論家のポール・ゴールドバーガーは、①鉄骨造であること、②エレベーターが設置されていること、③垂直性を強調したデザイン、の三点を挙げている。この三つの要素のうち、特に鉄骨造であることが重要であり、「ただの摩天楼とは高くそびえた建物でしかなく、鉄骨を使用しない限りは真の摩天楼とはみなされなかった」(トーマス・ファン・レーウェン『摩天楼とアメリカの欲望』)という。なお、これらの条件を満たす最初の摩天楼は、一八八五年に建てられたニューヨーク・ホーム・インシュランス・ビルのシカゴ支店であるとの見解が一般的である。

摩天楼の祖とも言われる建築家のルイス・サリヴァンは、一八九一年、セントルイスにウェインライト・ビルを設計している。高さは一〇階建てであり、その後の超高層ビルと比べると物足りない高さに思える。しかし、サリヴァンの弟子である建築家のフランク・ロイド・ライトが「建築の名に値する世界中の摩天楼のマスター・キー」(亀井俊介『摩天楼は荒野にそびえ』)と呼んだように、その後の摩天楼時代を予見させる垂直性を強調したファサードのデザインが評価されている。

ウェインライト・ビル。出所:Dave Parker, Antony Wood (2013) *The Tall Buildings Reference Book*, Routledge, p.16

サリヴァンは「形態は機能に従う(Form follows function)」という言葉で、その後の近代建築の方向性を決定づけた建築家としても知られる。形態が機能に従うことは、実用的な建築物である摩天楼においては、とりわけ求められる要件である。そう考えると、サリヴァンが最初期の摩天楼を設計したことは、偶然ではなかったのかもしれない。

シカゴにおける高さ制限

摩天楼がシカゴの街に林立するようになると、日照阻害、交通混雑、火災・災害の危険といった問題が顕在化していく。その結果、高さ制限によって高層化を抑制する必要性について議論されるようになった。制限の理由として、①日照・通風が遮られることによる人体・衛生面への悪影響、②高層ビルからの避難などの火災時の危険性、③建築基礎等技術性への懸念、④道路の混雑、⑤不動産への影響、⑥美観への影響などが議論されたという（坂本圭司『米国における主として摩天楼を対象とした建物形態規制の成立と変遷に関する研究』）。

中でも直接的な原因は、「不動産への影響」とみなされた。つまり、中心部の地価が上昇し、郊外部の地価が下落することを懸念した不動産業者が、中心部と周辺郊外部の地価の均衡を図るために、高さ制限を市議会に働きかけたのである。

議会では、一二〇フィート（約三七メートル）、一五〇フィート（約四六メートル）、一六〇フィート（約四九メートル）など複数の案が検討され、一八九三年には一三〇フィート（約四〇メートル）の高さ制限が実施された。しかし、高さ制限とその後の経済不況がデベロッパーや土地所有者の開発意欲を減衰させ、高さ制限の当初の目的であった中心部と郊外部の均衡的な発展は実現しなかった。一九〇二年には一三〇フィートから二六〇フィート（七九・二メートル）へと大幅に緩和され、かえって中心部の地価上昇、道路混雑の悪化などをもたらすこととなった。

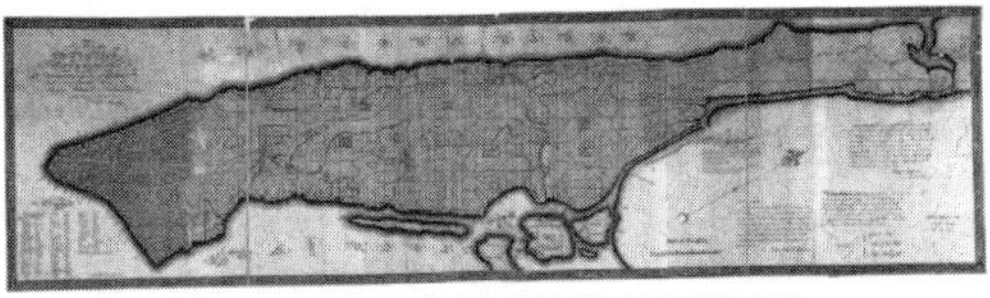
マンハッタン・グリッド。出所：賀川洋(2000)『図説　ニューヨーク都市物語』河出書房新社、p.69

摩天楼の中心はニューヨークへ

アメリカの鉄鋼の生産量がイギリスを抜き世界一になった一八九〇年代に、摩天楼の中心地は、シカゴからニューヨーク・マンハッタンに移っていく。

マンハッタンは、先住民レナペ族の言葉で「丘の多い島」を意味するマナハッタ（Mannahatta）に由来するという。かつては小高い丘の連なる緑豊かな島であったが、丘が切り崩されて摩天楼の並ぶ街に変わっていくことになる。一八一一年に立案された計画をもとに造成が進み、現在のマンハッタンを特徴づける格子状の街路網、いわゆる「マンハッタン・グリッド」が完成した。そして、それぞれの街区の上に摩天楼が伸びていくことになる。格子状の区画が不動産の売買に都合がよい形状として採用されたのと同様に、摩天楼による高層化も、土地の限られたマンハッタンを有効利用するために都合がよい手法であった。

　同じ格子状の都市である首都ワシントンD.C.と比較をすると、連邦国としての理念を街路形状に込めたワシントンと異なり、ニューヨークでは経済的な合理性によって都市の形が規定されていったと言えるだろう。

スカイラインの変化

　摩天楼が誕生するまで、ニューヨークで最も高い建物は、ウォール街の突き当りに位置するトリニティ教会（高さ約八七メートル）であった。しかし、一八九〇年に約九四メートルのニューヨーク・ワールド・ビルディング（別名ピュリッツァー・ビル）が竣工し、トリニティ教会の尖塔の高さを超えた。トリニティ教会は、イギリス統治下の一六九七年に英国国教会系の教会として最初の建物がつくられ、現在残る三代目の建物は一八四六年に再建されたものである。マンハッタンのスカイラインを支配する建物が、イギリス植民地時代の建物から、アメリカ発祥の摩天楼へと移った瞬間でもあった。

　その後、次々と一〇〇メートルを超える高層ビルの建設が進み、教会などのかつてのランドマークは、街の中に埋没していった。

　それまで都市の「地」を構成していた普通の建物が高層化していった結果、ニューヨークのスカイラインは大きく変貌した。

建築史家のスピロ・コストフによると、建築物群が空を切り取るようにつくる線のつながりを「スカイライン」と呼ぶようになったのは一八七六年以降のことで、一般化したのは一八九〇年代であるという。まさにピュリッツァー・ビルがトリニティ教会の高さを抜いて以降のことである。コストフは、もう一つの新しい言葉「スカイスクレーパー（摩天楼）」が同じ一〇年間に普及していったのは偶然ではないとも述べている。

なお、初めてスカイスクレーパーという用語が使われたのは、一八八四年にシカゴで発行された“Real Estate and Building Journal”（一八八四年八月二日）の記事とされており、そこには「本格的なスカイスクレーパーは、この二、三年で、急成長するマッシュルームのように生まれてきた」とある。

トリニティ教会。写真：中井検裕

こうしたニューヨークの急激な変貌を嘆く声も少なくなかった。一九〇四年、アメリカの作家ヘンリー・ジェイムズは、四半世紀ぶりに帰国した際、かつて最も高かったトリニティ教会の塔が高層建築物の陰になり見えなくなってしまったことを「檻に入れられ名誉を汚された状態」と表現した（『アメリカ印象記』）。「やみくもに商業的に利用される以外なにひとつ

1883年と1908年のマンハッタン南端のスカイライン。出所：上岡伸雄（2004）『ニューヨークを読む』p.63

神聖な用途を持たない」建物である摩天楼を、「金もうけのための巨大な構造物」と非難したのである。

しかし、摩天楼の林立はとどまることはなかった。一九〇八年には高さ一八七メートルのシンガー・ビルが完成した。その高さはトリニティ教会の二倍超にも及ぶばかりでなく、ワシントン記念塔（高さ一六九メートル）も上回った。翌一九〇九年竣工のメトロポリタン・ライフ・タワーは、高さ二一三メートルで二〇〇メートルの大台を超えた。

ウールワース・ビル

一九一三年に竣工したウールワース・ビルで、摩天楼は一つの頂点に達する。六〇階建て、二四一メートルの高さは、その後約一六年間、世界一の座を占めることになる。

このビルは、その名が示すように、ウールワース社の本社機能を含む建物である。ウールワース社は、「五セント・一〇セント・ストア」（日本における一〇〇円ショップのようなもの）を全米に展開していた小売業者で、一九〇〇年に五九だった店舗数は、一九一〇年に

建物名	竣工年	高さ	
		フィート	m
ニューヨーク・ホーム・インシュランス・ビル※	1885	138	42
ニューヨーク・ワールド・ビルディング(ピュリッツァー・ビル)	1890	309	94
マンハッタン・ライフ・インシュランス・ビル	1894	348	106
15・パーク・ロウ	1899	391	119
フラットアイアン・ビル	1902	285	87
タイムズ・ビル	1904	362	110
シンガー・ビル	1908	612	187
メトロポリタン・ライフ・タワー	1909	700	213
ウールワース・ビル	1913	792	241
エクィタブル・ビル	1915	538	164
ニューヨーク市庁舎	1915	580	177
シカゴ・トリビューン・タワー※	1925	463	141
チェイニン・ビル	1929	680	207
クライスラー・ビル	1930	1048	319
ウォール街40番地ビル	1930	927	283
エンパイア・ステート・ビル	1931	1250	381

※印はシカゴ、それ以外はニューヨークに立地

表4-1　シカゴ・ニューヨークにおける主な摩天楼(1880年代〜1930年頃)

は約一〇倍の六一一にまで増えるなど、急成長を遂げていた。

シンガー・ビルなどの摩天楼に触発された創業者のフランク・ウィンフィールド・ウールワースは、世界中に自らの店を宣伝する手段としてウールワース・ビルを位置付けた。「巨大な看板として莫大な隠れた収益をもたらしてくれる」(ポール・ジョンソン『アメリカ人の歴史II』)と語ったように、その効果を最大限に高めるために世界一の高さを望んだのである。また、ウールワースが、ロンドンのビッグベンのデザインを好んでいたこともあり、垂直性を強調するゴシック様式が採用された。ゴシック大聖堂の再来と捉えた聖職者のS・パーカー・キャドマ

ウールワース・ビル。(Library of Congress)

ン師は、このビルを「商業の大聖堂」と名付けた。ウールワース・ビルは、ニューヨークを支配する「信仰」の対象が、宗教から経済・商業へと移行したことを決定付ける存在でもあったのである。

摩天楼を大聖堂に例えるだけでなく、中世イタリアの塔の乱立に見立てた人たちも少なくない。ドイツの歴史家カール・ランプレヒトは、マンハッタンを初めて見た際、塔が丘に建ち並ぶサン・ジミニャーノを連想し、「初期の資本主義が芽生えた封建領地トスカーナと高度資本主義都市ニューヨーク」を対比して捉えた（ファン・レーウェン、前掲書）。また、摩天楼と大聖堂・塔の間には、極端なまでに高さを希求するという意味での共通性も見出すことができよう。

フロンティア精神

ここで、アメリカにおける摩天楼の意味について、もう少し考えてみたい。摩天楼がアメリカで発達した背景には、工業化や資本主義経済の発達、大衆消費社会の到来などの理由に加えて、この新興国のフロンティア精神が関わっていた。

一九世紀のアメリカの歴史は、西部開拓の歴史でもあった。一八四八年に金鉱が発見されると一八七〇年代にかけてゴールドラッシュが起こり、開拓によって先住民の居住地が次々とアメリカの領土に組み込まれていった。そして、一八九〇年に作成された国勢調査報告書の中で「フロンティアライン」の消滅が宣言された。この年は、マンハッタンでピュリッツァー・ビルがトリニティ教会の高さを抜いた年でもある。

つまり、フロンティアラインの消滅と同時期に、摩天楼は本格的に発展していった。西方のフロンティアの開拓が終わり、フロンティア追求の欲望が空へ向けられた結果として生まれたのが摩天楼とも言えるだろう。アメリカ人にとって摩天楼とは、「平面的な開拓が終わったあと、いわば立体的な方向にのびた開拓の夢」だったのである（亀井俊介『摩天楼は荒野にそびえ』）。なお、アメリカの平面的な開拓は、一八九八年の米西戦争を皮切りに海外での植民地の獲得という形で継続されていくことになる。

一九一六年には高さ制限が

新興国アメリカのシンボルともなった摩天楼であるが、シカゴばかりでなく、ニューヨークにおいても、高層建築物がもたらす弊害が問題視されるようになった。

一九〇八年には、ニューヨーク市当局が建築条例改正のための特別委員会を設立し、採光や空地を確保するための規制の検討をはじめた。同年、九〇九フィート（約二七七メートル）、六二階建てのビルの計画が公表されたが、ニューヨーク人口過密問題委員会（私的機関）は、既存の道路の交通容量を超過するとして、高さ制限やビルに対する課税が必要という見解を市に示した。

その七年後の一九一五年には、五三八フィート（約一六四メートル）のエクィタブル・ビルが竣工するなど、巨大な高層ビルの建設が相次ぎ、高さ制限の必要性の議論はいっそう高まることになる。エクィタブル・ビルは、とにかくそのボリュームが突出しており、床面積は敷地面積の三〇倍にも及んだ。当然ながら、床面積が増えるほど、就業者や来訪者も増加する。そのため、ビルの建設によって周辺の交通混雑を助長することが懸念されたのである。さらに巨大な塊となるビルが建つことで、周辺の採光や通風に影響を及ぼすことや、賃貸オフィスの供給過剰をもたらすなど、さまざまな問題が指摘されることとなった。

エクィタブル・ビル（絵葉書）。出所：トーマス・ファン・レーウェン著、三宅理一・木下壽子訳(2006)『摩天楼とアメリカの欲望』工作舎、p.157

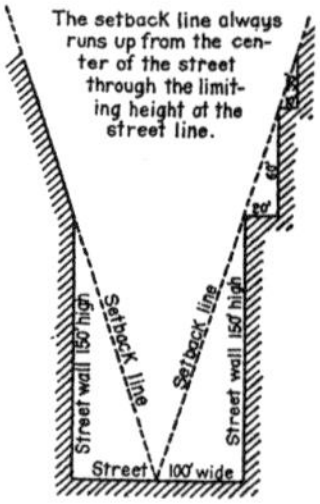

ニューヨーク市のゾーニング条例の概念図。(Diagram from New York City 1916 zoning regulations)

そこでニューヨーク市は、一九一六年にゾーニング条例を制定した。この条例は、建物の高さが高くなるほど、壁面を道路から後退させること（セットバック）を義務づけたものである。規制によってセットバック型の階段状の建物がつくられるようになり、その形状からジッグラトに例えられることもあった。

ただし、この条例では、敷地面積の二五パーセント以内の部分はセットバックする必要がなかったため、細長い塔状の摩天楼を誘発することにもつながった。その結果、クライスラー・ビルやエンパイア・ステート・ビルといった、現在もニューヨークを代表する摩天楼が誕生することになる。

広告塔としてのクライスラー・ビル

一九二〇年代は、アメリカにとって、第一次世界大戦後の好景気から経済的な繁栄を謳歌し、それにあわせて摩天楼の建設ブームが加速していった時期である。ニューヨークにおけるオフィスの総床面積を見ると、一九二〇年から三〇年にかけて、六八六万平方メートルから一〇四一万平方メートルに増加した。実に約一・五倍の伸びである。一九二九年時点における一〇階建て以上のビルの数は、シカゴ四四九棟、ロサンゼルス一三五棟に対して、ニューヨークは二四七九棟にも達していた（後述するが、同時期の日本では三一メートル

クライスラー・ビル。写真：講談社

規制がかかっていたため、一〇階建て以上は実質的に建設できなかった）。

摩天楼の建設ブームにあわせて、その高さも更新されていくことになる。

この時代の雰囲気を伝える象徴的なエピソードとして、クライスラー・ビルとエンパイア・ステート・ビルの例を紹介したい。

一九三〇年に完成したクライスラー・ビルは、一〇〇〇フィートを超える（一〇四八フィート、三一九メートル）高層ビルだったが、翌一九三一年に竣工したエンパイア・ステート・ビルは一二五〇フィート（三八一メートル）で、大幅にそれを上回った。一八九〇年竣工のピュリッツァー・ビルからわずか四〇年の間に、摩天楼の高さは四倍にも伸びたのである。

クライスラー・ビルの外観上の特徴の一つは、頂部に据えられた尖塔である。しかし、この尖塔はもともと設置される予定ではなく、全体の高さは二八二メートルで計画されていた。それでも、高さ二四一メートルのウールワース・ビルを上回り、世界一の高さになるはずであった。

ところが、クライスラー・ビルの工事中に、その高さをわずかに超える二八三メートルのウォール街四〇番地ビルの建設が公表された。そこで、世界で最も高い建築物の座を奪われないために、尖塔をビルの頂上部の内側で組み立て、建物が竣工する直前に取り付けたのである。そこまでして世界一の高さにこだわった背景には、ビルの施主である新興の自動車メーカー、クライスラー社の創業者であるウォルター・P・クライスラーの思惑があった。

ここで、アメリカにおける自動車の登録台数の推移を見てみたい。一九〇〇年には八〇〇〇台に過ぎなかったが、一九二〇年には八一三万台、一九三〇年には二三〇三万台と、急激な伸びを見せていた。とりわけ一九二〇年代の一〇年間には約三倍に増加している。一九二九年には国民の四・九人に一人が自動車を所有するまでに普及していた。

クライスラー社は、自動車産業が急成長を遂げる真っ只中の一九二五年に参入した新興企業であった。すでにフォードやGMが市場のシェアを握っている中、後発のクライスラーが既存の自動車メーカーに対抗するために用いた戦略の一つが、広告だった。

クライスラーは、一九二〇年代後半から積極的な広告キャンペーンを展開し、GMやフォードに次ぐ業界第三位の地位を占めるまでになった。創業者クライスラーは、大衆消費社会においては、広告が商品に付与するイメージが重要であることを敏感に感じ取っていた。彼が摩天楼というシンボルに着目したのは必然だったのかもしれない。摩天楼は、マンハッタンの土地不足を解消する機能だけでなく、広告塔としての意味も持ち合わせていた。摩天楼が林立するマンハッタンにおいて、その効果を最大限に高める手段は世界一の高さだ、とクライスラーは考えたのであろう。

ところが、そのクライスラー・ビルも、完成の翌年にはエンパイア・ステート・ビルにその座を明け渡すことになる。

エンパイア・ステート・ビル

エンパイア・ステート・ビルは、投資家のジョン・ジェイコブ・ラスコブを中心に、火薬の製造・販売で財を成したデュポンなどのアメリカの大富豪が後ろ盾となって企画された、テナントビル（賃貸ビル）である。高さは三八一メートルで、クライスラー・ビルを二〇二フィート（約六二メートル）上回る。しかし、ラスコブが当初考えていた建物の高さは約三二〇メートルだった。完成したクライスラー・ビルの高さがこれを上回ると知り、高さの上積みが検討されたのである。

建物の躯体の高さは変更できなかったため、ラスコブは、飛行船を係留する高さ約六〇メートルのマストの設置を考えついた。ヨーロッパから飛行船でやってきた人びとが、エンパイア・ステート・ビルの頂上に降り立つというアイデアには、当時のニューヨーク市長も乗り気であったという。しかし、地上四〇〇メートル近い場所は風が強く、飛行船が近づくのもままならないことがわかったため、マストが実際に係留マストとして利用されることはなかった。後に、このマストにはラジオやテレビのアンテナが設置され、電波塔としても利用されることになるが、それについては次章で触れる。

そこまでしてラスコブが高さ世界一を目指した理由は何だったのだろうか。投資家であるラスコブにとって、世界一の高さとは、経済合理性のあるものだったのだろうか。

一九二九年にアメリカ鋼構造協会が公表した報告書によると、収益性の観点から最適な高さは約六三階との結論が示されている。ビルの高さが高くなるにつれてエレベーターなどの共有部分が増大し、利用可能な貸室面積、つまり賃料収入が減少してしまうためである。「形態は機能に従う」とのルイス・サリヴァンの言葉をもじって、「形態はファイナンスに従う（Form follows finance)」と後に言われるほど、ニューヨークやシカゴの摩天楼の高さは、経済的な要因で決まっていた。

エンパイア・ステート・ビル。写真：講談社

自社の広告塔として機能するウールワース・ビルや

クライスラー・ビルと異なり、純粋な賃貸ビルであるエンパイア・ステート・ビルでは、なおさらビルの収益性が求められたはずである。不動産の専門家からは、収益を出すには七五階が限度とアドバイスされたが、ラスコブは聞き入れなかった。彼にとっては何よりも高さが重要であった。「ぜったいに倒れないでいったいどれくらいの高さのものを建てられるかい？」（ミッチェル・パーセル『エンパイア』）と設計者のウィリアム・F・ラムに尋ねたほど、ラスコブは高さにこだわりを持っていた。

もちろん、世界一の高さがテナントを集めるための売り文句になったことは間違いないが、摩天楼競争の源泉となったのは、高さを求める欲望だったのではないか。

ラスコブは、クライスラー社のライバル企業ＧＭの大株主であった。ウォルター・Ｐ・クライスラーには強いライバル意識を持っていたために、クライスラー・ビルの高さを上回ることに執着したとも言われている。

それ以外にも高さを求める理由はあった。ニューヨークの貧民街で生まれ、投資家として財を成したラスコブは、エンパイア・ステート・ビルを「貧しい少年にウォール街で富を築かせてくれたアメリカ社会」の永遠の記念碑と位置付けていた（Ｇ・トマス、Ｍ・モーガン＝ウィッツ『ウォール街の崩壊』上巻）。このビルをニューヨークが育んだ資本主義経済のモニュメントとして残すためにも、世界一の高さが必要だったのである。

しかし、一九二〇年代の好景気も、一九二九年一〇月に始まる世界大恐慌で終焉を迎え、摩天楼の建設は下火となった。エンパイア・ステート・ビルは、不況の只中の一九三一年に竣工し、「廃墟の空に（中略）ぽつんと、まるでスフィンクスの如くに謎めいてそびえ立っていた」（スコット・フィッツジェラルド『マイ・ロスト・シティー』）。

ニューヨークの繁栄のモニュメントとなるはずだったエンパイア・ステート・ビルは、経済不況のシンボルとして誕生した。実際、テナントもなかなか入らなかった。クライスラー・ビルの開業直後の空室率が三五パーセントであったのに対し、エンパイア・ステート・ビルの空室率は八〇パーセントに及んだ。しかも、四一階以上のフロアが全て空室だったという。それゆえ「エンプティ・ステート・ビル」と揶揄《やゆ》されたこともあった。

オフィスの入居は思うように進まなかったものの、マンハッタンを一望できる展望台は開業当初から人気を博し、世界中から人が訪れる観光スポットとなった。一九四〇年に展望台の来場者数は四〇〇万人を超え、一九七一年には四〇〇〇万人に達した。エンパイア・ステート・ビルは、ニューヨークの傑出したランドマークとなり、一九七二年にワールド・トレード・センター北棟が完成するまでの約四〇年間、世界一の高さを持つ高層ビルとして君臨することになる。

4――第二次世界大戦前のヨーロッパの高層建築物

第二次世界大戦以前のヨーロッパでは、アメリカのような摩天楼はつくられることはなく、むしろそれまでに形成されてきた街並みを守るための高さ制限が継続されていた。

しかし、ニューヨークで摩天楼ブームが起きていた一九二〇年代、のちに二〇世紀の近代建築を牽引することとなるヨーロッパ出身の二人の建築家、ル・コルビュジエとミース・ファン・デル・ローエ（以下、ミース）が、アメリカのスタイルとは異なる、独自の摩天楼を提案していた。

ル・コルビュジエは都市としての摩天楼を、ミースは建物単体としての摩天楼の理想形を追求したという違いはあるものの、この二人の設計思想はともに、第二次世界大戦後の高層建築物の潮流に多大な影響を与えることになる。

ここでは、この二人の建築家と当時のヨーロッパについて見ていきたい。

ル・コルビュジエによるデカルト的摩天楼

それらは、崇高で、素朴で、感動的であり、愚かである。私は、それらを空中に上げることに成功した熱狂を愛する。(ル・コルビュジエ『伽藍が白かったとき』)

スイス出身の建築家ル・コルビュジエはこのように述べ、ニューヨークの摩天楼に新しい時代の都市の可能性を見出していた。その一方で、「ニューヨークの摩天楼は小さすぎ、そして多すぎる」(同)と批判した。現実の摩天楼は彼にとって決して満足できるものではなかったのである。彼は自らの理想を「デカルト的摩天楼」と名づけたが、それはどういったものだったのかを見てみよう。

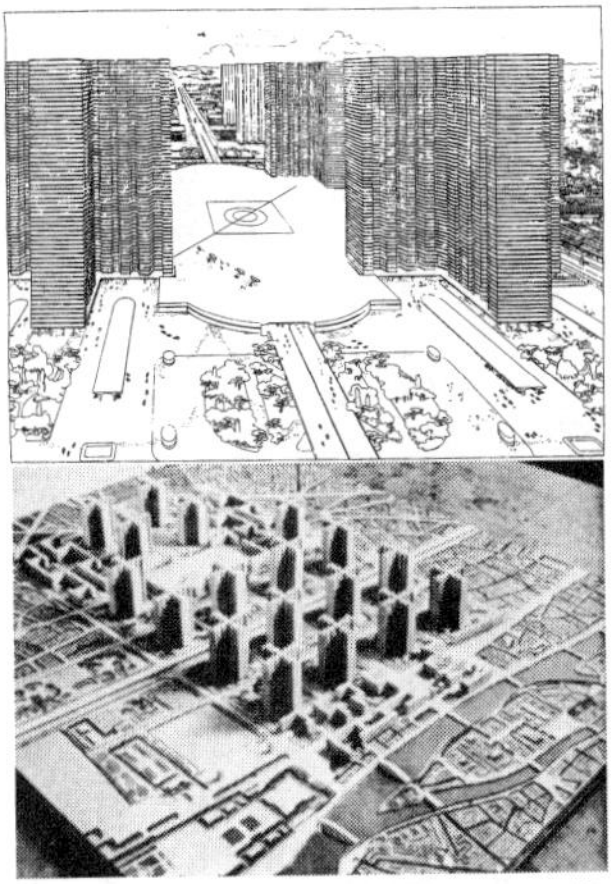
ル・コルビュジエの(上)300万人のための都市、(下)ヴォアザン計画。出所：Le Corbusier, *Œuvre complète 1910–29, The Radiant City*

ル・コルビュジエの提案は、高さ二〇〇メートル、六〇階の高層建築物が、ニューヨークのように規制によって階段状になることなく、壁が最上部まで垂直に立ち上がり、かつ隣棟との間隔が十分確保されたものだった。高層建築物の周りには、ふんだんにオープン・スペースを設けることが想定されていた。敷地の九〇パーセント以上を公園や歩行者・自動車の交通に充てることで、光と空気が十分に確保された都市空間がもたらされる、とル・コルビュジエは考えた。

この思想に基づき、一九二二年には「三〇〇万人のための現代都市」、一九二五年にはパリを対象とした「ヴォアザン計画」という形で計画案を発表している。

ル・コルビュジエ自身も関わったＣＩＡＭ（近代建築国際会議）が、一九三三年に公表したアテネ憲章では、近代都市計画の理念や手法が提示された。そこでは、「現代技術の高度の応用によって、高層建築を建てることを、考慮に入れるべきである」（28条）とした上で、「広い間隔を置いて、高く建てることによって、広い緑地帯のための地面を開放すべきである」（29条）と記された（ル・コルビュジエ『アテネ憲章』）。

こうした近代都市計画の理念は、のちに高層建築物の周りにゆったりとしたオープン・スペースをとる「タワー・イン・ザ・パーク」型建築物の普及に大きな影響を与えることになる。

ミース・ファン・デル・ローエによるガラスの摩天楼

ル・コルビュジエと並び二〇世紀の近代建築を牽引したのが、ドイツ生まれの建築家ミース・ファン・デル・ローエである。

ミースは、"Less is more（少ないほど、より豊か）"の言葉に代表されるように、装飾を排したシンプルなデザインを追求した建築家である。その彼が一九二一年と一九二二年の二度にわたって提案したのが、鉄とガラスで構成された二つの高層建築物であった。

鉄とガラスの建築物と言えば、先に見た一八五一年のロンドン万国博覧会でつくられたクリスタル・パレス（水晶宮）があげられる。これは高さ三〇メートル強にとどまり、摩天楼と言えるほど高いものではなかった。それから約七〇年の時を経て、ミースは、鉄とガラスを超高層建築物に用いるアイデアを構想したのである。

一九二一年の案は、ベルリン市のフリードリヒ通りの敷地を対象としたコンペ案である。高さ八〇メートル、二〇階建てで鋭く尖った三角柱のタワー三つから構成され、三角形の敷地に合わせて配置されている。翌年の「鉄とガラスのスカイスクレーパー案」も同じ性格を持つものであったが、具体的な敷地が想定されていたわけでもなく、施主も存在したわけでもない。あくまでもミース個人が自らのアイデアを思考実験的に突き詰めたものであった。フリードリヒ通りのコンペ案の一・五倍の三〇階建てで、摩天楼としての性格が強くなっていた。

ミースのガラスの摩天楼（1922年）。出所：フランツ・シュルツ著、澤村明訳（2006）『評伝ミース・ファン・デル・ローエ』鹿島出版会、p.111

いずれの案も、タワーは柱と床の構造体を全面ガラスで覆うシンプルなデザインで、ミースの代名詞である"Less is more"を端的に示している。ニューヨークの摩天楼のように階段状になることはなく、一階から屋上まで壁が垂直に立ち上がっている。また、中心部にエレベーターや階段等を配した全フロア共通の平面プランといったように、戦後の高層建築物のプロトタイプとも言えるアイデアが、このときに表現されていた。

しかし、このミースの提案には、ニューヨークの摩天楼の必要条件とも言える実用性が欠けていた。ミースは、高層建築物の中に「使用されるものとしてよりも、象徴」としての存在の可能性を見出しており、「テクノロジーに方向づけられた未来社会の象徴」を表現していた（コーリン・ロウ『マニエリスムと近代建築』）。その後、「未来社会の象徴」としての高層建築物は、一九五〇年代のアメリカで、ミース自身の手によって実現されていくことになる。

ヨーロッパにおける高層建築物と高さ制限

第二次世界大戦以前、ヨーロッパでも高層建築物は建てられていた。それらはどのようなものだったのだろうか。

ヨーロッパにおける最初期の高層オフィスビルは、一八九八年に竣工したオランダ・ロッテルダムの一一階建てビル（ホワイトハウス・オフィス・ビル）だとされる。

一〇〇メートル級のビルとしては、一九一一年にイギリス・リバプールで建設されたロイヤル・リバー・ビルがある。高さは九八メートル、中央の時計塔の高さが全体の三分の一ほどを占めるため、階数自体は一三階建てにとどまっていた。その二〇年後の一九三二年には、ベルギーのアントワープに、九七メートル、二六階建てのKBCタワーが完成している。

アメリカに比べれば、高さも一〇〇メートルを超えるものは多くなかった。数少ない一〇〇メートル超の高層ビルとしては、一九四〇年に竣工したピアチェンティーニ・タワー（イタリア・ジェノア）があり、その高さは三一階建て、一〇七・九メートル（尖塔部分を含めると一二六メートル）であった。この高さは、エンパイア・ステート・ビルの三分の一以下にとどまる。

この時期のヨーロッパで超高層ビルがあまり建設されなかった理由として、各都市で建築物の高さ制限が行われていたことが挙げられる。二〇世紀初頭には、ロンドン、パリ、ベルリン、フランクフルト、ウィーン、ブダペスト、ローマ、ブリュッセルなど、主要都市で高さ制限が行われていた（表4－2）。もっとも高くて軒高二五メートル、おおむね二〇メートル前後に制限されていた。同時期のシカゴでは二六〇フィート（七九メートル）ま

所在地		主な高さ制限値（軒高）
イギリス	ロンドン	80フィート（約24.4m）
フランス	パリ	20m
ドイツ	ベルリン	22m
	デュッセルドルフ	13m
	フランクフルト	20m
		18m
		16m
	バイエルン（住宅）	22mかつ5階
	ドレスデン	22m
オーストリア	ウィーン（住宅）	25mかつ5階
ハンガリー	ブダペスト	25m
イタリア	ローマ	24m
ベルギー	ブリュッセル	21m
スイス	ベルン	54フィート（約16.5m）かつ4階
中国	上海	84m

出典：内田祥三(1953)「建築物の高さを制限する規定について(1)」『建築行政』3(6)（建築行政協会）p.19を元に作成

表4－2　20世紀初頭における諸都市の高さ制限値

で許容されていたことを考えると、かなり厳しい制限と言える。

たとえばロンドンを見てみると、ロンドン建築法（一八九四年改正）では、建物の軒高が八〇フィート（約二四・四メートル。軒線より上は二層分まで上乗せ可能）に制限されていた。制限の理由は、消火設備が届く限界を超えた建物が増えないようになど防火対策面での理由に加えて、構造上の安全性を確保するためであった。

また、当時、高さ一五一フィート（約四六メートル）の住宅がバッキンガム宮殿から国会議事堂への眺望を阻害したことも、高さ制限の背景にあったという。

大聖堂への眺めを守るための高さ制限

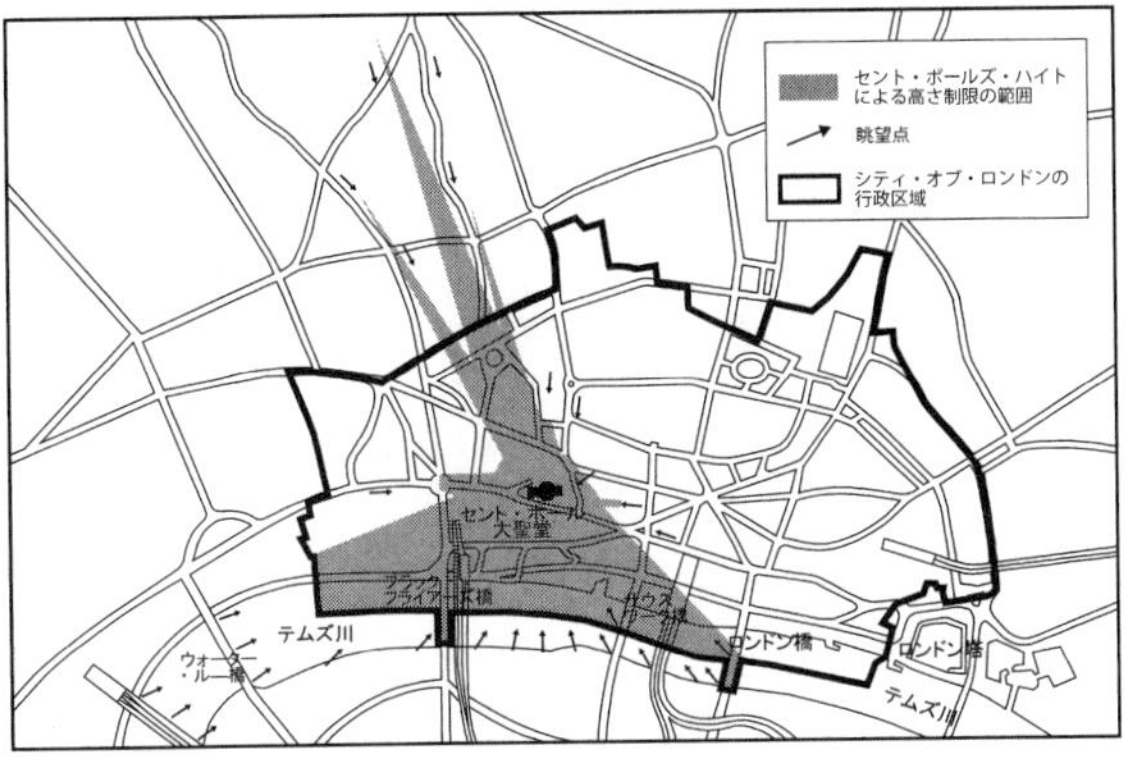

ロンドンの高さ制限。著者による

屋根裏などを含めた軒高八〇フィートに制限されていたロンドンの高さ制限は、一九三〇年に、軒高ではなく、全体の高さが一〇〇フィート（三〇・四八メートル）と内容が改められた。また、特例で一〇〇フィートより高い建物も認める措置が設けられ、市内に高層建築物が徐々に増えつつあった。

　第三章で見たように、一六六六年のロンドン大火後に再建されたセント・ポール大聖堂は、ロンドン・シティのスカイラインの核となるシンボルであり、そのドームは市内のいたるところから眺めることができた。しかし、大聖堂周辺に高い建物が建設されるようになると、ドームへの眺めが遮られる懸念が強まった。

　セント・ポール大聖堂の建築技師、ゴッドフリー・アレンは、大聖堂のシンボル性が損なわれることを懸念し、テムズ川の南岸や橋などの主要な場所からこの大聖堂への眺めを守るために、建築物の高さ制限を提案した。地元当局はアレンの案を採用し、一九三八年から実施されることとなった。これが「セント・ポールズ・ハイト（St Paul's Heights）」と呼ばれる高さ制限である。

セント・ポールズ・ハイトが開始された一九三〇年代は、前述のようにニューヨークではクライスラー・ビルやエンパイア・ステート・ビルなどの摩天楼が林立した時期にあたる。建物高さの「図」と「地」の関係で言えば、ニューヨークでは「地」の高層化が進んだが、ロンドンでは高さ制限によって「地」の高層化を抑制し、ランドマークであるセント・ポール大聖堂を「図」として際立たせる選択をしたわけである。

ロンドンを始めとするヨーロッパでは、既存の秩序ある街並みを前提とした高さのコントロールが行われていたため、摩天楼のような高層建築物が育つ余地はなかった。もちろん、著しい成長を遂げていたアメリカとは異なり、ヨーロッパでは超高層ビルを必要とする経済的な土壌がなかったこともある。とはいえ、先に見たエッフェル塔に対する拒否反応からもわかるように、この時代に高層建築物を望む声はまだ少なかったのである。

空襲を生き残ったセント・ポール大聖堂

セント・ポールズ・ハイト（高さ制限）によって大聖堂への眺めが守られることになった

ものの、そのわずか二年後、新たな危機が訪れた。

第二次世界大戦におけるナチス・ドイツの空襲である。特に一九四〇年一二月二九日の空襲は、のちに第二のロンドン大火とも言われるほど大きな被害をロンドンにもたらした。このとき、ロンドン市庁舎や、一六六六年の大火後にクリストファー・レンが設計した八つの聖堂などが灰燼に帰した。多くの建物が焼失した中で、セント・ポール大聖堂はその姿をとどめた。被害を受けなかった理由は、セント・ポールズ・ウォッチ（St Paul's Watch）と呼ばれるボランティアの監視隊や消防団によって、懸命の消火活動が行われたためである。

空襲で煙に包まれたセント・ポール大聖堂。
出所：Ann Saunders（2012）*St Paul's Cathedral: 1400 Years at the Heart of London*, Scala Publishers

この監視隊を率いたのが、前述のゴッドフリー・アレンであった。アレンは、眺望を保全しただけでなく、戦火からもセント・ポール大聖堂を守った立役者となったのである。

写真は、空襲から二日後の新聞の一面を飾った有名な一枚である。爆撃による火と煙に覆われながらも立ち続けるセント・ポール大聖堂は、ナチス・ドイツに対する抵抗のシンボルとして、戦時下のイギリス人を鼓舞したという。戦後、イギリス国王ジョージ六世が「イギリス国民の不屈の勇気と活力の象徴である」（蛭川久康他編著『ロンドン事典』）と語ったように、セント・ポール大聖堂は、自治都市シティのシンボルとしてだけでなく、イギリス国民の精神的な支柱にもなったのである。

5――全体主義国家における高層建築物

アメリカの摩天楼が資本主義社会の象徴となった一方で、全体主義国家では、大衆へのプロパガンダの手段として、巨大建造物が計画されていく。ドイツのナチ党（ナチス）総統アドルフ・ヒトラーは、「偉大な文明を後世につたえるのは、記念碑的な建造物である」と述べ、イタリアのファシスト党を率いるベニト・ムッソリーニは、「私の考えでは、諸芸術のなかで、建築が最高のものである。なぜなら、あらゆるものを含んでいるからだ」と語った（パオロ・ニコローゾ『建築家ムッソリーニ』、井上章一『夢と魅惑の全体主義』）。

ムッソリーニは、歴史的遺産であるコロッセウムやサン・ピエトロ大聖堂といった巨大建造物を利用した都市改造を実施し、古代ローマとファシスト政権の連続性を視覚的に演出した。一方、ローマのような過去の遺産が少ないドイツでは、ヒトラーによってメガロマニアック（誇大妄想的）な巨大建造物が計画された。そしてソヴィエト連邦のスターリンは、帝政ロシア時代の歴史的遺産を破壊し、ヒトラーやムッソリーニに対抗するように社会主義国家のシンボルをつくっていった。それぞれのアプローチは異なるものの、国家の威光を高め独裁者自身の神格化をはかる政治的な道具として、高層建築物、巨大建造物の築造に腐心していったのである。

ローマの歴史的遺産を利用したムッソリーニ

一九二二年、ファシズム内閣を組織したムッソリーニは、「永遠のローマの旗に、二度にわたって世界に文明をもたらしたその都市に、三度目の旗を掲げる」と宣言し、首都ローマの改造に着手した（藤澤房俊『第三のローマ』）。言うまでもなく、一度目はアウグストゥス帝などの古代ローマ帝国、二度目はシクストゥス五世のローマ改造である（前者は第一章、後者は第三章参照）。

自らをアウグストゥス帝と重ね合わせていたムッソリーニは、古代ローマの遺産であるパンテオン、コロッセウムなどの巨大建造物を自らの都市改造に利用した。ローマの遺構を中心とする都市改造によって、ファシスト政権こそが偉大な古代ローマ帝国の継承者であると国民に印象づけようとしたのである。ムッソリーニによる首都改造の方針は、一九二五年に行われた演説の中ではっきりと示されている。

五年以内に、全世界の人々が、アウグストゥス帝時代のように、広大で、統制のとれ、強力なものとして目を見張るようなローマに創り上げねばならない。諸君は、アウグストゥス帝廟、テアトロ・ディ・マルチェルロ、カンピドーリオ、パンテオンの周辺に道を開かねばならない。数世紀にわたる衰退によって生じたものをすべて消し去らねばならない。五年以内に、大きな道路を貫通して、コロンナ広場からパンテオンの大建築物が眺望できるようにしなければならない。諸君は、キリスト教のローマの荘厳な教会を寄生的な世俗の建築物から解放しなければならない。（藤澤房俊『第三のローマ』）

この言葉からわかるように、ムッソリーニにとって敬意を払うに値するローマの遺産とは、パンテオンやサン・ピエトロ大聖堂のような記念碑的な建造物を意味した。「ローマを我々の精神の都市に、すなわち、そこを腐敗させ、泥まみれにしているあらゆる要素を浄化し、消毒された都市にする」（藤澤、前掲書）と宣言したように、記念建造物以外の建物は、たとえ歴史的な価値を持つものでも彼の眼中にはなく、除去すべき対象でしかなかった。既存の市街地を大胆に取り壊し、広い街路で切り開いていく整備手法がとられていった。先にも述べた「図」と「地」の関係でいえば、「図」としての巨大なモニュメントを引き立たせるために、「地」である市街地を刷新していったと言えるだろう。

以下では、コロッセウム周辺とサン・ピエトロ大聖堂周辺の都市改造を例にムッソリーニが込めた意図を見ていきたい。

コロッセウムとヴェネチア宮殿を結ぶ直線街路

第一章で見たように、コロッセウムは古代ローマ帝国の時代に建設された巨大な闘技場である。完成から一九〇〇年近くが経過し、建物の崩落が進んだものの、往時の面影を十分に感じられるだけの形は残されていた。ムッソリーニは、このコロッセウムと自身が執務するヴェネチア宮殿を結ぶ約八五〇メートル、幅員八〇メートルの直線街路の整備に着手した。

しかし、ヴェネチア宮殿とコロッセウムの間には、中世以降の住宅など歴史的な建物が密集していた。道路整備のためには、既存の住宅を取り壊さなければならないことから、政府内には反対する声も少なくなかった。しかし、「中世住居の保護に固執するのもほどほどにしておくのだな」（ニコローゾ、前掲書）と述べたムッソリーニは、住宅の取り壊しを命じ、工事は進められていった。道路は一九三二年に完成した。この年は、一九二二年にファシストが政権を奪取してから一〇周年にあたる。つまり、ファシスト政権発足一〇周年を記念する道路でもあったのである。

この道路には「帝国通り」の名がつけられた（現在は「フォーリ・インペリアーリ通り」に改称）。「古代ローマ帝国」と「ファシストによるイタリア帝国」の二つの帝国を結び付ける意図があったのだろう。ムッソリーニは、ヴェネチア宮殿の執務室から通りの先に見えるコロッセウムを眺めながら、自らと古代ローマの皇帝を重ね合わせたのかもしれない。

サン・ピエトロ大聖堂へのアプローチ道路の整備

ムッソリーニが政治利用した過去の遺構は、古代ローマ帝国のものだけではなかった。カトリックのローマ教会による巨大建築、キリスト教の大聖堂も都市改造に用いられた。

当時、イタリアとローマ教会は、断交状態にあった。一八七〇年にイタリア王国が、ローマ教皇庁の所有する領地を全て没収したことが、断交の背景にあった。

ムッソリーニは、世界中にいる四億人ものカトリック信者に目を付けた。ファシスト政権への国際的な支持を集めるためには、ローマ・カトリック教会を味方にすることが得策と考えたのである。一九二九年にはローマ教会とラテラーノ協定を締結し、ヴァチカン市国による土地所有などを約束した。そして、教会との和解を象徴するプロジェクトの一つとして、ローマ・カトリック教会の総本山サン・ピエトロ大聖堂へ向かう「和解通り」の整備に取り掛かった。

サン・ピエトロ大聖堂は、テベレ川から西に向かう通りの正面に位置する。しかし、そのアプローチ道路は狭い路地で、周辺には建物が密集していた。ムッソリーニは、帝国通りを整備したときと同様に、周囲の建物を取り壊して道路を拡幅し、見通しのよい通りへと改変させた。通りの沿道には計二八本のオベリスクも設置された。

サン・ピエトロ大聖堂ドームから見た広場と和解通り。写真：講談社

オベリスクと言えば、ムッソリーニは、フォーロ・ムッソリーニという新たに開発した地に、自らを称えるオベリスクを建立した。

また一九三六年にエチオピアを併合した際には、戦利品として、かつてのアクスム王国のオベリスクを略奪した。エジプトからオベリスクを持ち帰らせたアウグストゥス帝に倣ったのであろう。なお、このオベリスクは、長らくローマ市内に置かれていたが、二〇〇一年にエチオピア政府が返還の打診を行い、二〇〇五年に返還された。返還時には各大臣をはじめとする要人が空港で出迎え、記念式典が催された。オベリスクの返還は、エチオピア国民のアイデンティティを回復させる試みであったと言えるだろう。

ヒトラーによる都市改造大計画

ナチス・ドイツ宣伝相のヨーゼフ＝パウル・ゲッベルスは「［引用者注：ムッソリーニは］古代ローマの全歴史を、その黎明期にいたるまで、自らのもとに取り戻したのである。それに比べたら、われわれは成り上がり者でしかない」（ニコローゾ、前掲書）と語った。ヒトラー率いるナチスには、古代ローマ帝国のような大衆に訴えかけるわかりやすい歴史的遺産が欠けていたのである。これがヒトラーのコンプレックスであった。そこでヒトラーは、ローマを凌駕する手段として巨大な建築物の建設に注力していく。

ナチスが政権を取ってから七年後の一九四〇年、ヒトラーはベルリン、ミュンヘン、ハンブルク、リンツ、ニュルンベルクの五都市を「総統都市」に指名した。

中でもベルリンについては、第三帝国の首都ゲルマニアとして壮大な都市改造が計画され、ヒトラーが「我々はパリとウィーンを凌《しの》がなければならないのだ」（アルベルト・シュペーア『第三帝国の神殿にて』上巻）と宣言したように、大街路とモニュメンタルな建築物から構成されるプランが立てられた。

しかし、たとえばオスマンのパリ改造など、かつて行われてきた大規模な都市改造とは、決定的に異なる点があった。それは、建築物などの規模が都市機能上の必要性を超えて大きかったことである。ヒトラーが望んだのは「巨大さ」であった。

一九三八年に公表されたベルリン都市改造計画の中核は、都市の中心を貫く南北道路である。全長五キロメートルはパリのシャンゼリゼの二・五倍に及ぶ。幅員一二〇メートルは、プロイセン＝ドイツ帝国時代に建設された、幅約六〇メートルの東西道路、ウンター・デン・リンデン（直訳すると「菩提樹の下」の意）を意識して約二倍に設定したとされている。

ベルリン都市改造計画の模型（1938年）。奥に大会堂、手前に凱旋門。出所：八束はじめ、小山明著（1991）『未完の帝国』福武書店、p.175（K. Arndt, G. F. Koch, L. O. Larsson (1978) *Albert Speer. Architekfur Arbeiten 1933-1942*）

南北軸上には、北から大会堂、凱旋門、南駅といった主要なモニュメントが配置され、その沿道には官庁建築のほか、ドイツの大企業の本社、ホテル、劇場、商業施設などが計画された。北端に位置する大会堂は、高さ二九〇メートルに達するドーム型の巨大な集会場であった。

設計を担当したアルベルト・シュペーアによると、大会堂は一五万人収容可能で、サン・ピエトロ大聖堂が一七個もおさまってしまうほどの大きさであった。ドームの形状はローマのパンテオンに触発されたというが、その規模には圧倒的な差があった。なにしろ、大会堂のドーム屋根の直径は二五〇メートルに及び、屋根に穿《うが》たれた円窓の直径だけでも、パンテオンのドームの直径四三・二メートルを超える四六メートルもあったのである。

南北道路軸の南端には、ベルリンの玄関口となる南駅が置かれた。その前には長さ八〇〇メートル以上の広場を挟んで高さ約一二〇メートルの凱旋門が計画された。この高さは、パリのエトワール凱旋門の二倍を超えた。鉄道でベルリンを訪れた人が、駅を出て最初に目にする風景は広場の正面に立つ巨大な凱旋門であり、さらにその視線は、凱旋門のアーチ越しにそびえる高さ二九〇メートルの大会堂へと導かれるはずであった。

ヒトラーが巨大さを求めた理由

第二次世界大戦の敗戦により、ナチスが企図した建築物群はほとんどが実現しなかった。

しかし、なぜヒトラーはこうした巨大な建造物をつくろうとしたのだろうか。ムッソリーニのローマに対抗する手段の一つではあったわけだが、その大きさには、どのような意味が込められていたのだろうか。

シュペーアによると、ヒトラーは常に大きな建造物を求め、「大きいこと」に最大の価値を見出していたという。これは実際にヒトラーが語った言葉にも現れている。政権獲得前の一九二〇年代には「強いドイツには優れた建築がなければならない。建築は国力と兵力を如実に示すものだからだ」（ディヤン・スジック『巨大建築という欲望』）と語り、さらに一九三九年の建設労働者に向けた演説では「なぜ常に最大であらねばならないのか？　それは、一人一人のドイツ人に自尊心を取り戻してやるためである。すべての領域にわたって、一人一人にこういうためである。我々は劣ってはいない。それどころか、他のどの国民にも絶対に負けないのだと」（シュペーア、前掲書、上巻）と述べている。

ヒトラーにとって巨大建造物とは、第一次世界大戦の敗北で失われた国民の自信を取り戻し、自尊心を回復させる手段であった。

ヒトラーはシュペーアにこうも言っている。

「片田舎から出てきた一人の農夫が、ベルリンにやってきて、このわれらの巨大な円蓋建築［引用者注：高さ二九〇メートルの大会堂のこと］に足を踏み入れたとしよう——この男は驚きのあまり息をのみ、たちどころに理解するだろう。自分はいったい誰に服従すればよいかを」（ニコローゾ、前掲書）。

一方、シュペーアは「その巨大さが彼［引用者注：ヒトラー］の功績を称え、彼の自尊心を高めてくれるのがねらいであった」（シュペーア、前掲書）とも語っている。つまり、巨大な建造物は、ヒトラー自身のためのものでもあったのである。

しかし、ヒトラーの計画をすべて実現するために必要な資源（資材、労働力）は、国内には存在しなかった。計画の実現の前提には、戦勝による資源の確保があったのである。つまり、ヒトラーにとって巨大建造物と戦争は一体不可分だったとの見方がある。

スターリンによるモスクワのソヴィエト宮殿

ソヴィエト連邦においても、反共を掲げるナチス・ドイツや資本主義国家を代表するアメリカに対抗するように、巨大建造物が構想、建設された。

初代最高指導者ウラジミール・レーニンに代わり権力を掌握したヨシフ・スターリンは、一九二〇年代に共産党内部の大粛清によって盤石な権力基盤を固めると、ソヴィエト連邦の象徴となる建築を構想した。当時、首都モスクワに存在するモニュメンタルな建築物といえば、帝政ロシア時代の遺産や正教会の聖堂などが大半を占めていた。そこで、モスクワの中心部に新国家を記念するソヴィエト宮殿（ソヴィエト・パレス）が計画された。

ソヴィエト宮殿は、救世主キリスト大聖堂を破壊した跡地に建設されることが予定された。この大聖堂は、もともと一八一二年の対ナポレオン戦争の勝利を記念し、一八一七年にロシア皇帝アレクサンドル一世が建設を決めたものである。ちなみに、当初の計画では、ローマのサン・ピエトロ大聖堂を大きく超える高さ二三〇メートルであったが、最終的にはロンドンのセント・ポール大聖堂と同程度の一〇九メートルに落ち着き、一八八九年に完成している。いわば帝政ロシアの精神的な支柱とも言える大聖堂であったが、一九三一年にスターリンの命令によってダイナマイトで破壊されたのである。

ソヴィエト宮殿。イオファンの計画案（1934年）。出所：ケネス・フランプトン著、中村敏男訳(2003)『現代建築史』青土社、p.373

無神論の立場をとるソヴィエト政府は、ロシア革命翌年の一九一八年に政教分離政策を打ち出しており、大聖堂は社会主義政権にとって無価値な存在であった。それだけでなく、救世主キリスト大聖堂の建設経緯からわかるように、旧政権である帝政ロシアと密接な関係にあった正教会の影響力を排除する狙いもあった。旧体制のシンボルである救世主キリスト大聖堂を爆破し、その上にソヴィエト連邦のモニュメントを建てることは、この国の権力の所在を内外に示す上で最大の効果を発揮するとスターリンは判断したのであろう。自らの権勢を誇示するために、敵対する旧体制の記念的な建造物を壊すことは権力者の常套手段である。

また、大聖堂の破壊と新たなモニュメントの建設は、信仰の対象が「神」から「共産主義」へと変わったことを示すと同時に、国の「アイデンティティを根底から再定義」する試みでもあった（スジック、前掲書）。

ソヴィエト宮殿の設計にあたっては、国際コンペで世界中の著名な建築家から設計案が募集された。ル・コルビュジエもコンペに参加した一人であったが、一九三三年の最終選考で採用されたのはボリス・イオファンの案であった。二万人収容の大ホールと六〇〇〇人収容の小ホールを持つ階段状の基壇部の頂部に、高さ一八メートルの「解放された労働者（プロレタリアート）」の銅像が載る全高二六〇メートルの建築物であった。スターリンが求めたのは、ル・コルビュジエなどの洗練されたモダニズム建築ではなく、巨大でシンボリックなものだったのである。

その後、イオファンの設計案はスターリンの指示で変更が加えられていく。一九三三年七月には労働者の銅像が、高さ五〇〜七〇メートルのレーニン像に置き換えられた。翌一九三四年にはレーニン像の高さは八〇メートルに嵩上《かさあ》げされ、全体の高さが四五〇メートルにまで拡大された。

この計画変更の背景には、ソ連を取り巻く国際環境が関係していたと考えられる。一九三三年は、ドイツで反共産主義を掲げるナチスが政権を取った年である。同年、ソ連はアメリカと国交を結び、翌三四年には国際連盟に加盟し、三五年には仏ソ相互援助条約を締結した。

スターリンは、反ファシズム、反ナチズムで国際的な連帯を結ぶ一方で、ソ連の国力をナチス・ドイツのみならず世界各国に示す手段の一つとして、この巨大宮殿を位置付けていたのではないだろうか。当初高さの二六〇メートルでは、高さ約三〇〇メートルのエッフェル塔や、完成して間もない高さ三八一メートルのエンパイア・ステート・ビルに及ばない。そこで、これらを超えるために四〇〇メートル超の巨大な建造物へと変更させたのであろう。この計画を耳に入れたヒトラーは、スターリンが自分より高い建物をつくろうとしていることに激怒したという。ソヴィエト宮殿の巨大化計画はスターリンの目論見どおりであったわけである。

しかし、最終的にソヴィエト宮殿は実現には至らなかった。レーニン像が雲に隠れやすいために建設が断念されたとも言われるが、実際のところ、建設敷地の地盤が軟弱であったために当時の技術では建設が不可能だったとされる。

その後、ここには国営プールが建設された。ソヴィエト連邦は一九九一年に崩壊するが、二〇〇〇年に、かつてスターリンによって爆破の憂き目にあった救世主キリスト大聖堂が再建された。

モスクワ大学。写真：講談社

七つの摩天楼

ソヴィエト宮殿は実現しなかったものの、第二次世界大戦後、サドーヴォエ環状道路沿いに七つの摩天楼（超高層建築物）が建てられた。一九四七年のモスクワ建都八〇〇年を記念し、共産主義国家の首都にふさわしい街並みをつくる手段として高層建築物が用いられたのである。

最も高い建物が、モスクワ大学の三二階、二三九メートルである。エンパイア・ステート・ビルには及ばないが、当時、東西ヨーロッパでは最も高い超高層ビルで、一九九〇年に高さ二五七メートルのメッセ・タワー（ドイツ・フランクフルト）が完成するまでヨーロッパ一の高さを誇った。その他には、ホテル・ウクライナ（一七〇メートル）、コテーリニチェスカヤ河岸通りの高層アパート（一七六メートル）、外務省（一七〇メートル）など、ホテルや官庁ビル、共産党幹部の住宅などが建ち並んだ。

これらの超高層ビルの特徴は、尖塔を持つ垂直性を強調したファサードのデザインである。一見すると、ニューヨークの摩天楼、特に一九二〇年代に流行したアール・デコ様式のスカイスクレーパーを思わせる。スターリン自身はニューヨークの摩天楼と比較されることを嫌ったとされるが、一連の建物をスターリン・デコ様式と呼ぶ向きもある。

もちろんニューヨークの摩天楼と大きく異なる点がある。建築史家の井上章一が述べるように、アメリカの場合は摩天楼が複数林立しているために、建築群の中で埋没してしまうのに対し、敷地が広いモスクワでは、互いに離れて立地しているために、それぞれランドマークとして際立ち、都市景観のハイライトとなっている。

また、モスクワの中心部ではなく環状道路沿道に点在していることも大きな特徴であった。その理由として、建築評論家の川添登は、緯度の高い国特有の現象である白夜の効果を狙ったため、と指摘している。七つの超高層ビルの尖塔の頂には赤い星が載っている。白夜の時期は地上が暗くなっても空は明るく、尖塔だけには太陽の光があたることになる。モスクワ郊外の空にきらめく尖塔の赤い星は、ソヴィエト連邦を構成する民族を象徴し、星が光る方向に彼らが暮らしていることをモスクワ市民に知らしめる効果をもたらすというわけである。

とはいえ、設計当初から尖塔があったわけではなかった。七つの超高層ビルのうち、最初期に計画された外務省の建設現場の視察に訪れたスターリンが、「尖塔はどこにある？」と質問したため、急遽尖塔が追加されたというエピソードが残っている。スターリンは、ソヴィエト宮殿にレーニン像を載せようとしたように、超高層ビルにも象徴性を求めたのである。

一九五三年にスターリンが死去すると、ソ連での超高層建築物建設は下火になった。集団指導体制への移行後、共産党第一書記となったニキータ・フルシチョフがスターリン批判に転じたためである。とはいっても、フルシチョフも、モスクワの地下鉄建設をはじめ、スターリン時代の首都改造を推進し、帝政ロシア時代の教会堂の破壊を行っていたのである。

ここまで、救世主キリスト大聖堂の建設から破壊、再建、さらにはスターリン・デコの建設とその終息までの流れを見てきたが、ソ連における高層建築物は、国家体制の変化を端的に示すモニュメントでもあった。

6——第二次世界大戦前の日本の高層建築物

明治以来、近代化を推し進めてきた日本でも、一九世紀末以降、高層化の動きが活発となる。アメリカの摩天楼のような超高層ビルはつくられなかったが、大衆に眺めを提供する望楼建築や、鉄骨・鉄筋コンクリート造の高層オフィスビルや高層住宅が発展していく。

望楼建築ブームと浅草十二階

明治時代に入り、徳川幕府下における三階建て禁止令が解除となった結果、見晴らしの良さを売り物にした高い建物が増え、「眺めを楽しむこと」が大衆化されていく。三階建ての料理屋が増えたほか、外から眺めるだけの存在であった仏塔にも階段が設置され、展望料を取る寺も出てきた。

「お菊さん」で知られるフランスの作家ピエール・ロチは、一八八五(明治一八)年に京都・法観寺の八坂の塔に登った体験を「秋の日本」に記している。現在は五重塔の二層目までしか上がれないが、ロチは最上部からの眺めを楽しんでおり、「高みにあるこの廻廊からは、天翔っているときのように、坦々たる平野の上にむらがりひろがった広い都が、その周囲の、松林や竹藪が素晴らしい緑の色合を投げている高い山々と一しょに見下せる」と当時の京都の風景を描写している。

明治二〇年代に入ると、高所からの眺望の提供に特化した「望楼建築」がブームとなった。ブームはまず大阪で始まった。一八八八(明治二一)年には、五階建て(約三一メート

「浅草公園 凌雲閣之図」田口米作画、明治23（1890）年、東京都江戸東京博物館所蔵、Image：東京都歴史文化財団イメージアーカイブ

ル）、六角形の平面を持つ眺望閣が日本橋《にっぽんばし》に建てられた。その翌年には茶屋町に高さ一三〇尺（約四〇メートル）、九階建ての凌雲閣がつくられている。

こうした望楼建築の代表的な存在が、「浅草十二階」として知られる浅草凌雲閣であろう。塔の名称は先に見た大阪の塔と同じだが、「凌雲閣」と言えば今では浅草十二階を指すことが多い。エッフェル塔完成の翌年の一八九〇（明治二三）年に建設された凌雲閣（ウィリアム・キニモンド・バルトン設計）は、高さ一七三尺（約五二メートル。避雷針を含む）、一二階建ての高楼である。一〇階までが煉瓦造で、残り二層分が木造であった。凌雲閣には日本初の電動乗用エレベーターが設置された。ニューヨークでも、前年の一八八九年に世界初の電動の乗用エレベーターがオーティスによって商品化されたばかりであったことから、世界的にも最初期の電動エレベーターであった。エレベーターで八階まで上がることができ、さらに階段で登ると一一階と一二階が展望スペースとなっていた。塔から都市を一望できる体験は、「自分が都市というのを目の下に置いてある充足感を味わう」（前田愛『都市と文学』）ことを可能にし、新たな娯楽として市民権を得ることとなる。

望楼建築ブームとなった明治二〇年代（おおむね一八九〇年代）は、先に述べた、シカゴ、ニューヨークにおいて摩天楼が誕生し始めた時期と重なる。浅草十二階は、摩天楼の特徴をなす鉄骨造ではなく煉瓦造だったものの、高い建物が少ない東京においては摩天楼と言えるほどの高さを誇った。

そもそも「雲を凌ぐ建物」を意味する凌雲閣は、摩天楼（スカイスクレーパー）とほぼ同義の言葉として用いられてもいた。浅草凌雲閣誕生の一八年後の一九〇八年、永井荷風は「あめりか物語」で、シカゴの摩天楼について、次のように述べている。

（前略）遥か右手には鼠色の市俄古《シカゴ》大学の建物が見え、左手には大方ホテルでも有るらしい、大きな高い凌雲閣《スカイスクラッパー》の二つ三つ立っているのが、ちょうど雨上りの白い雲の頻りと往来する空模様と調和して、妙に自分の眼を引いたので、自分は訪ねようとする家の戸の外に佇んだまま、暫くは呼鈴も押さずに眺めていた。

荷風は、シカゴの摩天楼を「凌雲閣」と表記し、「スカイスクラッパー」とルビを振っている（浅草凌雲閣の設計者バルトンは、もともと下水道整備のための衛生技師として来日した。彼を日本に招いたのは、当時内務省衛生局第三部長を務めていた永井久一郎、つまり永井荷風の父であった）。

また、一九一一（明治四四）年に刊行された『高層建築』（池田稔）でも、「高さの制限に寛大なる米国の大都市に於て彼の凌雲閣の林立を見るに至りしは」と、スカイスクレーパーが凌雲閣と表記されている。当時の人びとにとって浅草凌雲閣は、スカイスクレーパーとして認識されていたとも言えるだろう。

結局、望楼建築ブームは、一時的なものに終わった。浅草凌雲閣は一九二三（大正一二）年の関東大震災で八階から上の部分が崩壊し、その後、崩落の危険性から爆破解体された。

その後、庶民に高所からの眺めを提供する場は、百貨店などへと移っていくことになる。

永井荷風と三越百貨店の高層ビル

その後、スカイスクレーパーの訳語としては「凌雲閣」ではなく「摩天楼」が定着した。その最初期の使用例の一つが、一九一四（大正三）年に発行された『紐育《ニューヨーク》』（原田棟一郎）の中で確認できる（原田はニューヨーク特派員も務めた大阪朝日新聞の記者）。たとえば、「……幾筋かの街《ストリート》の渓流が、蜀の山峡と云つた具合に摩天楼《スカイ・スクレパー》の家峡を流れ、紐育名物の摩天楼は大概此の辺一帯に集まつて居る」とあり、スカイスクレーパーが、ニューヨークの代名詞となっている様子がうかがえる。
この本が出版された一九一四年は、東京駅丸の内駅舎が完成した年であるが、永井荷風が文芸誌『三田文学』で「日和下駄」の連載を始めた年でもあった。「日和下駄」は、荷風自身が見聞きした東京市中の様子を綴った散策記である。その中に、当時の高層建築物についての一節がある。

日本橋の大通を歩いて三井三越を始めこの辺に競うて立つアメリカ風の高い商店を望むごとに、私はもし東京市の実業家が真に日本橋といい駿河町と呼ぶ名称の何たるかを知りこれに対する伝説の興味を感じていたなら、繁華な市中からも日本晴の青空遠く富士山を望み得たという昔の眺望の幾分を保存させたであろうと愚にもつかぬ事を考え出す。(『荷風随筆集』上巻)

この「アメリカ風の高い商店」とは、一九一四(大正三)年に竣工した鉄骨鉄筋コンクリート造の三越呉服店(現三越)の新館である。高さは地上五階建て(一部六階)、軒高九三尺三寸七分(約二八・三メートル)、中央には高塔が設けられ、最頂部は一七〇尺(約五一・五メートル)に達した。新聞では「スエズ以東他に比なし」「スエズ以東第一の商店」(初田亨

『百貨店の誕生』）とも謳われた高層建築物であった。

荷風は、こうした近代的な高層建築物が建つことで、東京から江戸の面影が失われていくことを嘆いたのである。それは、摩天楼の林立によって、古き良きニューヨークの風景が喪失していくことを非難したヘンリー・ジェイムズの姿を思い起こさせる。ヘンリー・ジェイムズは、マンハッタンの空に屹立するトリニティ教会の尖塔がつくるスカイラインに郷愁を覚え、荷風は、大店《おおだな》が連なる駿河町の遥か遠くに聳える富士山への眺めに思いを馳せていたのである。

だが、荷風の嘆きをよそに、東京の高層化は進んでいった。一九二一（大正一〇）年には、新館の隣に、地上五階建て（一部七階）の西館が新築された。この建物の上にも塔が設置され、その頂部までの高さは二〇〇尺（約六〇・六メートル）に及んだ。一九三六年に国会議事堂が完成するまで、建築物としては日本一の高さであった。この塔には、地上一四三尺五寸五分（四三・五メートル）の位置に展望室が設けられ、建物の屋上部分には「屋上庭園」もつくられた。明治末から大正にかけて、三越をはじめ、松屋、白木屋などの百貨店は屋上庭園を整備し、展望の場として一般に開放していた。

望楼建築が衰退した後、高所からの眺めを庶民に提供する場は、百貨店に移っていったのである。

丸の内の「一丁紐育《ニューヨーク》」と一〇〇尺の高さ規制

大正期に入り、第一次世界大戦を背景とする好景気や鉄筋コンクリート造（RC造）技術の進展などから、鉄骨造やRC造による高層ビルの建設が増えていく。

ニューヨークで摩天楼が本格的に発展していく一九一〇年代から二〇年代にかけて、東京では東京海上ビル旧館（一九一八年）、丸ノ内ビルヂング（一九二三年）などのオフィスビルに加え、先に見た三越などの百貨店の高層化が進んだ。東京駅と宮城（現在の皇居）を結ぶ行幸通り沿いに一〇〇尺（約三〇メートル）程度のビルが建ち並ぶ様子は、「一丁紐育《ニューヨーク》」と称された。

丸の内御幸通り。戦後に行幸通りと呼ばれるようになった。昭和10（1935)年頃。出所：石黒敬章編・解説（2001）『明治・大正・昭和 東京写真大集成』新潮社、p.53

高層化といっても、ニューヨークやシカゴには及ぶべくもない。当時、ニューヨークでは商業の大聖堂・ウールワース・ビル（一九一三年）をはじめ、二〇〇メートル級の超高層建築物が竣工していたのであるから、高さ三〇メートル程度の建築物群をニューヨークと比較することに違和感を持つ人も多いことだろう。しかし、高くても三階建て程度であった時代に、その二倍から三倍もの高さを持つビルは、立派な高層建築物であった。

一九三三（昭和八）年時における東京市内の建物総数は、九一万七一四七棟（東京市統計年表）に及ぶが、このうち三階以上の建築物（木造以外）が占める割合はわずか約〇・二パーセントにとどまる。一九三五（昭和一〇）年の調査でも、七階以上の建物は東京市内で計七八棟に過ぎない。したがって、一〇〇尺のビル群は、当時の人びとにとって摩天楼に比するほどの高さに感じられたことであろう。

一九二〇（大正九）年には、現在の建築基準法の前身である市街地建築物法が施行され、住居地域は六五尺（のちに二〇メートル）、それ以外の地域は一〇〇尺（同三一メートル）に高さが制限された。

この一〇〇尺という高さの由来として、①当時建設中であった丸ビルなど既存の最も高い建物の高さ、②東京市建築条例案やロンドン建築法で規定されていた高さ制限値、③ラウンド・ナンバー（切りの良い数字）、④消防活動の限界（はしごが届く範囲等）などの理由が挙げられているが、科学的な根拠から導き出されたものではなかった。とはいえ、一〇〇尺及び三一メートルという数値は、その後、五〇年間にわたる運用の結果、東京の丸の内や大阪の御堂筋をはじめとして、日本の大都市のスカイラインを大きく規定していくことになる。

軍艦島、同潤会アパート、野々宮アパート

オフィスビルだけでなく、住宅においても高層化が進んだ。日本初の鉄筋コンクリート造（RC造）の高層集合住宅が長崎の端島《はしま》につくられた。通称「軍艦島」である。長崎市から一八キロメートルほど沖合に浮かぶ面積約六・三ヘクタールの小さな島で、その上に高層住宅が林立する姿が軍艦に見えることから、「軍艦島」の異名が付けられた。

軍艦島は、一八九〇（明治二三）年に三菱社によって石炭の採掘が開始され、炭鉱町として発展していく。炭鉱労働者が増加するにつれて大量の住宅が必要とされたが、面積の限られた島内で人口を収容する手段が高層住宅であった。限られた土地での高度利用という点ではマンハッタンと共通する。しかし、ニューヨークでは経済合理性だけではくくれない高さへの欲望が高層化の推進力になっていたのに対し、軍艦島は純粋に生活上の必要から高層化された点が大きく異なる。

軍艦島。写真：大野隆造

一九一四（大正三）年にRC造七階建ての三〇号棟が完成したことを皮切りに、一九一八（大正七）年には九階建ての一六～一

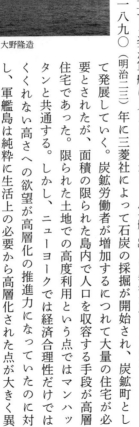

九号棟、七階建ての二〇号棟が建設された。その後も人口増加にあわせて、主に五～九階建ての住宅がつくられていった。その結果、最盛期（一九六〇年）には島内人口は五二六七人にまで増えた。

　ちなみに第一章で古代ローマの高層集合住宅インスラについて述べたが、当時のローマの人口密度は六一七人／ヘクタール、これをはるかに超えて、軍艦島の人口密度は八三六人／ヘクタールであった。軍艦島は高層過密都市だったのである。

九段下の野々宮アパート(1936年撮影)。写真：朝日新聞社

　その後、ＲＣ造の高層住宅は東京においても試みられた。一九二三（大正一二）年九月一日に発生した関東大震災では、四六万五〇〇〇戸の住宅が倒壊・焼失したが、震災復興にあわせてＲＣ造の集合住宅も建設された。不良住宅の改良や不燃住宅供給を目的として財団法人同潤会が設立され、一九二五（大正一四）年には、青山、中の郷、代官山等で三階建てを中心とするＲＣ造アパートが建設された。昭和に入ってからつくられた大塚女子アパートや江戸川アパートは六階建てで、エレベーターも設置された。

　また、お茶の水文化アパートメント（ウィリアム・メレル・ヴォーリズ設計）や九段下の野々宮アパート（土浦亀城設計）など、民間による高層集合住宅もつくられた。一九三六（昭和一二）年竣工の野々宮アパートは、青と白のストライプ柄のタイルで覆われた地上七階建て（中二階含めると八階建て）の瀟洒なモダニズム建築で、和室は一つもなく、靴を履いたまま生活する欧米型のアパートとしてつくられた。部屋には、土浦自身がデザインした家具のほか、ダストシューターやセントラルヒーティングなどの最新設備が備えられた。家賃は、当時の平均的な初任給の約五倍に及んだというから、所得水準の高い階層に向けた高級賃貸住宅だったと言えよう。

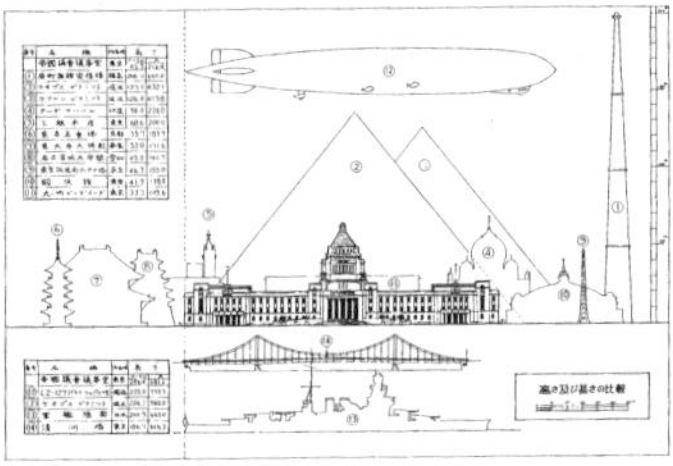

（上）国会議事堂（1936年頃）、（下）国会議事堂との「高さ及び長さの比較」の図。図の中の表には、原町無線電信塔（福島）、三越本店（東京）、東寺五重塔（京都）、東大寺大仏殿（奈良）、名古屋城天守（愛知）、東京放送局アンテナ塔、国技館、丸ノ内ビルヂング（以上、東京）などが記されている。出所：大蔵省営繕管財局（1936）『帝国議会議事堂建築の概要』p.46、p.115

国家プロジェクトとしての国会議事堂

一九三六（昭和一一）年には国会議事堂が完成する。その塔部の高さは六六・四五メートルで、前述の日本橋三越西館の塔の高さを抜いて、当時最も高い建物となった。

国会議事堂は、明治維新以来取り組んできた近代国家建設の集大成とも言えるものであった。というのも、議事堂建設にあたっては、国内の技術、材料のみが用いられたのである。明治以来、日本は「御雇外国人」の力を借りて文明開化、富国強兵の国づくりを推進してきたが、すべてを自前でつくることで国力を誇示する狙いもあったのだろう。外国の議事堂においても外壁素材として、その国の代表的な石が用いられていたこともあり、国会議事堂では山口県黒髪島産と広島県倉橋島産の花崗岩が採用された。

高さ六六メートルの国会議事堂は、当時の高層建築物であった丸ビルの二倍を超える高層ビルであった。「展望階から望めば目を遮るものは一もなく、品川沖から遠く房総の山々、秩父の連山及富士山、遠くは中部山岳に至るまで一望のもとに入るのである」（大蔵省営繕管財局編纂『帝国議会議事堂建築の概要』）とあるように、高層ビルが少なかった当時、富士山や東京湾、さらには房総の山まで一望できたという。

なお、議事堂には、次のようなライトアップが施された。「一、〇〇〇ワットの投光器二十四台を四方の陸屋根に配置して、（中略）夜間にこの照明が施されると、かの二百十六尺の高塔が中空に浮き出すやうになつてゐる」（同）。議事堂は、完成当初からランドマークとして見せることが意識されていたのである。

戦前の日本において最も高いビルは国会議事堂であった。この高さを上回る高層ビル、さらには一〇〇メートルを超える高層ビルの誕生は、戦後の高度経済成長期まで待たなければならない。

第五章　超高層ビルとタワーの時代

――一九五〇～一九七〇年代

「いまケネディ大統領は月に人を送ろうとしているんだ。君には世界で一番高いビルを作ってもらいたい」ガイ・トゾーリ（アンガス・K・ギレスピー『世界貿易センタービル』）

「「巨大なもの」というものに対しては、非常になんというかこのごろ一つ胸につかえるものがあるのですね」前川國男（宮内嘉久との対談「東京海上ビルについて」『建築』一九七四年六月号）

第二次世界大戦後の経済成長が高層ビルの需要をつくり、工業技術の進歩がビルの規格化による大量生産を可能とした。その結果、一九五〇年代から七〇年代にかけて、高さ一〇〇メートル超の高層ビルが、アメリカのみならずヨーロッパや日本にも波及していくこととなる。

この時期は、超高層ビルの時代であるとともに、電波塔や展望塔などの自立式タワーの時代でもあった。戦後の新しいメディアであるテレビ放送が本格化するにつれて、タワーが都市の新たなシンボルとして世界中に林立していったのである。

こうした超高層ビルやタワーは新しい都市像を提示するものとして人びとに受け入れられていく。古く老朽化した都市を「都市更新」の名の下に再開発し、高層化を図っていくことこそが、都市の健全な発展を促し、快適で豊かな生活をもたらす、ととらえられていた時代でもあった。

本章では、一九五〇年代から七〇年代にかけて発展を遂げる超高層ビルとタワーの展開とその背景を見ていく。超高層ビルに関しては、前章に引き続きアメリカが主役となるが、ヨーロッパや日本でも高層化が進んでいったことに目を向ける。タワーについては、西ドイツを中心に発展していく鉄筋コンクリート造のテレビ塔をはじめ、共産圏や北米、日本におけるタワーの展開を見ていく。

なおこの時代は、高層建築物がもたらした負の側面が顕在化していった時代でもあるが、本章では、その点についても述べたい。

章の内容は、「超高層ビル」(第1〜4節)、「タワー」(第5〜8節)、「高層化の影」(第9節)に分かれている。日本については、ここまでは各章の最後にまとめて記してきたが、この章では、三つのパートごとにそれぞれ述べていきたい。

1——アメリカの鉄とガラスの摩天楼

一九世紀末にアメリカで生まれた摩天楼は、第二次世界大戦後の経済発展と工業社会の進展の中で洗練されていく。前章で見たように、ニューヨークでは一九一六年のゾーニング条例に基づく斜線制限のため、高くなるほど先細りとなる古代の宗教的建造物「ジッグラト」のような階段状の建物が建てられた。その後、一九二九年の大恐慌や第二次世界大戦などの影響で、高層ビルの建設は沈滞していたが、一九五〇年代に再び建築ブームが訪れる。従来のような石張りで階段状の高層ビルではなく、下から上まで垂直に伸びる鉄とガラスの建築として生まれ変わっていった。

「中庭・ピロティ＋超高層」のレヴァー・ハウス

戦後の摩天楼ブームの先駆的な存在が、一九五二年にニューヨーク・ミッドタウン地区のパーク・アヴェニュー沿いに完成したレヴァー・ハウスである。このビルは、石鹸などの家庭用品会社のレヴァー（リーバ）・ブラザーズの本社ビルとして、スキッドモア・オウイングス・アンド・メリル（以下、ＳＯＭ）のゴードン・バンシャフトによって設計された。ＳＯＭは一九三六年に設立された建築設計事務所で、現在世界中の高層建築を手がける最大手の設計事務所として知られる。なお、二〇一四年時点で世界で最も高い建築物であるドバイ（アラブ首長国連邦）のブルジュ・ハリファもＳＯＭの手になる。

高さ九二メートル、二四階建てのレヴァー・ハウスは、ニューヨークの超高層ビルの中では高い部類には入らない。しかし、このビルの特徴は高さではない。ピロティで持ち上げられた二階建ての低層部分と、垂直に立ち上がる二四階建ての高層部分から構成されたガラスと金属のビルであることに新しさがあった。設計者のバンシャフトが「アメリカは鉄と工業の国だ。鉄、アルミ、ガラスそれにプラスティックなど、すべて工業的につくられた材料で建築を工業化し、軽量で最大限の融通性をもった空間をつくる想像力と能力にこそ建築家の創意をはかるテストになるのだ」（神代雄一郎編『現代建築を創る人々』）と述べたように、レヴァー・ハウスは、工業化社会にふさわしい高層建築物のあり方を体現したものであった。

　戦前に流行した階段状のビルの場合、低い階ほど建築面積は大きくなるために、光の入らない部分が必然的に大きくなる。しかし、下から上まで垂直に伸びる直方体とすることで、下方のフロアであっても室内に光を取り入れることが可能となった。直方体の高層部分は薄く、敷地面積に占める割合でみるとわずか二五パーセントであった。

レヴァー・ハウス。写真：Dorling Kindersley/Getty Images

　ガラスによるカーテン・ウォール工法も、内部空間に光を取り込むことを容易にした。カーテン・ウォールは荷重を直接受けない壁であるため、ガラス面の拡大を可能にしたのである。なお、この手法は、前章で触れたミース・ファン・デル・ローエによって、シカゴの高層住宅（一九五一年に完成した二六階建てのレイクショア・ドライブ・アパートメント）で初めて用いられた。

また、低層部分も地上レベルが中庭、ピロティとして開放された。これは光と空地の重要性を説いたル・コルビュジエの思想を継承したものであった。

つまり、レヴァー・ハウスは、ミースとコルビュジエというモダニズム建築の二大巨匠の影響を色濃く反映しているわけである。ガラスとアルミのレヴァー・ハウスは、煉瓦や石でつくられた高級アパート街であったパーク・アヴェニューに光と空気をもたらし、その後の高層建築物にも多大な影響を与えていくことになる。

「広場＋超高層」のシーグラム・ビル

レヴァー・ハウスと並び、戦後の摩天楼の方向性を決定づけたのが、一九五八年に完成したシーグラム・ビルである。パーク・アヴェニューを挟んでレヴァー・ハウスの斜向《はすむ》かいに位置するこのビルは、酒造会社シーグラムが創業一〇〇周年を記念して建設した本社ビルであり、その設計をミース・ファン・デル・ローエが担当した。

もともと、このビルの設計者はミースではなかった。しかし、シーグラム社社長のサミュエル・ブロンフマンの娘フィリス・ランバートが、最初の設計案がごく平凡であることに不満を抱いた。ランバートは、同じマンハッタンにあるレヴァー・ハウスや国連本部ビル（一九五二年竣工。三九階建て、一五三・九メートル）のように、新しい時代を表現するビルが望ましいと考えていたのである。「あなたには大きな責任があります。このビルはシーグラム社の社員のためのものではなく、ニューヨークや世界中の全ての人びとのものでもあるのです」と父に手紙を送り、プランの再考を促した（Phyllis Lambert, *Building Seagram*）。

父から建築家の選定を任されたランバートは、ル・コルビュジエ、フランク・ロイド・ライト、ヴァルター・グロピウス、ルイス・カーンなどの名だたる候補者の中から、最終的にミースを選んだ。かつて「我々は新しい課題の本質から新たな形態を生み出すべきである」と語っていたミースこそが、ジッグラト型を脱却した新しい時代の高層ビルの設計者に相応《ふさわ》しいとランバートは考えたのである。

シーグラム・ビル。写真：アフロ

　こうしてミースの手によって設計されたシーグラム・ビルは、高さ一五九・六メートル、三八階建ての超高層ビルとして誕生した。レヴァー・ハウスと同じようにガラスと金属で構成されたビルであるものの、いくつか相違点がある。

　その一つが空地の取り方である。レヴァー・ハウスがピロティ・中庭として一階部分を公開しているのに対し、シーグラム・ビルはパーク・アヴェニューから二七・四メートル後退して建てられ、その空いた空間を大理石張りの公共的な広場として開放した。

　この広場は、都市計画的な観点から設けられたわけではない。当時のニューヨークでは、建物が道路と敷地の境界ぎりぎりに建っていたために、建物全体を見渡すことが難しかった。設計したミース自身が「建物がよく見えるように、セットバックさせた」（『建築家の講義　ミース・ファン・デル・ローエ』）と語ったように、あくまでも建築家的な発想から生まれた手法だったのである。

　シーグラム・ビルのシンプルなデザインは、ミースの設計思想である"Less is more（少ないほど、より豊か）"を体現したもので、新しい高層建築物のあり方や都市像を示していた。後にこのビルを模倣したビルが世界中につくられていくことになるが、これらは「概してミースの繊細な感性を捉えきれていない」（ケネス・フランプトン『現代建築史』）として、必ずしも肯定的に評価されることはなかった。その結果、ガラスと鉄でできたモダニズム建築は箱型の無味乾燥なものの代名詞となり、"Less is more"ならぬ"Less is bore（少ないほど退屈）"と揶揄されることにもなる。

容積率制限の導入とタワー・イン・ザ・パーク型高層ビル

レヴァー・ハウスやシーグラム・ビルのような公共の広場を持つ新しい超高層ビルは、現状の建築規制から生まれたものではなく、あくまで施主や事業者の自主的な判断によるものであった。当時の規制は、前章で見た一九一六年に制定されたゾーニング条例の高さ制限（斜線制限）であり、建物が高くなるにつれて道路境界線から壁面を後退させた階段状のビルが主流だったのである。

図はレヴァー・ハウスと改正前のゾーニング条例が許容する建物の外形線を重ねたものである。これを見ると、レヴァー・ハウスが法規制の許容する建物よりも小さいことがわかる。

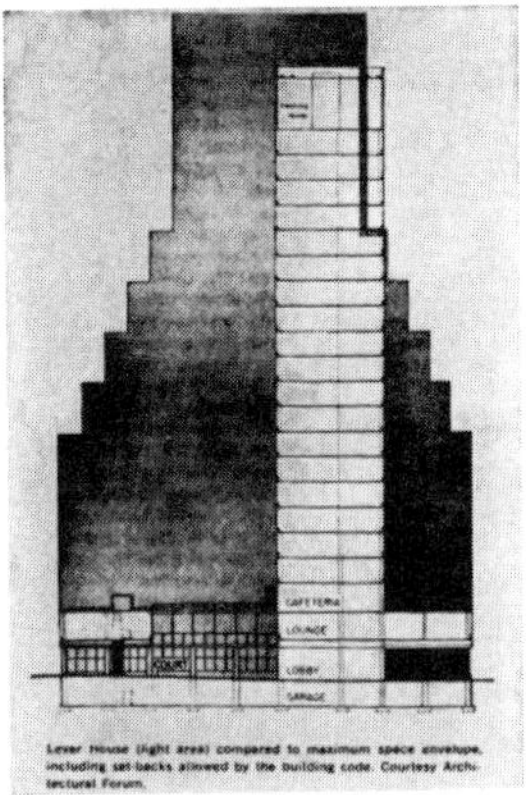

レヴァー・ハウスの断面図と従来のゾーニング条例の比較。出所：鈴木昇太郎著（1964）『アメリカ建築紀行』建築出版社、p.11

新しいビルディングタイプは、改正前のゾーニング条例で許容されていた最大限の床面積を取ることが難しくなるため、経済的メリットが減少することを意味した。

つまり、レヴァー・ハウスやシーグラム・ビルは、床面積を確保して経済的利益を得るよりも、新時代のビルディングタイプをマンハッタンにもたらすことに意義を見出した施主によって、はじめて実現できたのである。

ただし、鉄とガラスのビルがもたらす企業イメージの向上や広告効果などは付加価値となり、各フロア均等に光を取り込めることによる環境の向上は、自社ビルだけでなく、賃貸ビルにとっても売りになった。こうしたメリットを勘案すれば、床面積の減少による収入減を相殺することも可能となった。むしろ経済合理性のある選択だったとも言えよう。

しかし、あくまで施主や事業者の自主性に委ねられていた点では変わりはなかった。そこで、ニューヨーク市は、敷地内に広い公開空地を持つ「タワー・イン・ザ・パーク型」の超高層ビルの建設を誘導することで、都市環境の改善をもくろんだ。

具体的には、一九六一年に条例を改正し、従来の斜線制限から容積率制限へと方針の舵《かじ》を切ったのである。

容積率とは、「敷地面積に占める建物の総延床面積の割合」を示したものである。たとえば、容積率一〇〇〇パーセントであれば、面積一〇〇〇平方メートルの敷地に、床面積一万平方メートルの建物が建設可能となる。

容積率制限のメリットの一つは、斜線制限に比べて、建物の形態の自由度が高まることである。敷地面積一杯に建てた一〇階建ての建物と敷地面積の半分につくった二〇階建て

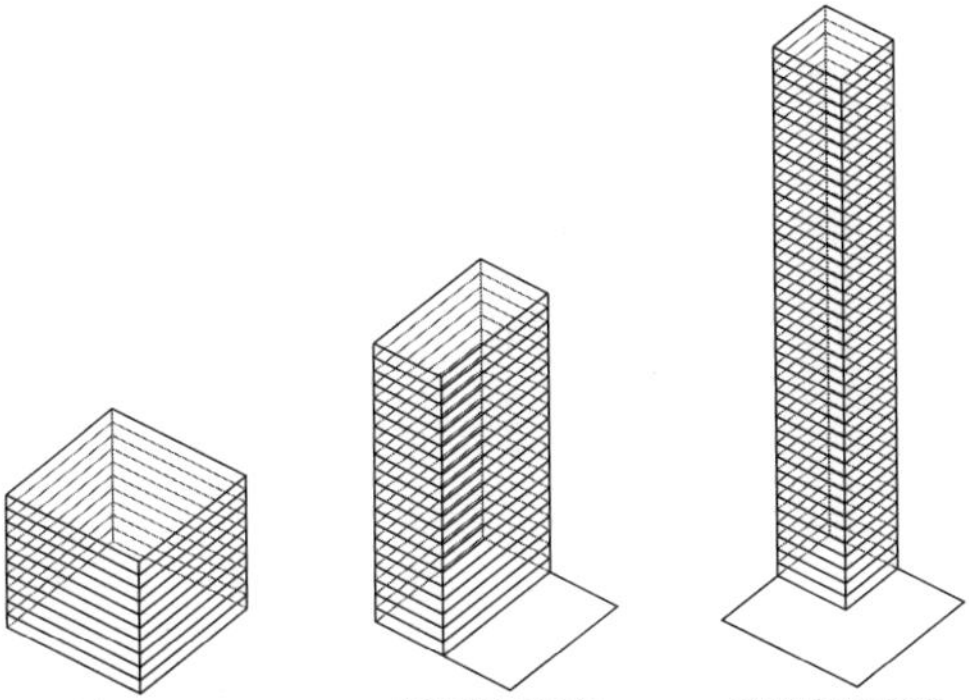

容積率の概念図。著者による

の建物は、どちらも建物の容積率は同じ一〇〇〇パーセントである。したがって、容積率が一定であれば、建物を太くすれば低くなり、細くすれば高くなる。つまり、建物を細くすることで広場を建物の周りにつくることが可能になるわけである。

容積率制限のメリットはそれだけではない。斜線制限に比べて直接的にボリュームをコントロールできる点にも特徴がある。

改正前の条例は、前章で述べたように、もともと交通混雑の緩和を意図したものであった。しかし、その効果が不十分として批判の対象となっていた。

交通混雑の要因の一つは、その周辺のビルに出入りする人が多いことである。だから、混雑の解消をはかるためには、地区の人口密度を制御すればよい。その密度はおおむね建物の床面積の広さに比例すると考えられることから、斜線制限よりは容積率制限の方が合理的と考えられるようになったのである。

しかし、容積率制限の導入にあたっては、不動産・建設事業者の反対も大きかった。従前の規制と比べると、敷地によっては、建築可能な床面積が五分の一に減少する可能性があったためである。エンパイア・ステート・ビルの容積率は三〇四七パーセント（これはレヴァー・ハウスの五倍に及ぶ）であるが、新しい条例では、最も高い容積率が指定された地区でも一五〇〇パーセントが限度とされた。これを見ても大幅な規制強化であることがわかる。

業界からの反対意見に対し、ゾーニング条例の改定の中心人物であったジェームズ・フェルト都市計画委員会委員長は、「形態規制の改定案は、市中の不動産を食いものにするディベロッパーらにとっては痛い内容かもしれないが、都市環境の改善には大いに寄与する」（坂本圭司『米国における主として摩天楼を対象とした建物形態規制の成立と変遷に関する研究』）と反論し、最終的に改正は実現に至った。

容積率制限にしたからといって、ビルのまわりに一般に公開する空地や広場が必ず設けられるとは限らない。

そこで、ニューヨーク市は、広場を設置すれば容積率のボーナスを付与するという方法を考えた。具体的には、広場一平方メートルあたり五平方メートルの床面積の割り増しを認めたのである。空地を多く取った場合は容積率を割り増しするというインセンティブを与えることで、広い空地を持つ高層ビルの創出を進めようとしたのである。

この方法は、行政当局にしてみれば、お金を使わずに市内に公開空地を確保できるというメリットがあった。そして、地権者や不動産事業者には、それ以上のメリットがもたらされることとなった。空地整備にかかる費用一ドルあたりに対し、床面積の割り増しで得られる賃貸収入の増加額は四三ドルとも言われた。つまり、地権者や不動産事業者は、「モダニズム建築に対する巨額な補助金」（ディヤン・スジック『新世紀末都市』）という大きな旨みを得ることになったのである。

「スーパーブロック＋超高層」のチェース・マンハッタン銀行本社ビル

一九三一年にエンパイア・ステート・ビルが竣工して以来、恐慌による不況、海外での戦争などが続き、戦後もしばらくは、ニューヨークのスカイラインに大きな変化はなかった。そのスカイラインに変化をもたらしたのが、一九六一年に竣工したチェース・マンハッタン銀行本社ビルである。六〇階建て、二四八メートルのこのビルは、シーグラム・ビルのように地上から垂直に立ち上がった直方体のビルだが、シーグラムより約九〇メートル高い。縦方向の柱によって、建物の垂直性が、より強調されたデザインとなっている。

このビルの最大の特徴は、建物そのものではなく、複数の敷地を統合して超高層ビルと広場を生み出した点にあった。いわゆる「スーパーブロック（大街区）化」によってつくられた超高層ビルである。

このプロジェクトの中心人物が、デイヴィッド・ロックフェラー。スタンダード・オイルを創業し、石油王と呼ばれたジョン・ロックフェラーの孫で、当時チェース・マンハッタン銀行の副会長の職にあった。

スーパーブロック化のアイデアは、不動産ブローカー、ウィリアム・ゼッケンドルフが、デイヴィッドに持ちかけたものだった。ゼッケンドルフは、シダー通りを挟んで、旧本社の向かい側にある敷地を統合して再開発すれば、世界で二番目に巨大な銀行の新社屋にふさわしい超高層ビルが実現すると踏んだ。

デイヴィッドとゼッケンドルフ、そして設計者のSOMの三者は、次の二つのプランを検討した。一つは、敷地統合は行わず、それぞれの敷地に、規制の限度一杯である五二階建てと一五階建てのビルをつくる案。もう一つは、敷地に挟まれた通りを取り込んでスーパーブロック化し、一棟の超高層ビルと一万平方メートルの広場をつくる案であった。

デイヴィッドらが狙った通り、チェース・マンハッタン銀行の重役たちは、後者のスーパーブロックの案を選んだ。

デイヴィッドの父ジョン・ロックフェラー・ジュニアは、一九三〇年代にロックフェラー・センターをミッドタウンにつくったことで知られる。このビルは、複数の建築物群からなる都市開発の最初期の試みであったが、あくまで既存のマンハッタン・グリッドの中にビルを配置したものであった。それに対して息子デイヴィッドの建てたチェース・マンハッタン銀行本社ビルは、街区の再編によるスーパーブロック化をはかった再開発である点が大きな違いと言えるだろう。

ところで、スーパーブロック化を実現するには、道路を所管する市当局の協力が必要となる。そこでSOMは、市に対して一つの提案をした。それは、チェース・マンハッタン銀行が、その敷地の一部を周囲の道路の拡張用地として市に提供し、かわりに両敷地の間にあった道路を、時価より高い価格で購入するというものであった。市にとっても、広場の整備や道路拡張による都市環境の向上が期待できたことから、この提案を受け入れた。

大街区化によって、当初予定していた敷地だけではつくれなかった大規模なビルが実現したばかりでなく、敷地の七〇パーセントの空地を取ることが可能となった。このチェース・マンハッタン銀行本社ビルの成功は、スーパーブロックによる超高層開発の先駆けとなり、やがてデイヴィッド・ロックフェラーも深く関与するワールド・トレード・センターへとつながっていく。

このワールド・トレード・センターとは、二〇〇一年九月一一日の同時多発テロで崩壊した超高層ビルのことである。

2——高さ世界一を競って——ワールド・トレード・センターとシアーズ・タワー

一九七〇年代に入り、長らく世界一の座を占めていたエンパイア・ステート・ビルの高さを上回る超高層ビルが誕生した。ニューヨークのワールド・トレード・センター（以下、WTC）とシカゴのシアーズ・タワーである。

ワールド・トレード・センター建設の背景

ニューヨークのロウアー・マンハッタンに建設されたWTCは、高さ四〇〇メートルを超える二本の超高層ビル（ツイン・タワー）を中心とする再開発プロジェクトによって生まれた。既存のマンハッタン・グリッドを統合し、スーパーブロック化したうえで、ツイン・タワーをはじめとする計七棟のビルが配置された。

ツイン・タワーは、ともに地上一一〇階建てで、北棟が高さ四一七メートル（一三六八フィート）、南棟が四一五メートル（一三六二フィート）と、当時最も高かったエンパイア・ステート・ビルを約三〇メートル上回った。

床面積も広大であった。敷地内の五棟の低層ビルも含めた計九二万九〇〇〇平方メートルの延床面積は、国防総省本部・ペンタゴン（約六〇万平方メートル）の一・五倍、エンパイア・ステート・ビル（約二〇万平方メートル）の四・六倍にあたる。

この巨大プロジェクトのはじまりは、一九五〇年代にさかのぼる。当時、戦後の経済成長でミッドタウン地区が栄える一方、ウォール街を含む南部のロウアー・マンハッタン地区は取り残された状況にあった。前述のように、デイヴィッド・ロックフェラーが、チェース・マンハッタン銀行本社ビルをウォール街で計画したのは、衰退した地区の活性化を意図したものであった。しかし、ロックフェラーは、ニューヨークの都市開発に絶大な影響力を持っていた行政官ロバート・モーゼスから、こう指摘された。「あとに続く者がいなければ、金がむだになるぞ」（D・ロックフェラー『ロックフェラー回顧録』）。モーゼスは、主に一九三〇年代から六〇年代に

ワールド・トレード・センター（WTC）。写真：中井検裕

かけて、高速道路、トンネル、橋梁、公園、運動場、高層住宅など、数多くの公共プロジェクトを実現させたことから、「ニューヨークのマスター・ビルダー」と称されるほどの権力者であった（最初期のインターナショナル・スタイルの超高層ビルである国連本部ビルも、モーゼスの成果の一つ）。

モーゼスの助言を重く受け止めたロックフェラーは、ロウアー・マンハッタン全域を再興するプロジェクトの実施を決断する。

そのために設立されたのがダウンタウン・ロウアーマンハッタン協会（ＤＬＭＡ）であった。ロックフェラーは、協会にＡＴ＆Ｔ、Ｊ・Ｐ・モルガン、ナショナル・シティバンク、ＵＳスティール、モルガン・スタンレーなど、地区の有力企業を引きこみ、影響力の増大をはかった。また、プロジェクトの実行は、資金調達や用地買収などの力を持つ事業主体に任せる必要がある。ＤＬＭＡは、ニューヨーク・ニュージャージー港湾公社（ポート・オーソリティ）に白羽の矢を立てた。そして港湾公社を所管するニューヨーク州とニュージャージー州、さらにはニューヨーク市の賛同を取付け、プロジェクトのお膳立てを整えた。

デイヴィッドの兄、ネルソン・ロックフェラー・ニューヨーク州知事は、プロジェクトの開始にあたって、「私たちは、戦後のアメリカ経済における卓越したシンボルを作る」

（飯塚真紀子『9・11の標的をつくった男』）と宣言した。かつてロウアー・マンハッタン地区には、兄弟の祖父が創設したスタンダード石油の本社ビルがあった。この兄弟にとって、WTC計画はロックフェラー家の原点の地であるロウアー・マンハッタンの復興をも意味していたのである。

ミノル・ヤマサキによる設計案

一九六二年、WTCの設計者が日系アメリカ人の建築家ミノル・ヤマサキに決定する。彼が一〇〇以上の案を検討した末に導き出した結論は、ツイン・タワーだった。このときの彼の案では高さは八〇階しかなく、床面積も、港湾公社が求めた九〇万平方メートルに対して、その二〇パーセントにあたる一八万平方メートルが不足していた。八〇階建てになったのは、それ以上の高さになるとエレベーターなどの共有スペースが大きくなりすぎ、賃貸スペースが制限されるためであった。

しかし、プロジェクト責任者であった港湾公社のガイ・トゾーリは「いまケネディ大統領は月に人を送ろうとしているんだ。君には世界で一番高いビルを作ってもらいたい」（アンガス・K・ギレスピー『世界貿易センタービル』）とヤマサキを説得し、最終的にヤマサキは一一〇階建てのツイン・タワーを設計した。エレベーターの問題は、「スカイロビー方式」の開発によって解決された。建物のうち四四階と七八階の二つのフロアにエレベーター乗換階を設けることで、エレベーターの台数を減らすことが可能となった。

アポロ計画を引き合いに出してさらなる高みを目指した背景には、より現実的な理由があった。賃貸ビルであるWTCにとって、入居者が集まらなければプロジェクトが成功したとは言えない。そこで、入居者にアピールするマーケティング上の手段として「高さ世界一」に頼ったのである。

しかし、「床をテナントで埋めるために建物を大きくする」という一見本末転倒に見える発想で膨れ上がった巨大プロジェクトに対し、批判的な人びとも少なくなかった。その代表的な団体が、リーズナブル・ワールド・トレード・センター委員会である。

団体の名称が示すとおり、同委員会はWTCの建設費用が膨大であることを批判し、事業縮小を要求した。また、立ち退きを迫られた既存住民や中小企業などを守る立場を代表する意見も出している。しかし、本当の意図は別のところにあった。なぜならその委員長が、エンパイア・ステート・ビルなどを所有する不動産会社の代表、ローレンス・A・ウィーンだったからである。つまり、彼らは、WTCの完成によってエンパイア・ステート・ビルの高さ世界一の座が奪われ、自らが所有する賃貸ビルの賃料や資産価値が下落することを懸念していたのである。

ツイン・タワーの意味

プロジェクトに反対する人びとによる多くの訴訟で事業は数年間停滞したものの、一九七二年に北棟、一九七三年に南棟が完成し、世界で最も高い二つのビルが誕生した。

しかし、その高さもすぐに抜かれることは、建設中から明らかとなっていた。シカゴで、四四二メートルのシアーズ・タワーの建設が始まっていたためである。

とはいえ、先に見たように、ヤマサキはクライアントである港湾公社ほど、高さにこだわりは持っていなかったようである。高さよりもむしろツイン・タワーであることに重きを置き、意義を次のように強調している。

「二棟の同一のビルであるということ。これがデザインの鍵なんだ。なぜなら、どんなに高いビルを建てたところで、それを追い越すビルはすぐに現れるからね」

「マンハッタンには一本のタワービルばかり建っているので、二本のタワーにすることに決めた。二本のタワーはスカイラインに鮮明に浮かび上がると思った」(いずれも、飯塚、前掲書)

ツイン・タワー（双塔）という形式は、古くは古代エジプトの神殿の入口に設けられた塔門（パイロン）やオベリスクなどに見られ、ゴシック大聖堂でも入口側にあたる西側に、双塔を持つものが少なくない（第一・二章参照）。対になる塔は、本来、入口や門としての機能を意味していた。

ＷＴＣは、遠く離れた場所から眺めたときに、その対になるタワーのシルエットがより際立つデザインだった。いわば、マンハッタンにやってくる人びとにとっての「門」ともみなせた。そう考えると、装飾を排したデザインのツイン・タワーは、「資本主義の大聖堂」の双塔のようにも、「資本主義の神殿」たるマンハッタンに屹立するオベリスクのようにも見えただろう。ヤマサキ自身、ＷＴＣの広場設計に際して、ヴェネチアのサン・マルコ大聖堂の広場を意識したと述べている。

ヴェネチアにやってくる船にとって、サン・マルコ広場に立つ鐘楼がランドマークとなったように、ヤマサキはツイン・タワーにマンハッタンを訪れる人たちの目印としての意味を込めたのかもしれない。

なお、サン・マルコ大聖堂の鐘楼は一九〇二年に自然崩壊しており、当時の塔は再建されたものだった。そしてＷＴＣも、その鐘楼倒壊から約一〇〇年後の二〇〇一年、テロの標的となり崩壊したのである。

映画で表現された超高層ビル

マンハッタンの新たなランドマークとなったWTCは、一九七六年公開の映画「キング・コング」に登場する。一九三三年に公開されたオリジナル版では、キング・コングは完成直後のエンパイア・ステート・ビルに登ったが、ジョン・ギラーミン監督のリメイク版ではエンパイアからWTCに置き換えられた。

なお、ギラーミンがその二年前、一九七四年に製作した作品に、超高層ビルの火災を描いた「タワーリング・インフェルノ」がある。サンフランシスコに新築された架空の超高層ビル、地上一三八階建ての「グラス・タワー」の竣工パーティーの最中に火災が発生し、ビルの設計者である建築家と消防士がパーティー出席者の救出を試みるというパニック映画である。手抜き工事を原因とするボヤが、制御しきれないほどの大火災へと進展するさまは、巨大化した密閉空間をコントロールすることの難しさ、超高層ビルの負の側面を描いたものであった。当時のアメリカは、長期化したベトナム戦争で疲弊していたばかりでなく、ニクソン・ショックやオイル・ショックによる経済不況、環境汚染問題などの問題が山積し、アメリカの繁栄を象徴してきた高層ビルを無邪気に受け入れられる時代ではなくなっていた。後述するように、アメリカでも、高層ビルへの不安や反発が芽生えつつあったのである。

シカゴによる高さ世界一の奪還、シアーズ・タワー

WTC南棟竣工からわずか一年後の一九七四年、シカゴ中心部に高さ四四二メートル（一四五四フィート）、階数一一〇階のシアーズ・タワーが竣工した。

シアーズ・タワー。写真：アフロ

その高さはWTCを約一〇〇フィート上回り、高さ世界一の座が摩天楼発祥の地シカゴに戻ることになった（シカゴには、一九六九年にSOMの設計で高さ三四四メートルのジョン・ハンコック・センターが建設されていたが、シアーズ・タワーはそれより約一〇〇メートル高く、延床面積も約一・五倍の四〇万九二〇〇平方メートルに及んだ）。

シアーズ・タワーは、その名が示すようにアメリカの百貨店シアーズ・ローバック（以下シアーズ）の本社ビルとして建設された。一八八七年にカタログ通信販売の小売業者として出発したシアーズは、自動車の普及にあわせて発展した郊外のショッピングセンターに出店し、業績を拡大させていた。

最盛期には、アメリカ全世帯の半数以上がシアーズ発行のクレジットカードを所有し、また、買い物で使われた五ドルのうち一ドルはシアーズのレジに入り、アメリカのGNP

（国民総生産）の一パーセントをシアーズが占めたとも言われる。いかに同社がアメリカ人の生活に深く浸透し、アメリカ経済の基盤を支えていたかがわかるだろう。

かつて五セント・一〇セント・ストアで成長を遂げたウールワース社がウールワース・ビルをつくり、一九二〇年代のモータリゼーションの時代にクライスラー社がクライスラー・ビルを計画したように、シアーズが最も高いビルを欲したのは当然だったのかもしれない。

シアーズ・タワーの生みの親で当時の会長、ゴードン・メトカーフは、次のように語っている。

「わが社は世界最大の小売業者なんだから、世界でも最大の本部をもってしかるべきだと考えたのだ」（ドナルド・R・カッツ『シアーズの革命』）

このように「シアーズ王国」を象徴したシアーズ・タワーだったが、ビルがシカゴのスカイラインに現れたときには、すでに王国は落日のときを迎えつつあった。一九七〇年代に入ると、ウォルマートやKマートなどのスーパーマーケットやディスカウントストアが台頭し、顧客の流出が顕著になっていたのである。

しかし、世界一の百貨店という自負からか、競合他社の存在や顧客のニーズを軽視し、その関心は巨大な組織内の運営のみに向けられた。その証拠の一つがシアーズ・タワーの建設だったとの見方もある。それゆえ完成したシアーズ・タワーは「会社の傲慢さを示す（中略）記念塔」（アーサー・マルティネス他『巨大百貨店再生』）ともみなされるようになる。

シアーズ・タワーは一万三〇〇〇人が就業できるほどの床面積を有していたが、業績悪化に伴う人員削減やオフィスのコンピューターの小型化で、徐々に空きスペースが生じていった。その結果、一九八〇年代終わりには、シカゴ郊外につくった低層の新本部に本社機能を移転することを決定、一九八九年にはタワーは抵当に入り、一九九四年、売却された。二〇〇九年にはウィリス・タワーへと名称変更され、ビルからシアーズの名は消えた。

3——ヨーロッパの超高層ビル

アメリカと異なり、歴史的な蓄積のあるヨーロッパの都市が高層化に対して消極的であったことは前章で見たとおりである。それゆえ、第二次世界大戦後、戦争によって破壊された街をかつての姿のように再建する都市もあったが、その一方で、戦災を契機に抜本的な再開発によって高層化を図る都市も少なくなかった。

一九五〇年代に入ると、西ヨーロッパにおいても一〇〇メートルを超える高層ビルがつくられていくことになる。ただし、その数は超高層建築大国アメリカに及ぶべくもない。また、超高層ビルの建設にあたっては、既存の市街地、とりわけ近代以前の歴史的なランドマークとの関係も重視された。

一〇〇メートル超の高層住宅ペレ・タワー、ヴェラスカ・タワー

ヨーロッパで最初に一〇〇メートルを超えた最初期の高層ビルは、一九五二年にフランス・アミアンの駅前につくられた二七階の高層住宅「ペレ・タワー」である。その高さは一〇四メートル、アンテナ部分も含めると一一〇メートルに達する。

ヴェラスカ・タワー（ミラノ大聖堂からの眺め）。写真：藤田康仁

第二章で見たとおり、アミアンはフランスで現在も最も高い天井高を持つ大聖堂のある街として知られている。第二次世界大戦後の復興計画の一つとして、鉄筋コンクリート造建築のパイオニ

ア、オーギュスト・ペレによって高層住宅が計画された。ペレ・タワーの高さは、一キロメートルほど離れたアミアン大聖堂の尖塔の高さ一一二・七メートルを上回らない高さで建設されている。

その後、イタリア・ミラノでも一〇〇メートルを超える高層住宅が建設された。一九五八年に竣工したヴェラスカ・タワーである。マッシュルームのように膨らんだ頂部が特徴的な住宅とオフィスの複合ビルである。その高さは一〇六メートルで市内のスカイラインから大きく突出しているが、ミラノ大聖堂の尖塔の高さ一〇八メートルをわずかに下回る。

ヴェラスカ・タワーは、大聖堂の約四〇〇メートル南という至近距離に建てられたた

構造	主な用途
RC	住宅、オフィス
RC	オフィス
RC	住宅
-	オフィス
-	ホテル、オフィス
-	教育施設
-	住宅、オフィス
RC	住宅
RC	オフィス
-	オフィス

構造	主な用途
RC	住宅、オフィス
-	政府施設
RC	住宅、オフィス
複合	オフィス
RC	オフィス
-	オフィス
-	オフィス
-	オフィス
-	オフィス
RC	住宅

構造	主な用途
複合	オフィス
複合	オフィス
RC	オフィス
複合	オフィス
RC	オフィス
RC	ホテル、オフィス
複合	ホテル、オフィス
RC	オフィス
RC	住宅、オフィス
RC	オフィス

1960年末時点					
順位	建物名	所在地	竣工年	高さ(m)	階数
1	マドリッド・タワー	マドリッド・スペイン	1957	142	34
2	ピレリ・ビル	ミラノ・イタリア	1958	127	32
3	チェゼナーティコの摩天楼	カネット・イタリア	1958	118	35
4	ブレダ・タワー	ミラノ・イタリア	1954	117	30
5	スペイン・ビル	マドリッド・スペイン	1952	117	25
6	ヒホン労働大学の塔	ヒホン・スペイン	1956	117	17
7	セントラル・インターナショナル・ロジェ	ブリュッセル・ベルギー	1960	110	30
8	ペレ・タワー	アミアン・フランス	1952	110	27
9	ガルファ・タワー	ミラノ・イタリア	1959	109	28
10	ピアチェンティーニ・タワー	ジェノア・イタリア	1940	108	31

1970年末時点					
順位	建物名	所在地	竣工年	高さ(m)	階数
1	ポワソン	クールブヴォア・フランス	1970	150	42
2	ミディ・タワー	ブリュッセル・ベルギー	1966	148	38
3	マドリッド・タワー	マドリッド・スペイン	1957	142	34
4	ファイナンス・タワー	ブリュッセル・ベルギー	1970	141	36
5	ピレリ・ビル	ミラノ・イタリア	1958	127	32
6	ユーストン・タワー	ロンドン・イギリス	1970	124	36
7	バイエル本社ビル	レバークーゼン・西ドイツ	1963	122	32
8	マドゥ・プラザ・タワー	ブリュッセル・ベルギー	1965	120	34
9	ミルバンク・タワー	ロンドン・イギリス	1962	119	33
10	チェゼナーティコの摩天楼	カネット・イタリア	1958	118	35

1980年末時点					
順位	建物名	所在地	竣工年	高さ(m)	階数
1	モンパルナス・タワー	パリ・フランス	1973	209	58
2	タワー42	ロンドン・イギリス	1980	183	43
3	アレバ・タワー	クールブヴォア・フランス	1974	178	44
4	ギャン・タワー	クールブヴォア・フランス	1974	166	42
5	シルバー・タワー	フランクフルト・西ドイツ	1978	166	32
6	リヨン・クレジット・タワー	リヨン・フランス	1977	165	42
7	ウエストエンド・ゲート	フランクフルト・西ドイツ	1976	159	44
8	アリアネ・タワー	ピュトー・フランス	1975	152	36
9	ポワソン	クールブヴォア・フランス	1970	150	42
10	ユーロ・タワー	フランクフルト・西ドイツ	1977	148	39

※構造欄の「複合」は、鉄筋コンクリート（RC）と鉄骨の両方を用いた構造

※国名は当時のもの

表5－1　西ヨーロッパにおける高層ビル上位10棟

め、市のシンボルである大聖堂を超えない高さのビルとして計画されたと考えられる。

なお、時代が戻るが、ミラノ大聖堂をめぐっては、次のような第二次世界大戦前のムッソリーニのエピソードもある。一九三三年にムッソリーニのファシスト政権下で建てられた塔も、ミラノ大聖堂の高さを下回るように計画されていた。リットリオの塔(直訳すると「ファシストの塔」)である。この塔は、鉄骨造の展望塔で、ミラノ大聖堂から約一キロメートル離れたセンピオーネ公園で開催されたトリエンナーレ(美術展覧会)にあわせて建てられた。当初案では高さが八一メートルであったが、ムッソリーニは低すぎると却下し、「ミラノ大聖堂のもっとも高い部分を、さらに上回るもの」を要求した(パオロ・ニコローゾ『建築家ムッソリーニ』)。そのために高さは一一〇メートルに引き上げられることになった。

しかし、数ヵ月後、ムッソリーニは、「人の作りしものが、神を上回ることはできない」と翻意し、「大聖堂頂部の聖母マリアの小像より、少なくとも一メートル低く」なるよう、計画を変更させた(前掲書)。先に述べたように、ファシスト政権はカトリックとの和解、協調路線を敷いたことで政権の基盤を確立した経緯もあり、カトリック側に譲歩せざるを得なかったのであろう。

ガラスの超高層、ピレリ・ビル

リットリオの塔の設計者は、建築家ジオ・ポンティである。ポンティは、一九五八年、ミラノ中央駅前に超高層のピレリ・ビルを設計したことで知られている。

ピレリ・ビルは、タイヤメーカー、ピレリの本社ビルとして建設された。当時のイタリアは、一九五〇年代後半から「ミラコロ・エコノミコ（経済の奇跡）」と呼ばれる経済成長期を迎え、本格的な消費社会が到来していた。二〇世紀初頭のアメリカのようにイタリアでも自動車が急速に普及し、一九五四年から六四年の一〇年で自動車数が約七四万台から約四六八万台に増加した。その牽引役となったのが、一九五五年に発売された国内の自動車メーカー、フィアットの大衆車「フィアット六〇〇」や一九五七年発売の「フィアット五〇〇」であった。ピレリ・ビルは、こうしたイタリアの経済成長とモータリゼーション時代を象徴するビルでもあったのである。

一二七・一メートル（三二階建て）の高さは、ミラノ大聖堂を約二〇メートル上回るが、建設時に大聖堂との高さが議論されたか否かは定かではない。ただ、大聖堂からは二キロメートル以上離れていたため、その影響は小さいとみなされたのであろう。

ピレリ・ビル。写真：藤田康仁

ピレリ・ビルの特徴は、高さだけでなく、デザインにあった。ポンティが「建築はより高く、より軽く、より薄く」なったと語ったように、まるで日本刀の刀身のように薄いスレンダーなガラスのビルで、新たな摩天楼の方向性を示した（西武美術館他編『ジオ・ポンティ作品集 1891—1979』）。

なお、一九六〇年時点で、西ヨーロッパにおいて一〇〇メートルを超えるビルは、このピレリ・ビルを含めて一四棟存在した。一九五七年にスペイン・マドリッドでつくられた高さ一四二メートルのマドリッド・タワー（住宅兼オフィスビル）や、先に触れたペレ・タワー、ヴェラスカ・タワー、ピレリ・ビルなど、大半は鉄筋コンクリート造の建物である。SOMやミース・ファン・デル・ローエらがアメリカで発展させたのはガラスと鉄骨造による超高層ビルで、そこが大きく異なっていた。

4——日本における超高層ビル

ここまで見てきたように、一九五〇年代から六〇年代にかけて、ヨーロッパでも一〇〇メートルを超える高層建築物がつくられていった。高度成長期に突入していた日本が、こうした動きに刺激を受けないわけはなかった。

戦後のビルの大規模化

昭和三〇年代に入ると、日本経済は、特需景気から本格的な高度成長を迎え、一九五五（昭和三〇）年から一九七〇（昭和四五）年にかけて、国内総生産（GDP）は年平均一五・六パーセント上昇した。それに伴いオフィスビルの需要が増大し、ビルの大規模化が進んだ。戦前の丸ビルの容積率は六四五パーセントだったが、戦後は一〇〇〇パーセントを超えるビルも増えていた。

前章で述べたように、当時、日本では建築物の高さは原則三一メートル（住居地域は二〇メートル）に制限されており、この制限が大規模なオフィスビルの供給の障害とみなされるようになっていた。日本は地震国だから超高層化はできないと言われていたものの、日本と同じく地震帯に位置するロサンゼルスでは、一九五八年に一三階、四五メートルの高さ制限が解除され、超高層ビルの建設が進んでいた。

一九六二年に欧米を視察した建設官僚は、「ヨーロッパを訪れて鉄とガラスに象徴される近代的高層建築の多いのに一驚を喫した」と述べる一方、「わが国に帰って、低い建物が依然としてごみごみと並んでいるのを見て、改めてがっかりした」と心中を吐露している（松谷蒼一郎「超高層建築の問題点」『新建築』一九六三年七月号）。

当時、三一メートル制限は、進歩や創造の阻害要因とみなされつつあったのである。

そして、ニューヨークで、ジッグラトのような階段状の建物からの脱却がもくろまれたように、日本でも、高層化を求める動きが、一九五〇年代終わりから活発になっていく。

三一メートルの高さ制限撤廃と容積制導入

一九五〇年代を通じて指摘された三一メートル制限の問題点は、次の二点に集約できる。

一つ目は、高さ制限が建物の質を低下させているという建物単体の問題である。高さを抑えたまま広い床面積を確保するために、階高を低くして階数を稼いだり、地下階を増やしたりしたビルが増えていた。また、高さが制限されたまま大規模なビルをつくろうとすると、必然的に建物は横に伸びる。敷地一杯に広がった建物になるほど光の入らない居室部分が増え、執務空間の快適性が損なわれるという問題も生じていた。

もう一つの問題は、都市環境上の影響である。敷地一杯に広がった建物がつくられることで、建物の周りの歩道・広場・駐車スペースが削られる。さらに、床面積の増加に伴い、出入りする人や自動車も増加し、交通混雑を助長するとも指摘された。そこで、三一メートル制限を緩和し、建物形態の自由度を上げる代わりに、容積率制限によって床面積

建物名	所在地	竣工年	高さ(m)	地上階数	地下階数	建物総容積率(%)
丸ノ内ビルヂング	東京・丸の内	1923	31	8	1	645
東京ビルヂング	東京・丸の内	1951	31	8	2	728
第一鉄鋼ビル	東京・八重洲	1951	30.1	9	2	820
ブリヂストンビル	東京・京橋	1951	31	9	2	986
新丸ノ内ビルヂング	東京・丸の内	1952	31	8	2	707
日活国際会館	東京・有楽町	1952	31	9	4	1110
大阪第一生命ビル	大阪・梅田	1953	41.23※	12	3	1244
東急会館	東京・渋谷	1954	43※	11	2	1180
大手町ビルヂング	東京・大手町	1958	31	9	3	1057
新朝日ビル	大阪・中之島	1958	45※	13	2	924
日比谷三井ビル	東京・日比谷	1960	31	9	5	1191
関西電力ビル	大阪・中之島	1960	45※	12	2	778
日軽ビル	東京・銀座	1962	31	9	5	1369
新阪急ビル	大阪・梅田	1962	41※	12	5	1299
新住友ビル	大阪・淀屋橋	1962	45※	12	4	995
大阪神ビルディング	大阪・梅田	1963	41※	11	5	1323

※31m制限下であったが、建築基準法の特例許可を用いて建てられた建築物

表5－2　31m制限下における主な高層ビルの容積率

の量をコントロールする手法が望ましいとの論調が主流となっていく。

　そうした状況の中、一九五八（昭和三三）年、東海道新幹線の生みの親として知られる十河《そごう》信二国鉄総裁によって、赤煉瓦造の東京駅丸の内駅舎の二四階建てへの建替計画案が示された（二四階という数字は、当時、八重洲側に建設中の鉄道会館が一二階建てであったため、皇居に面する表側はその倍がふさわしいとの十河の意向で決まったという）。しかし、日本は地震大国であるため、欧米のような超高層ビルを実現するために必要な耐震技術を独自に

新東京駅の計画図。出所：成田春人「わが国初の超高層建築新東京駅地上24階の基本構想」(1962) 季刊『カラム』第3号、八幡製鉄株式会社内カラム刊行委員会、p.33

確立する必要があった。そこで、構造エンジニアの第一人者であった武藤清・東京大学教授を中心とする研究委員会が設置され、建築技術面からの検討が行われることとなる。その結果、一九六二（昭和三七）年に「建築物の適正設計震度に関する研究――超高層建築への新しい試み　日本国有鉄道重要技術課題」と題する報告書が作成され、超高層ビルの場合は、建物が揺れないようにする「剛構造」ではなく、建物を多少揺らすことで力を逃がす「柔構造」を導入する方が耐震性能に優れた建築物が実現可能であることが明らかとなった。地震で倒壊した記録が残っていない五重塔の構造をヒントにした考え方であった。

　高層建築技術の見通しが立ったことで、高さ制限撤廃の動きが本格化する。まず、一九六二年八月には、池田勇人内閣で建設大臣を務めていた河野一郎が高さ制限撤廃に言及した。これを受けて建設省が本格的に法改正の検討を開始し、河野発言から約一年後の一九六三（昭和三八）年七月には建築基準法が改正され、絶対高さ制限の撤廃と容積率制限の導入（容積地区制度創設）が決定した。そして、一九六四（昭和三九）年に東京で容積地区が指定され、環状六号線以内の地域の絶対高さ制限が撤廃された。なお、全国での容積率制度の導入は、一九七〇（昭和四五）年の法改正まで待たねばならない。

霞が関ビルの誕生と三菱一号館の解体

東京駅丸の内駅舎の建替え計画は自然消滅したが、その検討過程で培われた技術をもとに建設されたのが、一九六八（昭和四三）年四月に竣工した霞が関ビルディングである。構造設計は、先の研究委員会の座長を務めた武藤清を中心とするグループが担当し、日本初の一〇〇メートル超の高層ビルが実現した。その軒高一四七メートル（最高部の高さは一五六メートル、三六階建て）は、クフ王のピラミッドとほぼ同じである。

霞が関ビル。写真：朝日新聞社

一九六四（昭和三九）年に、国会議事堂の高さを超えて日本一となった七三・二メートルのホテルニューオータニが完成し、その翌年には、横浜ドリームランドに高さ七七・七メートル（尖塔を含めると九三メートル）のホテル・エンパイアが竣工したばかりであった。わずか三年後、その約二倍の高さを持つ霞が関ビルが完成したのである。

ビルの周りには敷地全体の七二パーセントに及ぶ公開空

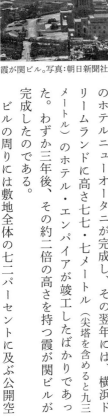

地が取られ、ニューヨークのチェース・マンハッタン銀行本社ビルのように、本格的なスーパーブロック（大街区）によるタワー・イン・ザ・パーク型の高層ビルとなった。

一方で、霞が関ビルが誕生する一ヵ月前に、近代日本を象徴する歴史的建築物が姿を消していた。日本初の洋風オフィスビルである赤煉瓦の旧三菱一号館（当時三菱東九号館）である。

第三章で触れたように、このビルは、丸の内オフィス街の出発点となった記念碑的な存在であった。しかし、当時の丸の内では赤煉瓦オフィス街から新しいビル群へと更新する「丸ノ内総合改造計画」が進行中で、旧一号館も再開発の一環として老朽化を理由に建替えが決定した。以前から旧三菱一号館をはじめとする明治期の歴史的建築物の保存を訴えていた日本建築学会は解体に反対したが、高度成長の流れには抗《あらが》い切れず、結局は解体されることになったのである。

霞が関ビルが誕生し、旧三菱一号館が解体された一九六八年、日本の経済成長率は、過去最高の年一二・四パーセントに達した。また、この年には、国民総生産（GNP）が西ドイツを抜いてアメリカに次ぐ第二位となった。高度成長期の只中では、再開発による都市の更新は肯定的、進歩的なものとして受容されていた。旧三菱一号館の解体は、陳腐化・老朽化した前時代のオフィス街からの脱却・再生としてとらえられ、他方、超高層ビ

建物名	所在地	竣工年	高さ(m)	地上階数
霞が関ビルディング	東京・霞が関	1968	156	36
神戸商工貿易センタービル	神戸・浜辺通	1969	107	26
世界貿易センタービルディング	東京・浜松町	1970	163	40
京王プラザホテル	東京・西新宿	1971	180	47
大阪大林ビルディング	大阪・北浜	1973	120	32
大阪国際ビルディング	大阪・本町	1973	125	32
新宿住友ビル	東京・西新宿	1974	210	52
KDD本社ビル(現KDDIビル)	東京・西新宿	1974	165	32
新宿三井ビルディング	東京・西新宿	1974	224	55
安田火災ビル(現損保ジャパン日本興和本社ビル)	東京・西新宿	1976	200	43
サンシャイン60	東京・池袋	1978	240	60
新宿野村ビル	東京・西新宿	1978	210	50
新宿センタービル	東京・西新宿	1979	223	54
新宿NSビル	東京・西新宿	1982	134	30
東京都庁第一本庁舎	東京・西新宿	1991	243	48
東京都庁第二本庁舎	東京・西新宿	1991	163	34
横浜ランドマークタワー	横浜・みなとみらい	1993	296	73

表5－3　高さ制限撤廃後に建設された主な超高層ビル(1960〜1990年代)

ルの時代を切り拓いた霞が関ビルは、「三一メートル制限」のくびきから都市空間を解放したとみなされた。超高層ビルは、右肩上がりで成長する日本のシンボルとして迎え入れられたと言えるだろう。

新宿副都心の超高層ビル群の誕生

霞が関ビル以降、本格的な超高層ビルの時代を迎えることになる。首都・東京の副都心として位置付けられた西新宿には、一九七一(昭和四六)年竣工の京王プラザホテル(約一八〇メートル)をはじめとして、次々と二〇〇メートル級の高層建築物が林立していく。

西新宿の高層ビル群と周辺の市街風景。写真：講談社

新宿副都心の再開発は一九五〇年代から計画されていたが、一九六〇（昭和三五）年当時の案を見ると、建物の高さはせいぜい十数階建てである。三一メートル制限下の時代には、これでも十分な「高層化」であった。実際にはその何倍もの高さが実現したことを考えると、一九六〇年以降における高層ビルの技術的な進展が著しかったことが理解できよう。

新宿副都心計画は、一九九一（平成三）年に二四三メートルの東京都庁第一本庁舎が完成し、事業が完了した。

有楽町にあった旧東京都庁舎と同じく、建築家の丹下健三が設計を担当した。「都庁というのは、日本のシンボルだ」（平松剛『磯崎新の「都庁」』）と語っていたように、丹下はシンボル性をとりわけ重要視した。そこで考え出された形が、パリやアミアンのノートルダム大聖堂を想起させる双塔状の高層ビルであった。実際の大聖堂と比べるとかなり巨大な双塔ではあるが、象徴性を際立たせるためにはその大きさが必要だったのであろう。

都庁第一本庁舎は、一九七八（昭和五三）年に竣工した池袋のサンシャイン六〇（二三九・七メートル）を抜いて、日本で最も高い建築物となった。しかし、その完成からわずか二年後の一九九三（平成五）年、二九六メートルの横浜ランドマークタワーに抜かれることなる。

5——西ヨーロッパにおけるタワー

二〇世紀を代表する高層建造物には、ビル以外に、電波塔や展望塔といったタワーもある。タワー建設の牽引役となったのは、テレビ放送の普及であった。テレビ放送技術の開発は二〇世紀初頭にさかのぼるが、戦後になって実用化が進んだ。テレビ電波の送信手段として次々にテレビ塔が建設され、世界の大都市のスカイラインに現れるようになった。

当初のテレビ塔は、エッフェル塔を模した開脚式の鉄塔が多かった（エッフェル塔には一九五九年にテレビアンテナが設置され、高さが三二四メートルに伸びた）。そして、一九五〇年代半ばに西ドイツで鉄筋コンクリート造のテレビ塔が誕生すると、似たデザインのタワーが、西ヨーロッパを中心に普及していく。

イギリスのクリスタル・パレス送信塔

最初期の電波塔は鉄骨造で、たとえば、ドイツの総高一五〇メートルのベルリン無線塔

建物名	所在地 (国名は当時のもの)	竣工年	高さ(アンテナ含む、m)	構造
クリスタル・パレス送信塔	ロンドン・イギリス	1956	219	鉄骨
シュツットガルト・テレビ塔	シュツットガルト・西ドイツ	1956	211 (現在216)	RC
フロリアン・タワー	ドルトムント・西ドイツ	1958	220	RC
東京タワー	東京・日本	1958	333	鉄骨
ドナウ・タワー	ウィーン・オーストリア	1964	252	RC
オスタンキノ・タワー	モスクワ・ソ連	1967	537 (現在540)	RC
ハインリッヒ・ヘルツ・タワー	ハンブルク・西ドイツ	1968	280	RC
オリンピック・タワー	ミュンヘン・西ドイツ	1968	291	RC
ベルリン・テレビ塔	東ベルリン・東ドイツ	1969	365 (現在368)	RC
キエフ・タワー	キエフ・ソ連	1973	385	鉄骨
CNタワー	トロント・カナダ	1976	553	RC
ヨーロッパ・タワー	フランクフルト・西ドイツ	1979	331 (現在337)	RC

表5－4　世界の主なテレビ塔（1950〜1970年代）

は、一九二六年、ラジオ電波の送信を目的として建てられた。一九三五年にナチス・ドイツが世界初のテレビの定期放送を開始したが、その電波も、この塔から発信された。高さ五五メートルの位置には展望レストラン、一二六メートルの高さには展望台が設けられ、展望機能を有した電波塔としても、先駆的なタワーであった。

当初からテレビ塔としてつくられた鉄塔としては、一九五六年に送信開始した、イギリスのクリスタル・パレス送信塔（Cristal Palace Transmitter）が有名である。高さは二一九メートルに及び、その形状から「南ロンドンのエッフェル塔」として市民に親しまれた。一九九一年に二三六メートルのワン・カナダ・スクエアがつくられるまで、ロンドンで最も高い建造物であった。

クリスタル・パレスという名前は、ロンドン万国博覧会（一八五一年）のメイン会場につくられたクリスタル・パレス（水晶宮）に由来する。少しややこしいのだが、こういう事情である。

博覧会終了後の一八五四年、このクリスタル・パレスは、会場だったハイド・パークから郊外のシデナムの丘へ移築された。その後一九三六年に焼失してしまい、跡地がクリスタル・パレスという名前の公園として整備された。その一角に建設されたため、クリスタル・パレス送信塔という名前になったのである。

博覧会のクリスタル・パレスは一九世紀における工業化の時代のシンボルとなったが、クリスタル・パレス送信塔は、二〇世紀のテレビ時代のモニュメントとなった。クリスタル・パレス跡地でのテレビ塔の建設は、国民統合や啓蒙のメディアが博覧会からテレビへと移行したことを象徴したのである。

西ドイツで生まれた鉄筋コンクリート造のテレビ塔

一九五〇年代の西ドイツ・シュツットガルトで、鉄塔に代わる新しい塔の形が提案された。それが一九五六年に鉄筋コンクリート造（RC造）のテレビ塔として建設されたSD

シュツットガルトのテレビ塔。出所：Fritz Leonhardt (1981) *Der Bauingenieur und seine Aufgaben*, Stuttgart

R（南ドイツ放送）の電波塔である。二一六メートル（建設当初は二一一メートル）に及ぶこのタワーは、橋梁設計を専門とする構造エンジニア、フリッツ・レオンハルトの手で設計された。レオンハルトは、このテレビ塔の設計によって、RC造のテレビ塔の生みの親としても広く知られるようになった（ちなみに、エッフェル塔の設計者アレクサンドル＝ギュスターブ・エッフェルも、橋梁を主に設計したエンジニアである）。

シュツットガルトのテレビ塔は、当初は鉄塔として計画されていた。一九五三年にSDRが計画した案は、高さ一五〇メートルの塔体に四五メートルのアンテナを載せた全高一九五メートルの鉄塔であった。しかし、「構造物は美しくあるべきだ」（成井信・上阪康雄「フリッツ・レオンハルト先生を偲んで」『土木施行』41（4））という信念を持つレオンハルトは、この鉄塔案に疑問を抱いた。

シュツットガルトの市街地は、緩やかな丘陵に囲まれた盆地にあり、塔の立つ南部の緑豊かな丘陵は市街地からよく見える位置にある。鉄骨の塔はシュツットガルトの風景にそぐわないと考えたレオンハルトは、代替案としてRC造を用いた細い円柱型の塔をSDR

に提案した。RC造の煙突をヒントに考案したという高さ二〇〇メートル超のスレンダーなシルエットは、この構造だからこそ、実現可能となった。

RC造が採用された理由は、美観以外に技術的な合理性にもあった。タワーの設計に際しては、高い場所ほど風力が強くなるため、風の影響が重要となる。その点、RC造によってタワーの形状を細長い円柱にすることが可能となり、三六〇度どの方向からの風の抵抗も軽減された。また、太陽光の直射を受ける塔は、熱膨張による歪みも問題となる。その歪みも鉄よりも鉄筋コンクリートの方が小さいという利点があった。

RC造の難点は、鉄骨造より建設コストがかさむことだった。そこで、レオンハルトのアイデアで、高さ約一五〇メートルの位置に展望台と展望レストランを設置し、その収入でコスト増加分を補塡することが可能となった。丘陵の上に立つタワーからは市街を一望できるため、多くの観光客が訪れ、完成直後の一九五七年には、約九三万人が訪れたという。

鉄筋コンクリート造テレビ塔の波及

シュツットガルトのテレビ塔を皮切りに、展望機能をもったRC造の電波塔が、西ドイツ国内をはじめ西ヨーロッパ各都市のテレビ塔の主流を占めていくことになる。ドルトムント（二二〇メートル、一九五八年）、ウィーン（二五二メートル、一九六四年）、ハンブルク（二八〇メートル、一九六八年）、ミュンヘン（二九一メートル、一九六八年）など、年を追うごとに高さは更新されていった。ドルトムントのタワーでは、回転式の展望レストランがタワーで初めて導入された。これは展望部分が回転することで、食事をしながら三六〇度の眺めを楽しむことができるという仕掛けで、その後の多くのタワーで採用されていく。

これらのタワーの大半には、市の中心からやや離れた場所に立地しているという共通点がある。市の中心部に土地を確保することが困難であったことに加え、タワーが歴史的景観に与える影響から反対意見が少なくなかったためである。西ヨーロッパのテレビ塔は、市庁舎や聖堂などのシンボルに置き換わるものというよりは、あくまで控えめなランドマークとして、都心部から外れた場所でその存在を主張したものであった。

6——共産圏におけるタワー

テレビが普及していった時期は、東西冷戦の緊張が高まっていった時期と重なる。冷戦下の世界においては、西側諸国、共産圏の双方が、それぞれ民主主義、共産主義のイデオロギーを浸透させる手段として、テレビ放送を利用した。西ヨーロッパだけでなく、ソ連をはじめとする社会主義国においても、テレビ塔が建設されていった。

この時代に西ヨーロッパでつくられたテレビ塔は、高くても三〇〇メートルに満たないが、共産圏では五三七メートルのオスタンキノ・タワーをはじめ、三八五メートルのキエフ・タワー、三六五メートルのベルリン・テレビ塔などの巨大なタワーが建設された。そして、その高さには、電波の送信という目的以上の意味が込められていた。

モスクワのオスタンキノ・タワー

共産圏のテレビ塔の代表格が、ソヴィエト連邦の首都モスクワ北部の郊外につくられたオスタンキノ・タワーである。一九六七年に完成したこのタワーは、五三七メートル（現在は五四〇メートル）に及び、完成前から「巨人の針」というニックネームがつけられていた。一九五八年に完成していた東京タワーと比べると約二〇〇メートル上回り、自立式の建造物としては世界一となった。塔体だけで三八五メートルに及び、その上に一五二メートルのアンテナが載せられた。

RC造の塔体に回転レストランを含む展望台を付加する構成は、西ヨーロッパのテレビ塔の流れを汲むものと言える。設計には、フリッツ・レオンハルトがアドバイザーとして関わっており、エレベーターは西ドイツ製のものが用いられた。しかし、オスタンキノ・タワーの大きさは、西ヨーロッパのタワーを圧していた。

ソ連がこれほど巨大な電波塔を建てた背景には、計画が開始された一九五〇年代末の時代状況が関わっている。

オスタンキノ・タワー。写真：アフロ

当時は、米ソの威信を賭けた宇宙開発競争が始まる時期にあたる。一九五七年のスプートニク一号打ち上げ、一九六一年のボストーク一号による初の有人宇宙飛行、そして一九六五年の宇宙遊泳成功と、ソ連は着実に宇宙開発を進めていた。一方、スプートニク一号の成功に刺激を受けたアメリカは、一九五八年にＮＡＳＡを設立し、有人月面着陸を目指すアポロ計画を推進していた。

宇宙開発でアメリカに先んじたソ連は、建物でもアメリカを凌駕することを目指し、オスタンキノ・タワーを計画した。アメリカのエンパイア・ステート・ビルよりも高く、エッフェル塔を二〇〇メートル以上上回る高さで建設されたことからみても、アメリカをはじめとする西側諸国を意識したことは想像に難くない。

タワーが完成した一九六七年は、ロシア革命（一九一七年）から五〇周年にあたる記念の年で、その頂には赤旗が掲げられた。オスタンキノ・タワーは、ソ連や社会主義の威信を賭けた一大プロジェクトであったのである。

しかし、完成の二年後、アメリカがアポロ一一号による月面着陸を成功させ、ソヴィエトの宇宙開発は敵対国アメリカに追い抜かれた格好となった。タワー世界一のインパクトも薄れた感は否めなかったものの、その規模が当代随一を誇ったことは間違いなかった。

ベルリン・テレビ塔

オスタンキノ・タワー完成から二年後の一九六九年、東ベルリンの中心地アレクサンダー広場前にテレビ塔が建設された。その高さ三六五メートル（現在は三六八メートル）は、自立式タワーとしてはオスタンキノ・タワーに次いで当時世界二番目で、東京タワーを三二メートル上回った。西ベルリン側まで塔の存在を知らしめるために、その高さが設定されたとも言われるが、少なくとも前述の西ベルリンの無線塔の高さ一五〇メートルを超えるものが意図されたことは間違いない。

このテレビ塔は、鉄筋コンクリートの円柱に巨大な球体が串刺しにされたようなデザインが特徴である。地上約二〇〇メートルに位置する直径三二メートルの球体には展望台や回転レストランなどが設けられている。展望室が球体の下半分にあるため、真下までよく

ベルリン・テレビ塔。写真：中井検裕

見下ろすことができる。この球体の形は、ソ連の人工衛星スプートニク一号を意識したものであった（ただしスプートニク一号の直径はわずか五八センチしかなかった）。また、球体の色は、最終的には金色となったが、当初は社会主義を表す赤に塗られるはずだったという。東ベルリンのテレビ塔は、宇宙開発の時代と社会主義を象徴するシンボルだったのである。

先に述べたように、西ヨーロッパではテレビ塔の多くが市街地から離れて建てられたのに対し、都市の枢要な場所に建設された点も、東ベルリンのテレビ塔の大きな特徴と言える。

最初のプランでは、郊外のミュゲルハイムの山に建てる予定であったが、近くの空港を離着陸する飛行機の航路にあたることが判明したため、次は、都心のベルリン王宮跡地での建設案が浮上した。もともとプロイセン王の宮殿としてつくられたベルリン王宮は、一九四五年に連合軍の空爆にあい、一九五〇年に東ドイツ政府によって破壊、撤去されていた。跡地に東ドイツを象徴する超高層ビルを建てるという案もあったが頓挫しており、建設場所に困っていたテレビ塔が建設されることになった。しかし結局は、地盤が軟弱であるなどの問題が明らかとなり、王宮跡近くのアレクサンダー広場前に建設された。

7――北米におけるタワー

この時代の北米を代表するタワーと言えば、カナダ・モントリオールのCNタワーであろう。一九七六年にオンタリオ湖のほとりにつくられた高さ五五三・三メートルのテレビ塔である。完成当時、オスタンキノ・タワーを抜いて、世界最大の自立式タワーとなった（ビルを含めても最大）。展望台は約三五〇メートルと約四五〇メートルの二ヵ所に設けられているが、前者は東京タワー、後者はシアーズ・タワーの全高を上回るほどであった。

なお、北米におけるその他のタワーを見ると、カルガリー・タワー（一九一メートル）やタワー・オブ・アメリカ（一九〇メートル）、シアトルのスペース・ニードル（一八四メートル）などの展望塔が大半で、自立式電波塔は数少ない。

CNタワー。写真：アフロ

北米で自立式テレビ塔が少ない理由

北米で自立式のテレビ塔が少ない理由の一つとし

て、主要都市の超高層ビルの上にアンテナを設置すれば電波塔として機能するため、あえて自立式電波塔をつくる必要がなかったということがある。

しかし、超高層ビルでのアンテナ設置が思わぬ物議を醸すこともあった。

例えば、エンパイア・ステート・ビルの尖塔にも一九五三年に高さ約六一メートルのアンテナが設置され、電波塔としての役割が付加された。その後、ワールド・トレード・センター（WTC）が建設されると、電波の届かない地域が発生したことが判明、同ビル北棟の上に高さ一〇〇メートルを超えるアンテナを設置することが検討された。

しかし、設計者のミノル・ヤマサキは、アンテナの設置に反対した。ヤマサキは、片方のタワーのみにアンテナを立てると、ツイン・タワーのシンメトリー（対称性）が崩れ、「醜い一角獣」（飯塚、前掲書）になると考えたのである。WTCに電波の送信機能を奪われる形となるエンパイア・ステート・ビル側も、WTCに対し訴訟まで起こして反対した。結局、北棟のアンテナは、一九七八年に設置され、最頂部は五二六メートルまで伸びることとなった。

WTCを抜いて高さ世界一となったシカゴのシアーズ・タワーにも当初アンテナはなかったが、一九八二年に二本のアンテナが設置され、全高五一九メートルとなった。さらに二〇〇〇年にはそのうち一本のアンテナが延長され五二七メートルとなり、WTC北棟の高さを抜いている。

北米で自立式テレビ塔が少ないもう一つの理由は、自立式である必要性がなく、支線式という別の構造が採用されたということもある。

都市の外側には多くの非自立式の支線式電波塔が建てられていた。支線式とは、塔の四方に張ったケーブルでタワーを支える構造である。この場合、ケーブルを張るために広い面積を要するが、敷地周辺に土地はあり余っていたため、建設に支障がない。人もほとんど暮らしていない都市の外では、西ヨーロッパのように景観を気にする必要もなかった。建設コストが低い支線式が選択されたのは必然であった。

フランク・ロイド・ライトの幻のタワー

エンパイア・ステート・ビルやシアーズ・タワー以外にも、テレビアンテナを取り付けた超高層ビルとして有名な建物がある。フランク・ロイド・ライトが一九五六年に発表したザ・イリノイ（イリノイ・マイル・ハイ・タワー）である。これは、高さ一マイル（約一・六キロメートル）、五二八階建ての超々高層ビルとして計画された未完のプロジェクトである。高さ一マイルは、当時世界一の高さを誇っていたエンパイア・ステート・ビルの実に三倍を超える。

この計画は、もともとシカゴのテレビ塔としてライトが依頼されたものであった。しかし、アンテナだけのために塔をつくることはもったいないと考えたライトが、高さ一マイルの摩天楼へと発展させたのである。電波送信機能を持つ超高層ビルという発想は、エンパイア・ステート・ビルなどと同じく合理的なものと言える。とはいえ、規格外の規模を持つザ・イリノイの実現性は乏しかった。何しろ、延床面積は計一七一万五〇〇〇平方メートルに及んだ（WTC全体の約二倍）。計一三万人もの利用者の移動をさばくために、七六基のエレベーターが設けられ、うち五基は原子力で稼働する分速一マイル（時速九七キロメートル）の高速エレベーターであった（これは、クライスラー・ビルに設置されたエレベーターの約五倍の速さ）。さらに、一万五〇〇〇台収容可能な駐車場や、一五〇機のヘリコプターが離着陸可能なデッキも計画された。

いわば、一つの都市とも言える摩天楼をライトは構想したのである。

ライトがザ・イリノイを計画した背景には、高層ビルで埋めつくされたシカゴの現状に不満をもっていたことが挙げられる。「高層建築を建てる場所は、田舎のきれいで広い自然の中であるべきだ」（オルギヴァンナ・L・ライト『ライトの生涯』）とかねてより語っていたライトは、シカゴのすべてのオフィス床を一棟の巨大ビルに集約させることで、自然豊かな都市を取り戻すことができると考えたのである。ザ・イリノイは、ライトが思い描く摩天楼の理想像であった。

プレゼンテーションに用いた図面には、摩天楼の礎を築いた人びとの名前が書き残されている。摩天楼の始祖の一人で、ライトの師でもあるルイス・サリヴァンについては「高層ビルを最初に手がける」との言葉が添えられ、電動エレベーターを実用化したエリシャ・グレーブス・オーティスについては「街路を垂直にした発明家」と記された（ブレンダン・ギル『ライト 仮面の生涯』）。ライトは、この計画を摩天楼の歴史の一つの到達点と位置付け、彼らに捧げようとしていたのかもしれない。

しかし、「今はまだ、これを実際に建てられるとは誰も思わないだろうが、そう遠くない将来においては、この建物が実現不可能などとは誰も思わないだろう」（二川幸夫他『フランク・ロイド・ライト全集 第11巻』）と語ったように、ライト自身もすぐに実現できるとは考えていなかった。

ところが、ザ・イリノイの公表から半世紀を経たいま、高さ八〇〇メートル超（〇・五マイル）のブルジュ・ハリファア（ドバイ）が完成し、高さ一〇〇〇メートル（〇・六マイル）超のキングダム・タワー（サウジアラビア）も計画されている（詳しくは次章で述べていく）。一マイルを超える超々高層ビルは、現実のものになりつつあるのである。

8――日本のタワーブーム　一九五〇〜一九六〇年代

日本においても、一九五三（昭和二八）年のテレビ放送開始にあわせて、テレビ塔が建設されていく。

同時代のヨーロッパのテレビ塔と比較すると、日本のタワーの特徴は二点あった。一つは、塔の構造であり、もう一つは立地場所である。ここまで述べてきたようにヨーロッパのタワーは主に鉄筋コンクリート造であったのに対し、日本のタワーは鉄骨造主体であった。また、日本のテレビ塔や、後で述べる展望塔が、都心の枢要な場所に立つランドマークであった点も、都心部から離れた場所に立つものが多いヨーロッパのタワーとは異なる。

さらに、日本のタワーの特色を挙げれば、テレビ放送への対応という必要性から出発したが、同時に、都市のシンボル、戦後復興のモニュメントとして積極的に位置付けられていったということも指摘できるだろう。

東京の三本のタワー

日本のテレビ塔と言えば、一九五八（昭和三三）年に完成した東京タワーが代表的であるが、テレビ塔の建設は、テレビ放送が開始された一九五三（昭和二八）年にさかのぼる。同年の二月にＮＨＫ、八月に日本テレビ放送網が放送を開始した。当初、ＮＨＫは専用の電波塔を持たず、千代田区内幸町の東京放送会館に付属したアンテナから送信していた。一方の日本テレビは、同区二番町に高さ一五四メートルのテレビ塔を建設した。このテレビ塔は日本一の高さとなったが、放送開始から三ヵ月後には、ＮＨＫが紀尾井町に建設した一七八メートルの鉄塔に抜かれることになる。

ところが、日本テレビの塔には、地上七四メートルの位置に展望台が設置された。この展望台の高さは当時タワーを除くと最も高い建築物であった国会議事堂の高さを約八メートル上回った。これは、街頭テレビを発明したことでも知られる社長の正力松太郎の発想によるものだった。さらに一九五五（昭和三〇）年四月には、ラジオ東京（現東京放送＝ＴＢＳ）がテレビ放送を開始し、赤坂に一七三メートルの電波塔を建てた（完成は前年）。

こうしたタワーの乱立に対して、批判的な意見も少なくなかった。一本のタワーを共用すれば事足りるにもかかわらず、三本もつくることは不経済であるばかりでなく、視聴者も選局するたびにアンテナの方向を変えなければならないためである。もともと日本テレビは、NHKとラジオ東京に自社の電波塔の共用を打診したという。しかし、両局とも断ったために、結局半径一キロメートル圏内に一五〇メートル超のタワーが三本も林立することになったのである。

日本初の集約電波塔、名古屋テレビ塔

こうした東京の動きを反面教師にして、電波塔を一つにまとめたのが名古屋であった。一九五四(昭和二九)年にNHKと中部日本放送(CBC)が共同利用する名古屋テレビ塔が完成した。名古屋テレビ塔は日本初の集約電波塔だった。

神野金之助・名古屋テレビ塔社長は「自然のまゝに放つておけば、また同じようなものを二本建てなければならない。これは実に馬鹿らしいことである」(神野金之助「名古屋テレビ塔が出来るまで」渡部茂『一九五〇年代の人物風景　第3部』)と暗に東京の動きを批判していた。名古屋テレビ塔は、三局が競合してバラバラにタワーを建てた東京を横目に、愛知県、名古屋市、地元財界が両テレビ局に働きかけて実現した官民連携のプロジェクトであった。

その高さ一八〇メートル(塔体は一三五メートル)は、鉄塔としては当時日本一であるとともに、「東洋一のテレビ塔」とも謳われた。また、電波塔のみに使うのはもったいないと

の判断から、エッフェル塔や当時西ベルリンにあった無線塔（一九六九年完成の東ベルリンのテレビ塔とは別）にヒントを得て、高さ九〇メートルの位置に展望台も設けられた。

テレビ塔の設置場所も、市の新しいランドマークにふさわしい場所が選定された。戦争の被害を受けた名古屋では、幅員一〇〇メートルの二本の道路を軸とした戦災復興事業が立案されていた。その二本の道路が東西方向の若宮大通と南北方向の久屋大通である。久屋大通の中央緑地帯（のちに久屋大通公園として整備）の中に建てられたテレビ塔は、戦災で焼失した名古屋城に代わる復興のシンボルとして位置付けられたわけである（名古屋城天守は一九五九年に再建された）。

名古屋テレビ塔。写真：著者

名古屋テレビ塔では、まっすぐに伸びる一〇〇メートル道路の見通しをさえぎらないように、エレベーターシャフトは地上までは下ろさないなどの工夫がされた。また、テレビ塔の塔体に広告を掲げることを条例で規制するなど、さまざまな景観的配慮がなされた点も特徴的と言えよう。

東京タワーと正力タワー構想

集約電波塔の流れは、一九五七（昭和三二）年竣工の札幌テレビ塔（現さっぽろテレビ塔、一四七メートル）、一九五八（昭和三三）年の東京タワー（高さ三三三メートル）の建設へと続いていく。

東京タワー建設の背景には、テレビ局の増加があった。従来の三局に加えて、フジテレビジョン、NET（現テレビ朝日）が免許許可申請を行っており、計五本ものタワーが林立しかねなかったのである。

塔の一本化が必要と考えた郵政省（現総務省）は、関東一円に送信する集約電波塔の建設に向けて動き出した。その中心的な役割を果たした人物が、浜田成徳・電波監理局長であった。浜田は、東京タワーの計画が決まる以前に集約電波塔の案を新聞紙上で発表していた。それは、浜田自身の回想によれば、各局のテレビ塔を一本にまとめて、「宮城［引用者注：皇居］内のもっとも高台といえる場所、今は北の丸公園になっているあたりにうち建てる、その鉄塔の高さは五〇〇メートルほどとし、その中間の適当な高所に展望台を設置して、来訪者のための観光用に供し、同時にここと羽田の国際空港とをつないでモノレールを敷設する」というものであった（前田久吉傳編纂委員会編『前田久吉傳』）。この案に関心を持ち事業主体として名乗りを挙げた一人が、産経新聞社社長の前田久吉である。結局、この案は実現しなかったものの、前田は芝公園内に世界一の集約電波塔をつくる案を郵政省に提出し、決定の運びとなった。

前田は、一九五七（昭和三二）年に日本電波塔株式会社を設立し、設計を構造エンジニアの内藤多仲に発注する。内藤は、ラジオ放送開始時からNHKの電波塔の設計に携わり、名古屋テレビ塔や札幌テレビ塔、さらには後述する大阪の通天閣も手掛け、後に「塔博士」と呼ばれることになる構造設計の第一人者である。

前田は、東京タワーの高さが三三三メートルになった理由として、「どうせつくるなら世界一を……。エッフェル塔をしのぐものでなければ意味がない」（前田久吉『東京タワー物語』）と記している。しかし、当初、タワーの高さは三八〇メートルで検討されていた。

東京タワー。写真：著者

三八〇メートルの根拠は、世界一の高さを目指したためではなく、関東全域に電波を届けるために必要な高さから導かれた技術的なものであった。最終的に、アンテナの揺れが制御できなくなる恐れから、三三三メートルに落ち着いた。また、内藤は、前述のシュツットガルトのテレビ塔をはじめとするヨーロッパのタワーのように、鉄筋コンクリート造も検討したが、重くなりすぎることや地震に耐えうる基礎の設計が困難であるとして断念したという。ちなみに、日本におけるRC造の電波塔としては、一九二一（大正一〇）年に完成した原町無線塔（磐城無線電信局原町送信所）が存在していた。高さは約二〇一メートルあり、東京タワーができるまで日本一の高さを誇る自立式電波塔であった（一九八二年に老朽化のため解体）。

工事着工から約一年三ヵ月後の一九五八（昭和三三）年一二月、東京タワーは開脚型の鉄塔として、芝公園の一角に完成した。名古屋と札幌の展望台の高さがそれぞれ九〇メートル、九一メートルであったのに対し、東京タワーでは二層の展望台が、一二〇・五メートルと一二五・二メートル（いずれも地上高さ）の位置につくられた。なお、一九六七（昭和四二）年には、二二三・九メートルの高さにあった作業台が特別展望台に改造され、一般公開されている。この背景には、当時建設中の霞が関ビルが関係していた。霞が関ビルの最上階（三六階）に設置予定の「展望回廊」の高さが、東京タワーの展望台を超えることがわかったために、新たに特別展望台を新設して日本一の展望台の座を守ったのである。

独自のタワーを持っていた三局のうちＮＨＫとＴＢＳは送信所を東京タワーに移転したが、日本テレビのみが移設を拒否した。「立派な自前の家に住んでるものが今さら長屋に入れるか」（針木康雄「世界一〝正力タワー〟への風当り」『財界』16、一九六八年九月一日号）というのが社長の正力松太郎の言い分であった。かつて自社の塔の共同利用を拒まれたことに加え、正力が社主を務める読売新聞のライバル紙である産経新聞主導で東京タワーがつくられた経緯もあり、正力としては東京タワーに移ることは心情的にできなかったのであろう。

日本テレビは自社の電波塔を使い続けていたが、都市の高層化に伴う電波障害に対応するために、一九六八（昭和四三）年五月に高さ五五〇メートルの「正力タワー」構想を公表した（霞が関ビル完成の翌月であった）。翌一九六九（昭和四四）年三月には、NHKも、公共放送が民間の東京タワーに間借りし続けるわけにはいかないとして、六〇〇メートル級のテレビ塔の構想を発表し、NHKと日本テレビの新たな確執のきっかけとなった。

この年、正力は亡くなった。正力タワー計画も、推進者である彼の死とともに、消滅した。

一方、NHKは、高さ六一〇メートルのタワーを代々木公園内に建設する計画を具体化させていった。このNHKタワーの構造設計は、武藤清率いる武藤構造力学研究所が担当し、意匠設計を建築家三上祐三が担った。

三上は、建築家ヨーン・ウツソンや構造エンジニアであるオヴ・アラップの助手としてシドニー・オペラハウスの設計に従事し、当時帰国したばかりの若手建築家であった。完成していればオスタンキノ・タワーの高さを抜いて、世界一のテレビ塔が誕生するはずであったが、この計画も、最終的には自然消滅し、幻に終わった。

テレビ放送の開始から東京タワーの建設、その後の六〇〇メートル級タワー構想までの流れを見ると、タワーがメディア間の主導権争いの道具となっていた構図が見えてくるのである。

通天閣

昭和三〇年代には、テレビ塔だけでなく観光目的に特化した展望塔も多くつくられた。いずれも高さは一〇〇メートル程度と東京タワーなどには及ばないが、大阪の通天閣をはじめ、横浜マリンタワー、神戸ポートタワー、京都タワーなどが各都市のシンボルタワーとなっていった。そこで、これらの展望塔についても見ていこう。

まず、通天閣である。昭和二〇年代は、戦後の資材不足の時代であった。しかし、一九五六（昭和三一）年の経済白書（年次経済報告）に「もはや『戦後』ではない」と記されたように、昭和三〇年代までには資材不足もほぼ解消され、観光目的の展望塔をつくる余裕が生まれ始めていた。その経済白書が発行された年に完成したのが、大阪の通天閣である。

この通天閣はじつは二代目であった。初代通天閣は一九一二（明治四五）年に竣工した高さ二五〇尺（約七六メートル）のタワーで、一九四三（昭和一八）年に火事で焼失していた。戦後になって、一九五四（昭和二九）年の名古屋テレビ塔の完成が刺激となり、再び大阪・

新世界のシンボルとして通天閣を再建しようという気運が地元に生まれていく。一九五五（昭和三〇）年には、地元町会を中心に通天閣観光株式会社が設立され、地元からの出資で建設されたのである。通天閣再建は、名古屋テレビ塔と同様に、戦後復興のシンボルであった。

通天閣は四角形の建屋の上に八角形の鉄塔が立ち、頂部に二層の展望台が置かれた全高一〇三メートルのタワーである。テレビ塔ではないので、頂部にアンテナを置く必要がない。そこで「場所がらを考え、四角ばらず庶民に人気と親しみを持たれるようにと頂部を広げて展望台とし、くびれたところは補強材を延ばし、旗や鯉のぼりがつけられるようにした」と設計者の内藤多仲は述べている（『日本の耐震建築とともに』）。内藤は「先生、名古屋の塔より高うしとくなはれや」（『通天閣30年のあゆみ』）と発注者から念を押されていたそうであるが、名古屋テレビ塔の高さ一八〇メートルには遠く及ばない。せめて展望台からの眺めは勝りたいと、展望台の屋根を、名古屋より一メートル高い九一メートルとしたという。

通天閣。写真：著者

遠くからも見ることができるタワーは、宣伝や広告にはうってつけの媒体である。通天閣も、塔体の四方に掲げられたネオンサインが特徴であった。タワーの景観を意識し、条例で広告物の掲出を禁止した名古屋テレビ塔とは対照的であると言えよう。

余談だが、景観規制が厳しいことで知られるパリのエッフェル塔も、一時期、広告塔となったことがある。入場者数の落ち込みを補塡するための窮余の策として、自動車メーカー・シトロエンのネオン広告を掲出したのである。一九二〇年代から一九三六年までのことだった。

横浜マリンタワー

通天閣完成から五年後の一九六一(昭和三六)年には、横浜マリンタワーが横浜港に完成した。横浜開港一〇〇周年にあたる一九五九(昭和三四)年に、横浜港や市内を一望のもとに見渡せるシンボルタワーとして建設が決まった。戦後、米軍に接収されていた山下公園と一体的に整備されたタワーは、横浜港復興のシンボルとして位置付けられた。

横浜マリンタワーは、全高一〇六メートルの鉄骨造の塔である。四階建ての円形の建物の上に、十角形平面の鉄骨の塔体が載り、その頂部に二階建ての展望台が設置された。展望台(二階部分)の床面は高さ九一メートルで、通天閣の展望台(屋根の高さが九一メートル)

を上回る。

　また、タワーの目的には横浜港を航行する船舶の安全確保も含まれていたため、高さ一〇一メートルの位置に灯台が設置された。赤と緑の閃光で海上を照らし、その光が届く距離は約四七キロメートルに及んだ。現在、灯台の機能はないが、当時、世界で最も高い灯台であった。ところで、第一章でふれたアレクサンドリアのファロスの大灯台は、このタワーよりさらに大きい。それを考えると、二〇〇〇年以上前につくられたこの灯台が、いかに巨大なものだったかわかるだろう。

　横浜マリンタワー完成前は、横浜港のシンボルといえば、横浜税関の「クィーンの塔」（五一メートル）、神奈川県庁の「キングの塔」（四九メートル）、横浜市開港記念会館の「ジャ

（上）横浜マリンタワー。写真：著者、（下）横浜マリンタワーと横浜税関。写真：講談社

建物名	所在地	竣工年	高さ(アンテナ含む、m)	構造	主な目的
日本テレビ塔※	東京・二番町	1953	154	鉄骨	電波送信・観光
NHK紀尾井町放送所※	東京・紀尾井町	1953	178	鉄骨	電波送信
名古屋テレビ塔	名古屋・久屋大通公園	1954	180	鉄骨	電波送信・観光
ラジオ東京(現TBS)テレビ塔※	東京・赤坂	1954	173	鉄骨	電波送信
通天閣(2代目)	大阪・新世界	1956	103	鉄骨	観光
東京タワー	東京・芝公園	1958	333	鉄骨	電波送信・観光
横浜マリンタワー	横浜・山下公園前	1961	106	鉄骨	観光・灯台
神戸ポートタワー	神戸・メリケンパーク	1963	103(現在は108)	鉄骨	観光
京都タワー	京都・京都駅前	1964	131	応力外被	観光

※現存せず

表5－5　日本の主なテレビ塔・展望塔（1950～1960年代）

ックの塔」（三六メートル）の、いわゆる「横浜三塔」であった。

この中で最も高いクィーンの塔は、一九三四（昭和九）年に完成しているが、もともと四七メートルの高さで計画されていた。しかし、金子隆三・税関長が「日本の表玄関たる国際港横浜の税関の庁舎とするなら、高くすべき」（横浜税関ホームページ）として、キングの塔を超える五一メートルになったとの経緯がある。マリンタワーは、その二倍を超える高さのタワーとして、新たな横浜港のシンボルとなったのである。

その後、一九九三（平成五）年に高さ二九六メートルの横浜ランドマークタワーが竣工し、横浜のランドマークの座は再び交代することとなる。

再建年	城名称
1954（昭和29）	岸和田城
1956（昭和31）	岐阜城
1958（昭和33）	浜松城、和歌山城、広島城
1959（昭和34）	大垣城、岡崎城、名古屋城、小倉城、熱海城※
1960（昭和35）	小田原城、熊本城、島原城
1961（昭和36）	松前城
1962（昭和37）	岩国城、平戸城
1964（昭和39）	中津城
1965（昭和40）	会津若松城（鶴ヶ城）
1966（昭和41）	岡山城、福山城、唐津城
1968（昭和43）	大野城
1970（昭和45）	高島城

出典：平井（2000）、木下（2007）を元に作成
※熱海城は再建ではなく、新たにつくったもの

表5－6　昭和築城ブームにより再建された主な天守

昭和築城ブームと天守再建

近代以前のタワーといえば、第三章で見たように、テレビ塔や展望塔ではなく城の天守が代表的な存在であった。しかし、明治新政府によって廃城となった城や第二次世界大戦時の空襲で焼失した天守は少なくなかった。

江戸期に焼失したきりであった大阪城の天守は、一九三一（昭和六）年に昭和天皇即位の御大典を記念して再建された。鉄筋コンクリート造（RC造）による初めての天守であった。

これをきっかけとして、戦後の復興期にはRC造による天守の再建が流行した。先に述べたように、一九五〇～一九六〇年代は電波塔・展望塔ブームでもあったが、築城ブームの時代でもあったのである。

天守は、日本各地で復興を遂げた町のシンボルとして再建された。再建された天守が本来の木造ではないことや、本来存在しなかった展望台が設置されるなど、史実に反するとして批判的な意見が出されることも少なくなかった。しかし、「敗戦後の城下町住民に精神的な拠り所を提供し、かつ観光資源として経済的効果を生み出す」ことが期待された復元天守は、市民や地元の商工関係者から歓迎された（木下直之『わたしの城下町』）。

ヨーロッパでは、大聖堂が人びとの精神的支柱となるランドマークであった。日本ではそれは、城下町にそびえる天守であろう。その意味で、テレビ塔や展望塔などのタワーブームと並行して、全国で天守の再建が進み、展望塔として活用されていったのは必然だったのかもしれない。

9——高層化がもたらす影　一九六〇～一九七〇年代

戦後の経済成長を背景とするオフィスや住宅需要の拡大が、ビルの高層化を促し、さらにテレビという新しいメディアの誕生が、テレビ塔という新しいタワーの発達をもたらした。つまり、高層化の流れは時代の要請でもあった。

その一方で、高層化が都市にとって必ずしも望ましい結果を生んだわけではなかった。高層化がもたらす負の側面が顕在化したのもこの時代である。一九六〇年代から七〇年代にかけて、建物の安全性や治安、それまでの歴史的な景観との軋轢《あつれき》などの問題にも直面せざるを得なくなる。

【安全性】ロンドンの高層住宅の爆発事故

人が高層建築物に暮らすようになるにつれて、建物の安全性の確保がとりわけ重要視されていった。以下では、高層住宅の安全性の問題について、ロンドンのローナン・ポイント住宅の爆発・崩壊事故を例に見てみたい。

イギリスでは、一九六〇年代に既成市街地のスラムを一掃するために再開発が進められ、その代替住宅として政府は高層団地を建てていった。ロンドン東部のローナン・ポイント住宅も、この時期に建設された高層住宅団地の一つであった。

一九六八年五月、二二階建ての高層棟で爆発が発生し、二六〇名の居住者のうち、四名が死亡、一一名がけがを負った。原因は建物の一八階で起きたガス爆発だった。この建物は、事故のわずか二ヵ月前に完成したばかりだった。

構造上の欠陥が建物の崩壊をもたらしたとされる。ガス爆発によって壁が壊れたことで、支えのなくなった上階部分が崩れ落ち、あたかもトランプを積み上げたタワーが倒れるように、下の階が連鎖的に崩壊していったのである。

イギリス国内にはこの住宅と同種の建物が当時約六〇〇棟あったが、これらの建物へのガス供給が中止され、プレハブ工法に関する技術基準も強化されることとなった。

事故からわずか一年を経ずに、今度は崩壊を予防するための補強材を用いて、ローナン・ポイント住宅は再建された。しかし、一九八四年には壁に亀裂が入ってしまう。一九八六年には取り壊され、低層のテラスハウスに置き換えられることとなった。

ローナン・ポイントの事故によって、それまでにもあった高層住宅に対する疑念、不安は決定的なものとなった。イギリス政府は、住宅政策の転換を余儀なくされ、住宅団地は高層から低層に置き換わっていくことになる。

【治安】セントルイス市の高層住宅が爆破解体されるまで

高層住宅と治安の問題が取りざたされるようになったのも、この時代のことである。

アメリカでは、第二次世界大戦後の人口増に伴う居住環境の悪化や復員兵の住宅不足などに対応するために、都市再開発事業によるスラム・クリアランス（不良住宅地区の除去）と低家賃の住宅供給を推進していく。こうした動きを背景に建設された住宅団地の一つが、一九五六年に完成したセントルイス市のプルーイット・アイゴー（Pruitt-Igoe）団地である。

団地の設計者は、ワールド・トレード・センターの設計者ミノル・ヤマサキであった。当初ヤマサキは、二三万平方メートルの敷地に八階建ての高層アパート群とその間にガーデンエリアをつくるというアイデアを市に提案した。高層化を図りながらも、建蔽率を五〜一〇パーセントに抑えることで、居住密度を下げ、居住者が自由に使える屋外スペースをつくることが狙いであった。

プルーイット・アイゴーの爆発事故（1972）。出所：Peter Hall（2002）*Cities of Tomorrow, third edition*, Blackwell Publishing, p.257

しかし、この案は「普通の家よりも良いものは認められない」として市当局に退けられることになる。一ヘクタールあたり七五戸を考えていたヤマサキに対し、市当局はその約一・七倍の一二五戸を要求したのである。ヤマサキは一度拒否したものの、最終的に一一階建ての高層住宅三三棟を擁する巨大な住宅団地が完成した（計二七六四戸、約一二〇戸／ヘクタール）。これには法律に定められた基準によって、公営住宅の高さが一律一一階建てとされたことが影響していた。

市の要求した「一ヘクタールあたり一二五戸」というの

は、極端に高密というわけではない。

プルーイット・アイゴー団地の問題は、むしろヤマサキが予期しなかった部分で発生していった。

まずは設備の問題である。コスト削減のため、鍵やドアノブ、エレベーターなどに品質の低い製品を使ったのが災いし、使い始めてすぐに壊れた設備が少なくなかった。また、メンテナンスも不十分で、壁の塗装ははがれたまま補修されず、稼働しない換気扇や外れたままの窓の網戸も放置された。

建物の配置計画上の問題もあった。オープンスペースから直接個々の建物に入れるつくりになっており、誰でも容易に建物内に入れる構造になっていた。

こうした問題に加えて、低所得者層を中心とした居住者構成や失業率の上昇などのさまざまな条件が重なった結果、団地は犯罪の温床となり、強盗や殺人などが横行するようになった。治安の悪化は破壊行為（ヴァンダリズム）を招き、ますます団地は荒れていくことになる。

団地完成から約一〇年後の一九六五年には、全世帯の三八パーセントが失業者を抱えるまでになっていた。一九六九年には家賃不払いストライキが九ヵ月続き、三四のエレベーターのうち八割強の二八基が動かなくなるなど、団地内の環境は悪化の一途をたどっていった。一九七〇年には空室率が六五パーセントを超え、その二年後の一九七二年には七五パーセントに上昇、約二〇〇〇戸が空室となった。当時、こうした高層住宅団地の多くは三〇～四〇パーセントもの空室率であったというが、とりわけ環境の悪化が著しいプルーイット・アイゴーは、手のほどこしようのない状況に陥っていた。

一九七二年三月、市当局によって団地は爆破解体された。完成からわずか一六年後のことであった。こうした団地の破壊は、アメリカの他都市でも行われた。スラムの一掃を目指したはずの再開発が、皮肉にも新たなスラムを生み出し、「官製のスラム」と揶揄されることになった。なかでもプルーイット・アイゴー団地は、近代都市計画や公共住宅政策の失敗の象徴とみなされ、建築評論家のチャールズ・ジェンクスは「モダニズム建築の死」(『ポスト・モダニズムの建築言語』)と表現した。

偶然だが、プルーイット・アイゴー団地が爆破された年に、同じヤマサキ設計のワールド・トレード・センターの北棟が完成している。その約三〇年後の二〇〇一年、同センターはテロの標的となり崩壊した。ヤマサキの手による高層建築物は、ともに、崩壊という形で時代の転換点を象徴することになった。

団地における治安の問題の中でも、建物の高さが治安の悪化を助長していると指摘したのが、建築家・都市計画家のオスカー・ニューマンであった。ニューマンは、ニューヨークの一〇〇団地における犯罪発生率を分析し、犯罪率が建物の高さに比例していることを示した。

たとえば、人口一〇〇〇人当たりの凶悪犯罪の発生率を階数別に見ると、三階建ての建物では平均九件に対し、六～七階建てが一二件、一三階建て以上で約二〇件と、階数が増すごとに発生率が高くなること、犯罪の発生場所としては特にエレベーターが多いこと、高層住宅は人の目のとどかない死角が多いために犯罪率が高いこと、をニューマンは指摘した。

もちろん、治安の悪化の原因を建物の高さだけに求めることはできない。粗悪な設備、建物配置、居住者構成など、さまざまな要因が複合的に関係し合っている。しかし、先に見たローナン・ポイント爆発事故やプルーイット・アイゴー団地の爆破解体などを経て、高層住宅に暮らすことに対する不安が、一九六〇年代から七〇年代にかけて、欧米社会に浸透していくことになる。

パリの超高層ビルと歴史的景観

高層化は、都市の景観にも大きな影響を与える。超高層ビルが一般化するにつれて、歴史的な蓄積の中でつくりあげられてきた街の風景も急激に変化し、高層化が批判の対象ともなっていく。それは、その都市が歴史の中で培ってきた物理的、時間的な連続性が断ち切られることへの人びとの反発でもあった。

パリでは、厳格な高さ制限によってオスマンの大改造後の街並みが保全されてきたが、超高層化の波がこの歴史都市にも訪れる。一九六七年の規制緩和を背景に超高層建築物の建設が可能になったのである。

この緩和を受けて、一九七三年に高さ二〇九メートル、五九階建てのモンパルナス・タワーが建設された。モンパルナス・タワーは、一九九〇年にフランクフルトにメッセ・タワー（二五七メートル）が建つまで、西ヨーロッパで最も高い建築物として君臨した。

モンパルナス・タワー。写真：講談社

市南部に位置するモンパルナスは、かつてピカソ、ゴーギャン、マティス、モディリアニ、藤田嗣治などの芸術家や、ヘミングウェイ、ヘンリー・ミラー、フランシス・スコット・フィッツジェラルドなどの小説家が引き寄せられた芸術の街で、街角のカフェが彼らの溜まり場になっていた。界隈には劇場やダンスホール、映画館なども点在し、華やかなりし頃のパリの文化を象徴する街であった。そうした歴史的な記憶と対照的な超高層ビルがモンパルナスにつくられたわけである。

モンパルナス・タワーの建設は、一九五〇年代に決定したモンパルナス駅周辺の再開発計画にさかのぼる。モンパルナス駅をその南側に位置するメーヌ駅と統合し、その跡地にモンパルナス・タワーがつくられることになった。一九六八年にはアンドレ・マルロー文化大臣が許可を下ろし、翌年にはジョルジュ・ポンピドゥー大統領も承認し、工事が開始された。

マルローはフランスの有名な文学賞であるゴンクール賞を受賞した作家であるが、マルロー法（正式名称は「フランスの歴史的および美的遺産の保護についての法律を補完し、不動産修復の促進を目指すための一九六二年八月四日の法」）をつくった人物としても知られている。マルロー法は、歴史的建造物単体を保全するだけでなく、その周辺を含めた一帯の歴史的街並みや環境を保全することを目指した法律であった。マルローは、同時期、煤煙などで汚れが目立っていた市内の建物の外壁洗浄にも取り組んでいる。つまり、歴史都市パリの姿を目にすることができるのは、マルローの功績といっても過言ではない。

それほどパリの歴史的環境の保全に注力したマルローが許可を下ろしたところを見ても、当時の高層化の潮流には抗しきれないほどの力があったことがうかがいしれよう。

ところが、完成したモンパルナス・タワーに対する市民の反発は大きかった。一九七七年にパリ市長に就任したジャック・シラク（のちのフランス大統領）は、「もうパリにタワーは要らない」と宣言した（鳥海基樹「住まいの風土性と持続性を恢復するために都市設計は如何にあるべきか」オギュスタン・ベルク編『日本の住まいと風土性』）。高層ビルはパリの伝統的な都市景観を損なうとして、パリ市は再び規制強化へと転じていく。

パリの人びとは、高層ビルがもたらす「新しい都市像」よりも、一九世紀以前の古き良きパリを選んだのである。パリ市内では最大でも高さ三七メートル（再開発区域）に制限されたことで、市内に超高層ビルは建設できなくなり、高層化はラ・デファンス地区のようにパリ市を外れた近郊部の新市街地に限定されることになった。

京都の景観と京都タワー

この章の最後に、日本で起きた高層化と景観を巡る問題を、いくつか見てみよう。

一つ目は、一九六四（昭和三九）年に京都駅前に建設された京都タワー（一三一メートル）を巡る美観論争である。

計画は一九五〇年代末にさかのぼる。当初の計画段階では、タワーをつくる予定はなく、駅前の京都中央郵便局の跡地に、高さ三一メートルの観光センター及びホテルを建設するというものであった。その後、横浜マリンタワーの完成に感化された事業会社の幹部がタワー建設を思いつき、三一メートルの建物の上に、高さ一〇〇メートルのタワーを載せる計画へと変更された。

タワーを支える土台部分は一〇〇〇パーセントを超える高容積率の建物で、高さ三一メートル制限下における高層ビルの典型的なものであった。一方、土台の上に載るタワーは、「京都の表玄関に位置するものであるため、その形状において優雅」なものが求められた（株式会社京都産業観光センター社史刊行委員会『京都タワー十年の歩み』）。

京都タワー。写真：講談社

そこで意匠設計を担当した建築家の山田守は、東京タワーや名古屋テレビ塔、横浜マリンタワーなどのように、鉄骨むきだしではなく、鋼板で覆った白亜の円筒形のデザインを提案した。航空法施行規則上は、黄赤と白を交互に帯状に塗布する必要があったが、「風致その他の関係からふさわしくない」（前掲書）として、航空当局と折衝を重ねた。その結果、昼間に航空障害灯を点灯することと部分的に赤の彩色を施すことで、白を基調とする塔体が実現した（前述のシュツットガルトのテレビ塔も同様の色彩上の配慮を施した）。

このように京都の美観に気を配ったはずのタワーではあったが、タワーの存在が古都京

〈文学〉
石川淳、井伏鱒二、江戸川乱歩、大岡昇平、大佛次郎、亀井勝一郎、川端康成、北杜夫、西条八十、志賀直哉、獅子文六、司馬遼太郎、渋沢秀雄、白洲正子、瀬戸内晴美（現寂聴）、高見順、谷崎潤一郎、福田恒存、堀田善衛、吉田健一 など

〈映画・演劇・写真〉
大島渚、衣笠貞之助、木下恵介、土門拳、山崎正和、山本嘉次郎 など

〈建築〉
芦原義信、大高正人、大谷幸夫、菊竹清訓、岸田日出刀、坂倉準三、清家清、高山英華、丹下健三、堀口捨己、前川國男、宮内嘉久（建築評論家）、吉阪隆正、吉田五十八、吉村順三 など

〈学識〉
安倍能成（学習院院長）、末川博（立命館大学総長）、梅棹忠夫、都留重人、新村出（京都市名誉市民）など

〈財界〉
芦原義重（関西電力社長）、佐治敬三（サントリー社長）など

出典：京都を愛する会（1964）
表5－7　京都タワー建設に際し反対署名をした主な著名人

都の美しい景観を損なうとして、反対論が噴出した。一九六四（昭和三九）年四月、京都在住二五年のフランス人、ジャン・ピエール・オーシュコルヌ・京都外国語大学教授が、建設中止の覚え書きを京都市長に提出したことがきっかけであった。

建築学者・建築家の西山卯三などによって設立された「京都を愛する会」は、建設中止を求める勧告文を事業会社に提出するとともに、アピール文を公表した。高さ一三一メートルのタワー建設は、京都の品位を汚し、安易な近代化による文化の破壊であると批判し

たのである。こうした主張は、全国紙の社説や建築雑誌などでも展開され、他の団体も、同趣旨の抗議文やアピール文を公表した。

「京都を愛する会」は、アピール文を全国の文化人、財界人、芸術家、建築家、学識経験者、報道機関などに送付し、署名を集めた。署名に際しコメントを寄せた作家の谷崎潤一郎は「タワー建設の件は勿論私も大不賛成であります。左様な愚挙は京都を汚すものと存じます」（京都を愛する会『古都の破壊』）と批判している。

東寺の五重塔と京都タワー。写真：著者

署名リストの中に、前川國男や坂倉準三、丹下健三などの名だたるモダニズム建築家が名を連ねている点に注目したい。アントニン・レーモンド（フランク・ロイド・ライトのもとで帝国ホテルの設計に携わったモダニズム建築家）は、日本建築家協会会長に送った抗議文の中で「今や京都は単に日本の京都であるばかりでなく、同時に世界の京都でもあるのです」（前掲書）と記し、「京都」という場所の重要性から反対論を展開している。ここからは、地域性にとらわれない普遍的な建築を目指していたモダニズム建築がすでに曲がり角を迎え、地域風土や場所性を踏まえた建築のあり方が求められるようになっていた当時の状況が、うかがえる。

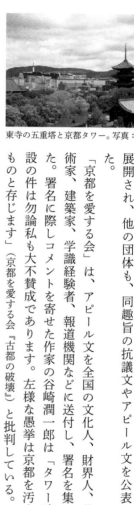

建設の可否を判断する京都市の松嶋吉之助・助役は、「タワーの建設は法律的には問題はない。本当の京都の良さは、駅前にタワーを建てたぐらいでこわされるものではない」（株式会社京都産業観光センター社史刊行委員会編、前掲書）との見解を示し、結局タワーは完成に至った。

とはいえ、同市は、一九七二（昭和四七）年に京都市市街地景観条例（現市街地景観整備条例）を制定し、市内の主要なエリアを「巨大工作物制限区域」に指定した。この条例によって工作物の高さが五〇メートルに制限され、京都タワーと同じ巨大な工作物はつくることができなくなった。つまり、京都のランドマークは、東寺の五重塔（約五五メートル）や東山などの山並みであることを、市が認めたわけである。

東京の皇居濠端の景観を巡る美観論争

二つ目は東京の皇居濠端の例である。

京都タワー論争から二年後の一九六六（昭和四一）年、東京でも美観論争が起きた。皇居の内濠に面した東京海上火災保険（現東京海上日動火災保険）本社ビル旧館の建替え計画を巡る、通称「丸の内美観論争」である。高層ビルは新しい都市美の象徴であるといった賛成意見と、高層ビルによって丸の内や皇居の落ち着いた景観が破壊されるといった反対意見が対立し、佐藤栄作総理大臣が、皇居を含む美観地区内に高層ビルをつくることは「どうも好ましくない」(参議院予算委員会、一九六七年一二月一九日)と答弁するなど、国会も巻き込んでの論争に発展した。

建替え前の東京海上ビル旧館は、大正期につくられた高さ約三〇メートルの建物だったが、新しい東京海上ビルディング本館はその約四倍の高さ一二七メートル(最高高さ一三〇・八メートル)、三〇階建てで計画された。設計は建築家の前川國男が担った(京都タワー論争では反対に回った建築家でもある)。前川は、これからの都市には人びとが憩う広場を持つ高層ビルが必要であるとの考えから、敷地の三分の二を空地として開放する計画を立てた。前述のように、東京の一部ではすでに容積地区が指定され、三一メートルの高さ制限が撤廃されていた。つまり、シーグラム・ビルのようなタワー・イン・ザ・パーク型の超高層ビルが東京で初めて実現するはずであった。

施主の東京海上火災保険は東京都へ建築確認申請を行ったものの、確認はなかなか下りなかった。東京都は、皇居前の美観を守るために、現在の三一メートルのスカイラインで整えるべきとの考えから、美観地区条例を制定する手続きを進めていたのである。丸の内地区の大地主でもある三菱地所もこの考えに同調し、渡辺武次郎社長は、皇居前の「広場を汚すようなことはしたくない」(村松貞次郎「都条例問題の究明」『国際建築』一九六六年一二月号）として、丸の内では建物の大きさや高さを揃える方がよいとの立場をとった。

一方、設計者の前川國男は、「高さ規制による創造の圧殺こそは、都市そのものの圧殺を意味する」（『建築の前夜』）と東京都の動きを批判し、「日本の超高層は現代の都市によって破壊された自然を回復して緑と太陽の空間を人間の手にとりもどす手段として用いられるもの」（同）と超高層ビルの意義を主張した。これはまさに、前川の師であるル・コルビュジエの思想そのものであった。

ここで美観論争に至るまでの丸の内地区における都市開発の状況を、確認しておきたい。

東京海上ビルと丸の内の街並み。東京駅近くの上空から皇居方向を空撮(1975年撮影)。写真：朝日新聞社

一九五〇年代も後半になると、高度成長を背景にオフィスビル需要が増大し、都内においても高さ三一メートルかつ容積率一〇〇〇パーセント超の高層ビルの建設が相次いでいた。しかし丸の内地区では、明治から大正にかけてつくられた二階建てや三階建ての赤煉瓦ビルが大半を占め、高さ三一メートルの高層ビルは、丸ビル（丸ノ内ビルヂング）や新丸ビルなどが立つ東京駅前に限られていた。東京に事務所を構えるロンドンやニューヨークの外資系企業の中には、低

層の丸の内の赤煉瓦街が、まるでスラム街のように見えるとして入居を断る例もあったという。

そのことに危機感をいだいた渡辺社長は、丸の内の再開発を決意した。

再開発の指針となったのは、パリであった。「丸の内をスカイラインの揃った大型ビルが整然と並び、パリにみるような美しく均衡のとれた、しかも皇居の緑や堀の青さと一体化した静謐《せいひつ》な佇まいの街に改造したい」（三菱地所株式会社社史編纂室編『丸の内百年のあゆみ』下巻）と渡辺は考えるようになっていった。なお、ここでいう「大型ビル」とは、当時の高さ制限値三一メートルの限度一杯まで建てたビルを指す。

一九五九（昭和三四）年、三菱地所は「丸ノ内総合改造計画」を策定し、地区のメインストリートである仲通りの拡幅とともに、三一メートルのビルへの建替えをはかっていくことになる。

つまり、美観論争が起きた一九六六（昭和四一）年時点で、丸の内では高さ三一メートルでの再開発が進行中だったのである。

三一メートルの街の中に新しい時代を象徴する超高層ビルができてしまえば、既存の賃貸ビルの価値は相対的に下がる可能性がある。三菱地所の渡辺社長はこの点について「事業会社としてメリットの維持は当然考えている」（村松、前掲記事）と述べ、美観地区条例の制定を支持した理由が、地区の美観保持に加えて、不動産経営上の問題であることを示唆している。

賃貸ビルの価値の維持は、不動産を生業《なりわい》とする企業にとっては死活問題でもある。ニューヨークでワールド・トレード・センターが計画された際、エンパイア・ステート・ビルのオーナーを中心とする不動産事業者が建設に反対したケースと類似した構図とも言えよう。その意味で、丸の内美観論争の裏には不動産事業者の思惑が見え隠れしているのである。

紆余曲折を経て、美観論争は東京海上ビルの高さを低くすることで決着した。その理由は不明であるが、高さを二五階（約一〇〇メートル）にすれば建設大臣は認定するとの話になり、三〇階、一二七メートルの案は二五階、軒高九九・七メートル（最高高さ一〇八・一メートル）のビルとして建築されることとなった。

オーナーである東京海上は、高さが削られた分の容積を確保しなかったため、当初案どおりの空地を取ることが可能となった（そのかわり、三〇階建て案では九一九・五パーセントを予定していた容積率は最終的に六二二パーセントにとどまり、指定容積率一〇〇〇パーセントの約四割が未消化となった。この容積率は戦前につくられた丸ビルの約六四五パーセント、ニューヨークのレヴァー・ハウスの約六三六パーセントとほぼ同じである）。山本源左衛門・東京海上火災社長は、このビルに

丸の内再開発計画鳥瞰図。出所：三菱地所株式会社（1988）『丸の内再開発計画』同社刊

ついて「敷地の多くを市民に開放して丸ノ内地区に新しい人間の生活と憩いの場をつくる」（村松、前掲記事）と語っていた。理想のビルの実現を優先させた結果、利用可能な容積率を犠牲にしたわけである。これは、レヴァー・ハウスと同様に、賃貸ビルではなく自社ビルだからこそ可能であったし、新しいビルディングタイプを世に問うことがイメージの向上につながるという企業としての目算もあっただろう。

その後、丸の内における美観地区条例制定の動きは自然消滅した。一九七〇年代に入ると、丸の内には三一メートルを超える建築物が次々と建設されていくことになる。

明治期に、ロンドンの赤煉瓦の街並みを手本として始まった丸の内は、三一メートル制限下の高度成長期にパリの街並みを志向した。そして東京での高さ制限撤廃から約四半世紀後の一九八八（昭和六三）年には、高さ二〇〇メートル超のビル群に更新する「丸の内再開発計画」（通称、丸の内マンハッタン計画）を公表し、今度はパリから一転してニューヨークを目指していく。こうした丸の内の変遷は、建築規制が都市の姿にいかに大きく作用するかを如実に示していると言えるだろう。結果的に、丸の内マンハッタン計画は実現しなかったが、一九九〇年代に入り、丸の内では次々と再開発が進められていくことになる。その際、東京海上ビルディング本館などのタワー・イン・ザ・パーク型とは異なる形で超高層化がはかられていくが、詳しくは次章で述べたい。

第六章 高層建築物の現在

——一九九〇年代〜現在

「我々は常に一番でありたい。二番目にエベレストに登った人や月へ行った人なんて誰も覚えていない。人々の記憶に残るのは一番だけだ」ムハンマド・ビン・ラーシド・アール・マクトゥーム・ドバイ首長国首長（二〇一三年の「政府サミット」での演説）

「『なんでもあり』は、でたらめなスカイライン［helter-skelter skyline］をロンドンに残すことになる。それよりも、新たな建物の高さを厳格に規制した方が、はるかに一貫した調和と市民の誇りに寄与すると私は信じる」チャールズ英国皇太子（二〇〇一年の講演「高層ビル」）

一九九〇年代半ば以降、かつてないほどの数の超高層ビルが誕生していく。その牽引役はアジア、中東の経済新興国であった。

一九九八年、マレーシアのクアラルンプールに建てられた四五二メートルのペトロナス・ツイン・タワーが、約四半世紀の間、世界一の高層建築物であったシカゴのシアーズ・タワー（現ウィリス・タワー）の高さを超えた。そのペトロナス・ツイン・タワーも、二〇〇四年には、高さ五〇八メートルの台北一〇一に抜かれた。二〇一〇年には、さらに三〇〇メートル以上高い、八二八メートルのブルジュ・ハリファが、ドバイに完成した。

世界で最も高い建築物の上位一〇棟（表6－1）の所在地を見ると、一九九四年には、ア

順位	1994年末時点				
	建物名	所在地	高さ(m)	階数	竣工年
1	シアーズ・タワー(現ウィリス・タワー)	シカゴ・アメリカ	442	110	1974
2	ワールド・トレード・センター(北棟)	ニューヨーク・アメリカ	417	110	1972
3	ワールド・トレード・センター(南棟)	ニューヨーク・アメリカ	415	110	1973
4	エンパイア・ステート・ビル	ニューヨーク・アメリカ	381	102	1931
5	セントラル・プラザ	香港・イギリス	374	78	1992
6	中国銀行タワー	香港・イギリス	367	70	1989
7	スタンダード・オイル・ビル(現Aonセンター)	シカゴ・アメリカ	346	83	1973
8	ジョン・ハンコック・タワー	シカゴ・アメリカ	344	100	1970
9	クライスラー・ビル	ニューヨーク・アメリカ	319	77	1930
10	ナショナルバンク・プラザ	アトランタ・アメリカ	317	57	1992

順位	2014年末時点				
	建物名	所在地	高さ(m)	階数	竣工年
1	ブルジュ・ハリファ	ドバイ・UAE	828	163	2010
2	メッカ・ロイヤル・クロック・タワー	メッカ・サウジアラビア	601	120	2012
3	ワン・ワールド・トレード・センター	ニューヨーク・アメリカ	541	94	2014
4	台北101	台北・台湾	508	101	2004
5	上海環球金融中心	上海・中国	492	101	2008
6	環球貿易広場	香港・中国	484	108	2010
7	ペトロナス・タワー1	クアラルンプール・マレーシア	452	88	1998
8	ペトロナス・タワー2	クアラルンプール・マレーシア	452	88	1998
9	紫峰タワー	南京・中国	450	66	2010
10	ウィリス・タワー(旧シアーズ・タワー)	シカゴ・アメリカ	442	110	1974

※国名は当時のもの

表6－1　世界における高層ビル上位10棟(1994年末時点と2014年末時点)

メリカが八棟を占めていたが、二〇一四年には、アジアが六棟、中東が二棟、そしてアメリカは二棟にとどまっている。わずか二〇年ほどの間に、高層建築物の中心地は、アメリカから、アジアや中東に移ってきたのである。

超高層ビルは、かつての高度経済成長期の日本と同じように、アジアや中東の新興国においても、経済成長のシンボル、国家の威信を示すモニュメントとして、競うように建てられていった。

短期間に膨大な数の超高層ビルが誕生した背景には、各国の政治体制が少なからず影響していた。

中国、シンガポール、中東の諸国など、必ずしも民主的ではない国が、現在の超高層ビルブームの主要な担い手となっている。資本主義経済を導入しつつも、国の関与が強いため、トップダウンで建設が進められていったわけである。いわば、国策としての超高層ビルの時代とも言えるだろう。

なお、一九五〇年代から七〇年代の超高層ビルは、アメリカ、ヨーロッパの既成市街地に建てられたものが中心で、主に、衰退した都市の更新手段（都市空間の近代化・再編手段）としての高層ビル開発であった。

一方、近年の超高層ブームは、主に経済のグローバル化に伴う都市間競争の手段となっている点が大きく異なる。経済活性化の手段としての超高層ビル建築と言えるだろう。そのような傾向はヨーロッパにも影響を与え、一九七〇年代の高層化の反動で高層ビルへの風当たりが強くなったヨーロッパにおいても再び超高層化の波が訪れている。日本を見ると、一九九〇年代以降、国際競争力の強化や景気回復を大義名分として積極的な規制緩和が実施され、超高層ビルの建設が活発になっていく。

本章では、このような現代の超高層建築物をめぐる動きを見ていきたい。

1――グローバル化する超高層ビル

現代の超高層ビル建設の担い手は、アメリカではなく、アジアや中東である。金融・経済拠点をめぐる世界の都市間競争や、新興国による自国の権威付けの手段として超高層ビルは用いられていくことになる。

アジアの中では、とりわけ中国において、超高層ビルが急増している。アメリカで同時多発テロが起きた二〇〇一年に北京オリンピック(二〇〇八年)の開催が決定し、翌年には上海万国博覧会(二〇一〇年)の開催も決まった。経済成長率は年一〇パーセントを維持し

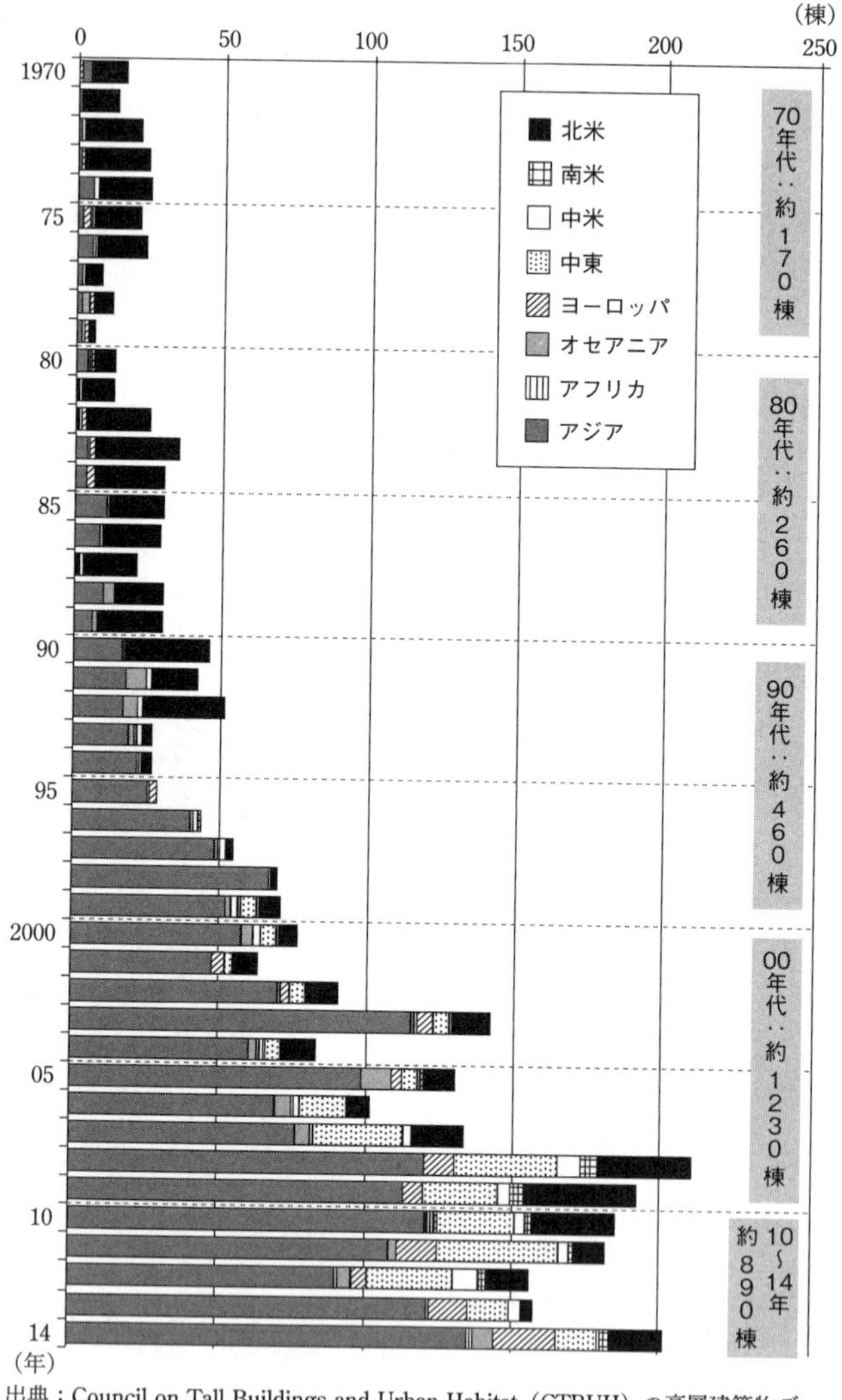

出典:Council on Tall Buildings and Urban Habitat (CTBUH) の高層建築物データベースを元に作成

図6-1　地域別高層ビル建設数の推移(高さ150m以上)

続け、都市開発も積極的に行われていった。

中東でも二〇〇四年以降の原油価格の高騰が産油国に余剰資金をもたらし、同時多発テロの影響で欧米に流れていた産油国の資金が中東に還流し、不動産開発がその受け皿となっていった。ドバイ（アラブ首長国連邦）を中心に、高層ビル建築は加速していった。

図6－1は、一九七〇年から二〇一四年までの高さ一五〇メートル以上の高層建築物の建設数の推移を地域別に見たものである。これを見ると、高層ビルの中心は、北米からアジア、そして中東という流れが一目瞭然である。一九九二年までは北米（主にアメリカ）が大半を占めている。

しかしそれ以降、アジア（主に中国）が急増する一方、北米での数は激減している。二〇〇〇年代以降もアジアでの増加傾向は継続し、二〇〇〇年代半ばから中東の伸びが著しい。

さらに、世界全体の超高層建築物の多くが、ここ二〇年間に生まれていることに注目したい。二〇一四年末時点で、高さ一五〇メートル以上の高層ビルは約三二〇〇棟に及ぶが、その約四分の三の約二四〇〇棟が、一九九四年から二〇一四年までの約二〇年間に建設されている。その大半がアジア（特に中国）、中東なのである。

2――アジアにおける高さ世界一の更新

先に、一九九〇年代以降、超高層ビルの中心地はアメリカからアジアや中東へ移った、と述べた。その象徴的な存在が、マレーシアのペトロナス・ツイン・タワーと台湾の台北一〇一である。「世界一高いビル」として建てられた、この二つの超高層ビルについて見てみよう。

ペトロナス・ツイン・タワー

一九九八年、マレーシアの首都クアラルンプールにペトロナス・ツイン・タワーが完成した。

八八階建て、高さ四五二メートルの双子の超高層ビルは、高さ約四四二メートルのシアーズ・タワー（現ウィリス・タワー）を約一〇メートル上回る。長らくアメリカによって保持されてきた建築物の高さ世界一の座が、太平洋を越えてアジアへと移ったわけである。

このタワーは、国営石油企業ペトロナスを主要株主とするクアラルンプール・シティ・

センター・ホールディングス社によって建設された。

マレーシアは、アジアの中で、中国、インドネシア、インドに次ぐ産油国で、同社は第一次オイル・ショック翌年の一九七四年に設立された。

国営企業ペトロナスを主体とするツイン・タワーの建設は、いわば国家的なプロジェクトであり、一九九一年に策定された政府の長期経済計画「ビジョン二〇二〇」にも記されていた。この計画は、マハティール・ビン・モハマド首相によって掲げられたもので、二〇二〇年までに先進国入りを目指すとしていた。マレーシア経済は、一九八八年から一九九七年のアジア通貨危機まで、年九パーセント前後の高成長率を保持しており、ペトロナス・ツイン・タワーは、マレーシアの経済成長のシンボルであったのである。

ペトロナス・ツイン・タワー。写真：毎日新聞社

イスラーム文化との関係

ペトロナス・ツイン・タワーが象徴したのは、めざましい経済成長だけではなかった。

マレーシアは憲法でイスラームを国教に定めるイスラーム国家である（ただし、個人の信教の自由も保障）。「ビジョン二〇二〇」に「われわれ自身の特性をもつ先進国」（鳥居高編『マハティール政権下のマレーシア』）と謳われていたように、工業化による経済発展とイスラーム的価値観の両立を目指していた。

それゆえ、マレーシア政府は、国家プロジェクトであるペトロナス・ツイン・タワーにもイスラーム文化を意識したデザインを求めていた。これに対し、設計者のシーザー・ペリは、幾何学的な模様や多角形の平面パターンなど、イスラームのモチーフを取り入れたものを提案した。施主のペトロナス側からの要望で、頂部には全長約六五メートルの尖塔（ピナクル）も設置され、イスラーム色がより強調された。

地域独自の文化を強調する意図は、このツイン・タワー用地にまつわる歴史からも見ることができる。タワーが位置するクアラルンプール・シティ・センターの敷地は、もともとイギリスの植民地時代につくられた競馬場「セランゴール・ターフクラブ」であった。一八九六年にイギリス将校のためのアマチュアの競馬クラブとして設立されて以来、約九〇年間、競馬場として使われていた。競馬場が一九八八年に郊外に移転した後、「ビジョン二〇二〇」で、再開発エリアに指定されたのである。

マハティール首相は、若き日に反英・独立運動に関わっていた活動家でもあった。ペトロナス・ツイン・タワーには、植民地時代の記憶を払拭し、イスラーム国家としてのアイデンティティを表現する狙いもあったのではないだろうか。ちなみに、建物の開業式は、一九九九年八月三一日に行われた。マレーシアの前身マラヤ連邦がイギリスから独立して四二回目の独立記念日であった。

台北一〇一

二〇〇四年一二月三一日、台湾の首都・台北の副都心エリアに、高さ五〇八メートルの台北一〇一が完成した。ペトロナス・ツイン・タワーの高さを五六メートル超え、世界一となった。

台北101。写真：著者

台北一〇一は、計画当初「台湾国際金融センター」と呼ばれていた。台北市政府と国内の民間企業が共同して、台湾の国際金融の拠点をつくるプロジェクトであった。ただ、初めから世界一の高さを目指していたわけではない。最初のプランでは、六六階建て、二七三メートルのビルを中心に、二〇階建てのツイン・タワーをその左右に配置することが予定されていた。しかし、入居予定の企業がこのプランに難色を示したため、三つの建物をまとめて一本の超高層タワーにする案へと発展していくことになった。

加えて、当時、上海で建設中だった上海環球金融中心（上海国際金融センター）が、ペトロナス・ツイン・タワーを超える高さ四六〇メートルで計画されていることも、世界一を目指す要因となった。

台湾独立を掲げる民主進歩党の陳水扁が市長であったことを考えると、中国に対する姿勢が、高層ビルの高さという形で現れたとも言えるだろう（のちに上海環球金融中心も、計画変更で高さを上積みしていく）。

この高さの実現までには、思わぬ紆余曲折があった。一九九九年八月、交通部（省）民間航空局から、四キロメートルほど北に離れた空港での離着陸に支障をきたすとして、五〇〇メートルを超えるビルの高さにクレームがついたのである。そのためいったんは、一一六・二メートル減らして、三九一・八メートル、九〇階に変更することで合意された。しかし、航空機へのGPSの導入や空路の迂回などの対応策の見通しがたったことで、計画通りの五〇八メートルのビルが実現することとなった。

上海のビルを超え世界一を目指すプロジェクトであるため、そう簡単に高さを抑えるわけにはいかなかったのであろう。

振り子型制振装置と高速エレベーター

高さだけではない。台北一〇一には、さまざまな新技術が駆使されているという特徴もある。その主なものは振り子型制振装置と高速エレベーターである。台風も地震もほとんどないクアラルンプールと対照的に、台湾は台風や地震が多く、その影響も大きい。風や地震による揺れに対処する方策として採用されたのがTMD（Tuned Mass Damper）という制振装置であった。これは、建物の頂部に、直径五・五メートル、重さ六六〇トンの鉄球を設置し、鉄球の揺れによって建物自体の揺れを抑えるものである。

高速エレベーターは、分速一〇一〇メートル（時速六〇・六キロメートル）で、二〇一四年時点で世界一の速度を誇り、地上八九階の展望フロアまで三七秒で到達する。それまでの世界一は横浜ランドマークタワーの分速七五〇メートルのエレベーターであったが、大幅に速度記録を更新した（なお、二〇一五年竣工予定の上海中心［上海タワー］のエレベーターは、さらに速い分速一〇八〇メートルとなる予定である）。

それだけの速さにもかかわらず、エレベーターの床にコインを立てても倒れないほど揺れが少ないとされる。また、急激に上下を移動すると、人体は気圧変動の影響を受けることから、気圧制御装置を世界で初めてエレベーターに導入している。

このような最新技術とともに、先に述べたペトロナス・ツイン・タワーと同様に、デザインに地域性を取り込んでいることにも注目したい。「伸び続ける竹をイメージした」（李祖原聯合建築師事務所）というように、八層を一単位とする八角形のユニットが八つ重ねられた形がとられた。中華文化圏において、「八」は縁起の良い数字であり、ビルの恒久的な繁栄がデザインに込められたと言えるだろう（ちなみに、北京オリンピックの開会式は、二〇〇八年八月八日午後八時に開催された）。

副都心「信義計画区」の歴史と台北一〇一

台北一〇一は、市の中心部から離れた信義計画区に位置している。信義計画区は、陳水扁・台北市長の「台北マンハッタン計画」に基づき、台北の副都心として位置付けられたエリアである。台北市役所等の行政機関やＩＢＭ、マイクロソフト、シティバンクなどの多国籍企業のオフィスに加え、商業施設や娯楽施設等も多く立地し、近年は日本の百貨店（新光三越、統一阪急）も進出している。

このように開発が進み、華やかな市街地が形成されつつある信義計画区であるが、ここはもともと戦前の日本統治時代の軍用地であった。戦後、蔣介石率いる国民政府が台湾に渡ってきた後も、軍用地として用いられた。「信義計画区」と名づけられたのも、この場所が機密確保の必要な軍用地であったことに由来する。

一九七〇年代から土地利用転換の動きが進み、一九八〇年には李登輝・台北市長（のちの台湾総統）の依頼で台湾系日本人の郭茂林によって信義計画区のマスタープラン（「台北市信義計画都市設計研究」として報告）が策定された。郭茂林は、霞が関ビルの開発に際し、デベロッパー、建設会社、設計事務所などの関係者をつなぐコーディネーターとして、中心的な役割を果たした建築家であり、日本の超高層ビル黎明期を支えたことで知られる。その実績が買われて祖国台湾の新都心のマスタープランを描いたのである。これがのちの台北マンハッタン計画へと続く礎となる。

このように世界初の五〇〇メートル級ビルの誕生の背景には、ペトロナス・ツイン・タワーと同様に、植民地時代の土地の記憶が見え隠れするのである。日本の超高層ビルの歴史と関わっていたという点も、興味深い。

3——中国における超高層ビル

ここまで見てきたとおり、一九九〇年代に入り、アジアは超高層ビルの中心地となっていったが、その大半は中国につくられた。アジアの国別の高層ビルの数を見ると、全体の約六割（五九・五パーセント）が中国、さらにその三分の一を香港が占めている。

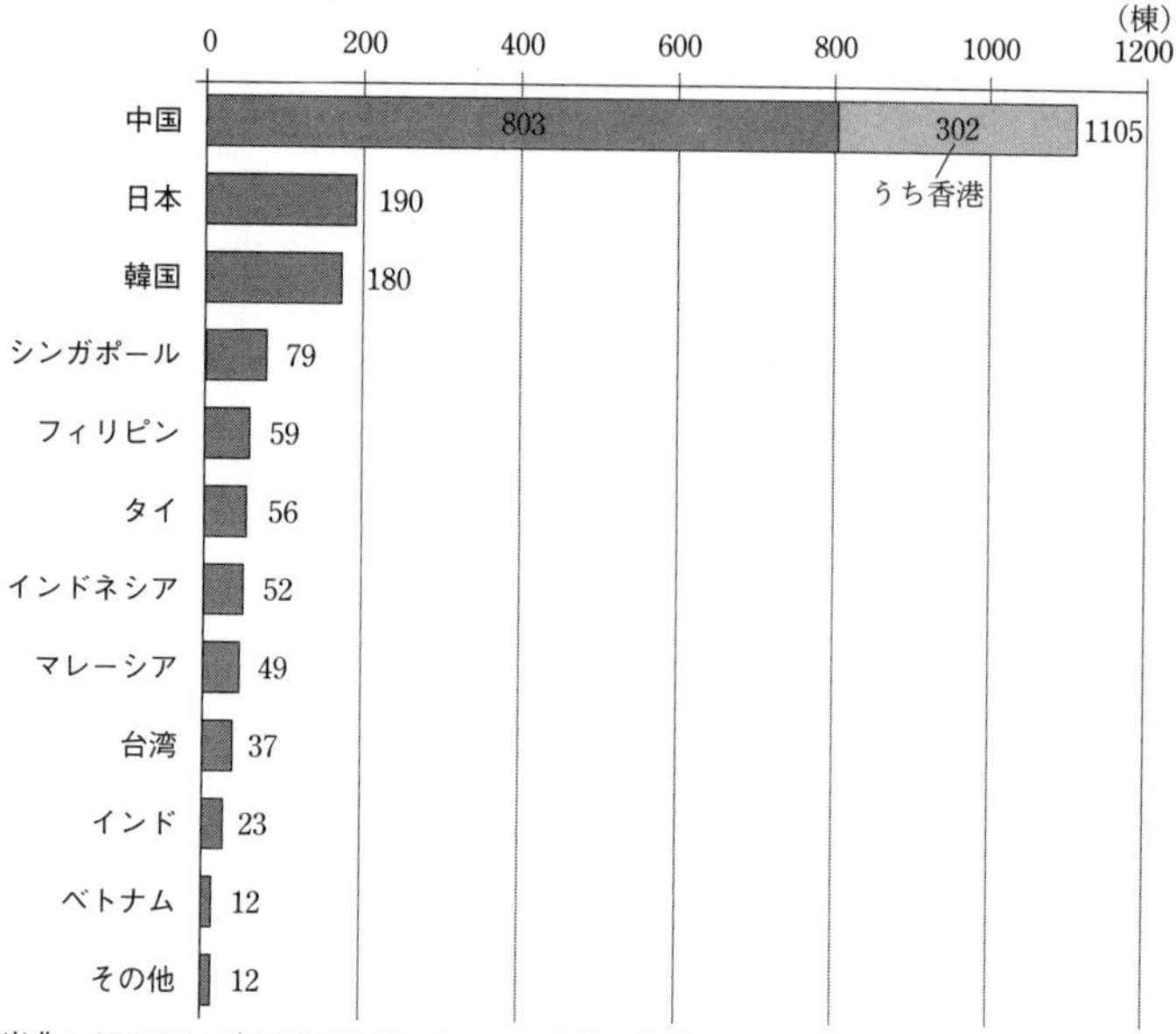

出典：CTBUHの高層建築物データベースを元に作成

図6－2　アジアにおける国・地域別高層ビル数（高さ150m以上、2014年末現在）

経済成長

中国における高さ一五〇メートル以上の高層ビルが急激に増加したのは、一九九六年以降のことである。その背景には、著しい経済成長がある。中国の経済成長率は、年一〇パーセント前後で推移し、二〇一〇年にはGDPで日本を抜き、世界第二位の経済大国になった。改革・開放前の一九七八年には一八パーセントに過ぎなかった都市居住者も、現在は五〇パーセントを超え、年間二〇〇〇万人以上の国民が都市部へ仕事を求めて移動している。その結果、人口一〇〇万人超の都市が国内に一七〇以上に増加した（ちなみに日本では、東京特別区を含めて一二都市である）。こうした急激な都市化とともにインフラ、オフィス、住宅、工場などの開発が進み、超高層ビルの建設も活発となっていった。

高層ビルが一九九六年から急激に増えている理由には、一九九〇年代初頭に中国の都市開発政策が転換点を迎えたことも影響している。この政策の転換とは、土地の利用権譲渡の自由化である。

中国は社会主義国家であるために、生産手段の一つである「土地」は当然ながら公有財産である。憲法には「都市の土地は国家所有、国家所有以外の農村と都市郊外の土地は集団所有」と規定されている（集団とは、村や農村集団経済組織といった団体を指す）。しかし、一九七八年一二月に鄧小平が実権を握って以降、いわゆる「改革・開放路線」へと転じた中国は、社会主義体制を維持しつつも、自由経済を導入していった。

土地開発で言えば、一九八〇年に広東省の深圳・珠海・汕頭、福建省の厦門《アモイ》の四都市が経済特別区に指定された。外国資本の導入を促す各種優遇措置が設けられ、高層ビルの建設も進んでいった。その後、一九八七年に深圳経済特区で国有地の使用権の譲渡が行われたのを皮切りに、一九八八年には憲法が改正され、利用権の有償譲渡を可能にするとの文言が追加された。一九八九年の天安門事件以降、停滞していた経済の立て直しが、鄧小平の指導の下ではかられ、上海をはじめとする大都市での都市開発が本格化していくことになる。「土地の公有」という建前を維持しつつ、外国企業の進出を促進するための方法が、土地を利用する権利の売買だったのである。

利用権の譲渡権は地方政府に帰属するため、その売却益は地方政府の重要な収入源となる。さらに、その売却益に加えて、各種企業の進出による税収の増加も期待できた。そのため、地方政府は不動産開発を熱心に推し進めていく。地方政府は、既存の土地を収用(利用権を買収)し、その数倍もの価格で利用権をデベロッパーなどに転売することで利益を得ていった。その中で重要な位置を占めたのが高層ビルの開発であった。都市のシンボルとなる高層ビルが建設されることで、周辺の利用権の売却額が高騰するといった波及効果が見込まれたのである。

たとえば、二〇〇九年の地方政府財政収入は三・三兆元に上るが、これに加えて土地使用権の譲渡収入が一・四兆元あるという。つまり一般歳入の四割が不動産による収入であったことになる(柴田聡他『中国共産党の経済政策』)。地方政府は、土地利用権売却という錬金術の手段を手に入れたとも言えるだろう。まさに「国家による『土地資本独占』は、中国の急速な経済発展の支え」(任哲『中国の土地政治』)となっていったのである。中国のGD

Pの、少なくとも一〇パーセントが不動産開発によるものと言われている。

一方、土地収用を積極的に進めた結果、耕地面積の減少や、具体的な開発の見込みがない塩漬けの土地を大量に生み出すといった弊害も生じた。北京では、高層ビル開発によって、伝統的な住宅の四合院が破壊され、歴史的景観が喪われていくが、これについては、後でまた述べたい。

国際金融拠点としての上海、浦東新区

中国最大の経済都市である上海は、国内で香港に次いで一五〇メートル以上の高層建築物が多い（二〇一四年末現在、一二四棟）。

上海で超高層ビルが集中しているのは、国際金融貿易センターとして開発が進む浦東《ほとう》新区である。浦東新区の開発は、辛亥革命を導いた孫文の「建国方略」（一九一九年）で言及されている「東方大港」の建設に遡ることができる。しかし、開発が着手されたのは約七〇年後のことである。一九九〇年に上海市政府が開発を決定し、一九九一年に経済特区並みの優遇措置の設置を可能とする地区に指定して、本格的な開発が始まった。一九八九年の天安

浦東新区のスカイライン。写真：余亮

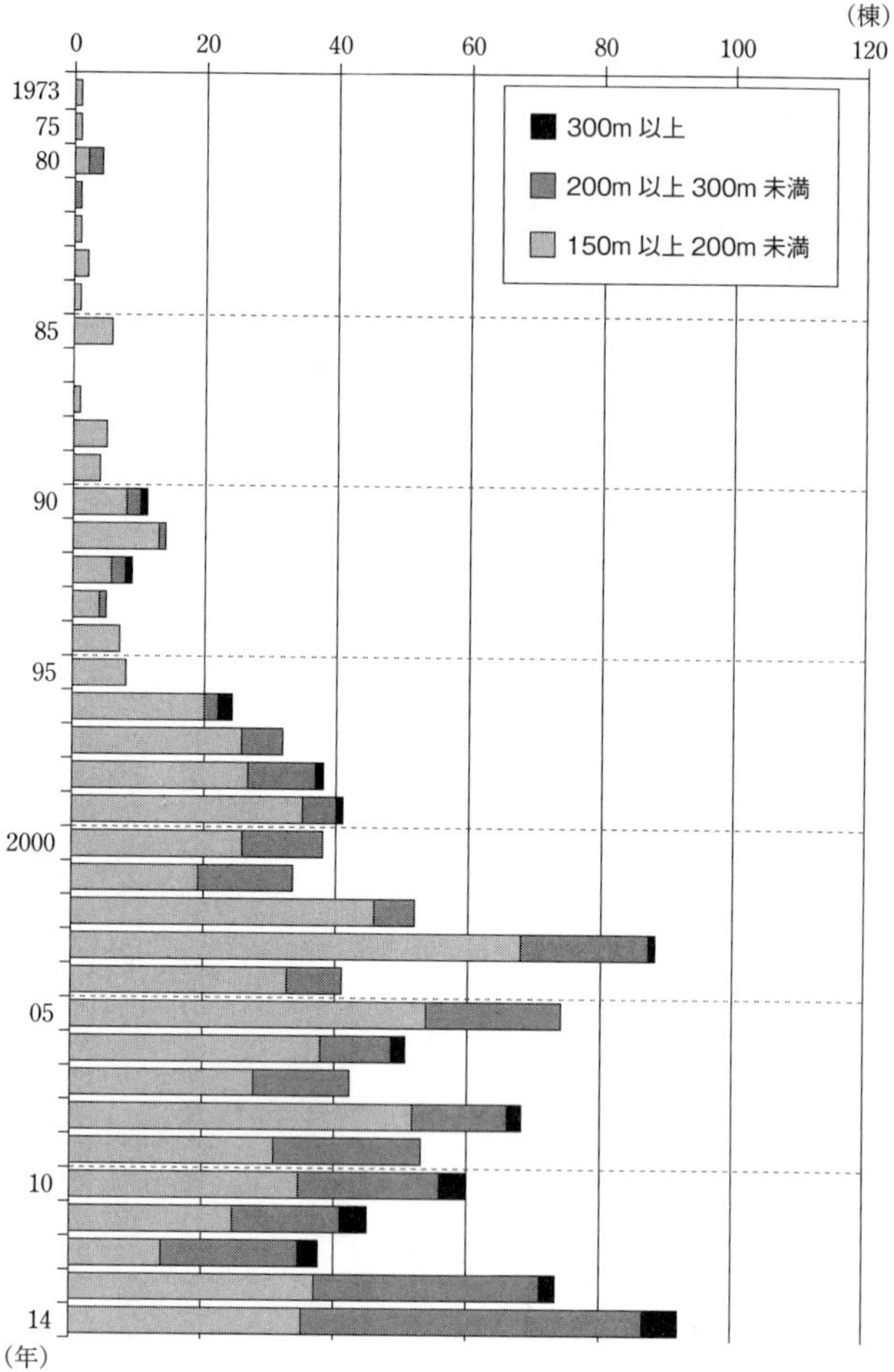

出典：CTBUHの高層建築物データベースを元に作成
※1986年はデータなし
図6－3　中国における高さ別高層建築物建設数の推移

門事件以降、中国を取り巻く国際環境の悪化や経済の低迷といった問題が浮上し、政府は改革・開放路線の一層の推進をはかろうとしていた。浦東新区はそのシンボル的な開発として位置付けられたのである。

浦東新区は、長江の支流である黄浦江の東側に位置し、もともと低層住宅が広がる地域であった。上海の中心地は、その対岸の浦西地区であり、一九世紀終わりから二〇世紀初頭にかけて発展した「バンド（中国語で「外灘《ワイタン》」）」として知られる歴史的な市街地が広がっている。つまり、黄浦江を挟んで歴史的な市街地と新しい超高層ビル街が対峙するダイナミックな景観を形成している（現在、浦西地区でも歴史的市街地を保全しつつ、高層開発も行われている）。

外灘のスカイライン。写真：余亮

その浦東新区の陸家嘴《りくかし》金融貿易区には、テレビ塔である東方明珠電視塔（一九九五年完成、高さ四六八メートル）やジンマオ・タワー（一九九八年完成、四二〇・五メートル）など、超高層建造物が林立する。

それらの高さを上回るビルが、二〇〇八年に竣工した上海環球金融中心（Shanghai World Financial Center）である。このビルは、浦東新区の開発決定からまもない一九九三年、日本の森ビルを中心とする企業グループによって始まったプロジェクトである。この頃、日本ではバブル経済の崩壊で地価下落が続き、森ビルは新たな投資先として上海を選んだ。しかし、工事着工直後の一九九七年、アジア通貨危機が起き、情勢は一変する。上海でのオフィス床の供給過剰が懸念されたため、工事が一時凍結されたのである。その後、二〇〇一年のニューヨークの同時多発テロの影響で、さらに中断が続いた。

約六年のブランクを経て二〇〇三年にプロジェクトは再開されたが、計画内容は大幅に変更された。最も大きな変更点は、高さが四六〇メートル（九四階建て）から四九二メートル（一〇一階建て）に上積みされたことである。当初の計画によれば、マレーシアのペトロナス・ツイン・タワーを抜き世界一になるはずであったが、途中で台北一〇一に越されることが明らかとなった。台北一〇一はこの上海環球金融中心を意識して高さを設定したわけだが、それを抜き返そうとしたのである。

しかし、台北一〇一の高さは五〇八メートルで、四九二メートルの上海環球金融中心は一六メートル及ばない。ただし、台北一〇一の五〇八メートルは尖塔部分（約七〇メートル）を含めた高さで、建物本体の高さで比べれば、上海環球金融中心が、当時世界一であった。

この上海環球金融中心の高さを一四〇メートル上回るビルの建設が、隣接地で進んでいる。高さ六三二メートル、地上一二八階の上海中心（上海タワー）である（二〇一五年竣工予定）。

上海中心の建設が発表されたのは、中国の経済危機の只中であった。上海環球金融中心が完成した二〇〇八年八月の翌月に起きたリーマン・ショックは、世界的な金融危機をもたらし、中国のビルブームにも水を差すことになった。そこで中国政府は、四兆元規模の景気対策を発表し、インフラ整備をはじめとする内需拡大策を実施した。その象徴的存在が、上海中心だったのである。

この上海中心の竣工で、浦東新区のスカイラインも、一応の完成を見ることになる。

北京の変容

中国の首都・北京も、高層化が顕著な都市の一つであるが、一五〇メートル以上の高層ビルの数は上海の約五分の一にとどまる（二〇一四年時点で、一五〇メートル以上が二三棟、うち二〇〇メートル以上は七棟）。その要因の一つには、超高層ビルが建つエリアを限定していることが挙げられる。

現在建っている一五〇メートル以上のビルの大半は、北京市東部に位置する北京ＣＢＤ（面積三・九九平方キロメートル）に立地している。ＣＢＤとはCentral Business District、中心業務地区の略称である。北京CBDは、国際金融、貿易、商業、観光などの多国籍企業が多数進出する国際的なオフィス街として開発が進んでおり、二〇〇九年には、東側に約三平方キロメートルを追加する計画が決定している。

北京CBDの街並み。写真：王蕊佳

北京CBDのマスタープランでは、南北に貫く環状三号線沿道に、高さ一〇〇メートル以上の超高層ビルを誘導する計画となっている。二〇一四年現在、高さ三三〇メートルの中国国際貿易センタービルが最も高いが、二〇一八年には五二八メートルの Zhongguo Zun（China Honour Tower）が竣工予定である。一方、CBD内の居住地域などでは、高さは八〇メートル以下に制限されている。CBDの中心に超高層ビル群の高い山をつくり、周辺にいくにしたがってなだらかに裾野が広がるようなスカイラインの形成が意図されているわけである。

このような北京の高層化は、市内の歴史的街並みにも多大な影響を与えている。北京では、胡同《フートン》と呼ばれる路地や伝統的な居住形式である四合院が、歴史的な景観をつくってきた。しかし、都市再開発によって急速にその姿を消しつつある。

胡同は、六歩（六〜七メートル）の幅員を持つ路地のことである。北京が「大都」と呼ばれていた元の時代に誕生したとされ、七〇〇年以上の歴史がある。なお、胡同は、モンゴル語の「井戸」「集落」と同音であり、人びとが集まって住むという意味に由来するとの説もある（元はモンゴル民族の王朝）。

胡同に面して並ぶ住宅が四合院である。四合院は、中庭を囲うように建物を四面に配置した平屋の建物群で構成されている。大家族が集まって住む居住形式が四合院であった。

屋根が一段高い北面が主棟で一家の主が住み、東西の各棟が長男次男の核家族の住まい、そして南面が台所、便所や倉庫、召使いの部屋などに充てられる。中庭には、決まって日よけのぶどう棚、金魚の鉢、ざくろの木が備わっていると言われ、パティオ式の生活空間を作る。（倉沢進、李国慶『北京』）

現在は、一つの大家族が四合院で暮らす例は少なく、複数、多いと十数世帯が雑居するかたちに変わってきている。また、いたるところで進む再開発によって、老朽化した四合院の建替えも進んでいる。

「大きな胡同は三〇六、小さな胡同は牛の毛ほどある」と言われた胡同も、急速に姿を消している。一九四九年の中華人民共和国建国時には旧城内には三〇五〇あったのが、二〇〇〇年には一五七一に半減、二〇〇一年の北京オリンピックの開催決定を契機に、再開発が首都の風景を一変させ、胡同の減少に拍車をかけていった（二〇〇五年にはさらに一三五三まで減少した）。

胡同の歴史的、文化的価値も顧みられるようになり、二〇一四年現在、計二五地区が保全地区に指定されている。しかし、これらの地区以外の胡同は取り壊すという決定がなされた。

つまり、生活の場としての胡同は姿を消し、観光地化・博物館化された胡同として、残ることになったわけである。

4——ドバイとサウジアラビアの超高層ビル

二〇〇〇年代半ば以降、中東のドバイなどでは、超高層ビルの建設ラッシュが続いてきた。中東では二〇〇〇年時点で一五〇メートル以上の建築物は一〇棟にすぎなかったが、二〇一四年には二五七棟へと二五倍以上に増加した。

二〇一〇年には、世界一の高さを大幅に更新する高さ八二八メートルのブルジュ・ハリ

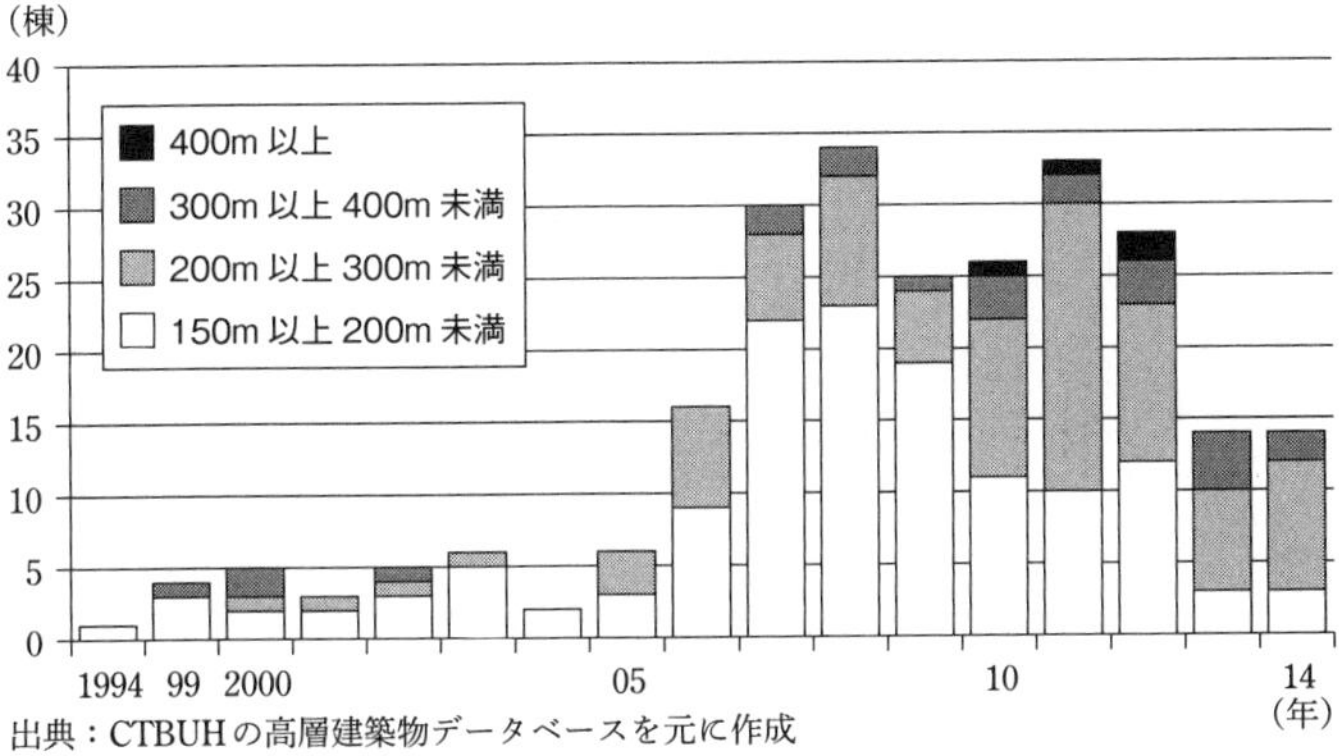

出典：CTBUH の高層建築物データベースを元に作成

図 6－4　中東における高さ別高層建築物建設数の推移

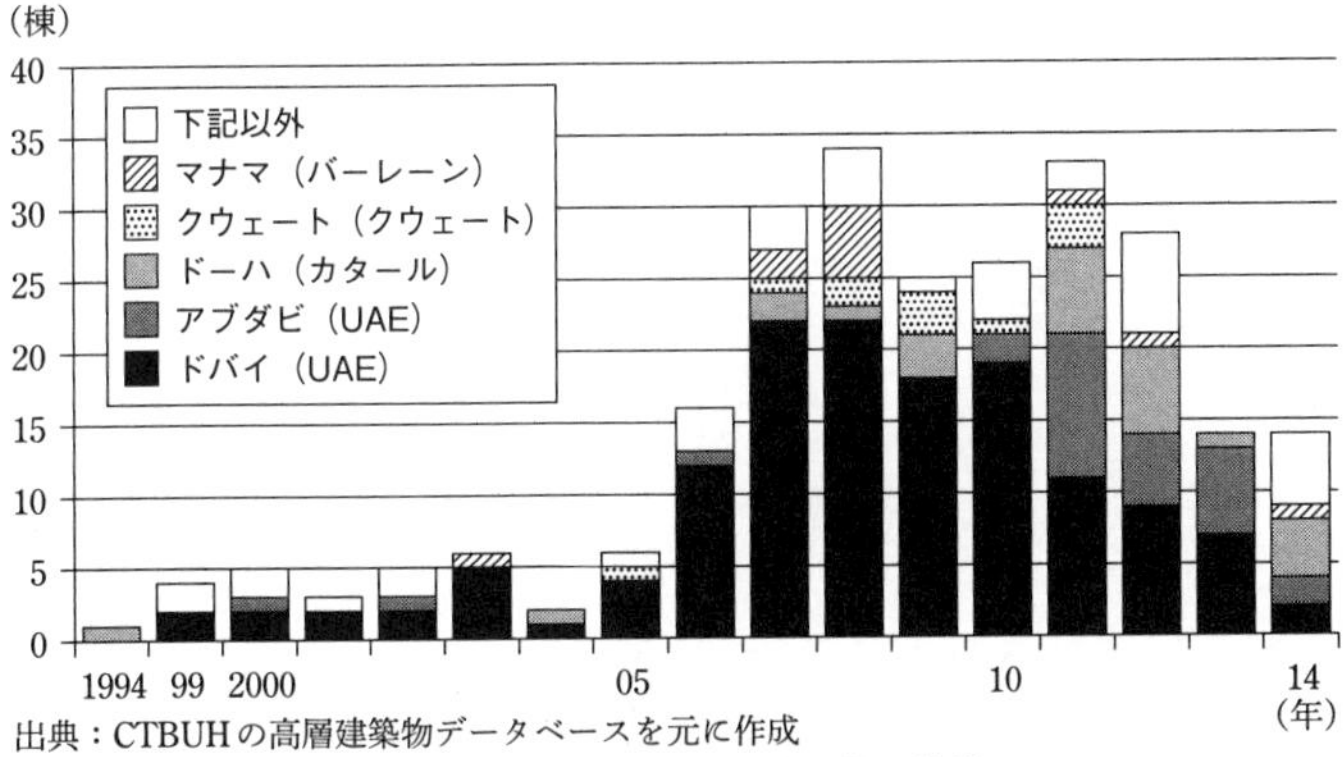

出典：CTBUH の高層建築物データベースを元に作成

図 6－5　中東における主要都市別高層建築物建設数の推移

ファがドバイに完成したが、サウジアラビアの商業都市ジェッダでは、高さ一〇〇〇メートル（一キロメートル）を超える超高層ビルも計画されている。

これらの超高層ビル建設の背景と特徴を見ていくとともに、サウジアラビアのメッカとメディナの二大モスクの拡張計画についても触れたい。

石油価格の高騰とオイル・マネー

中東における超高層ビルの急増を支えたのは、二〇〇〇年代の石油価格の高騰である。一九九〇年代まで一バレルあたり二〇ドル台で推移していた先物原油価格（WTI）は、二〇〇四年に四〇ドル、二〇〇六年に六〇ドルと上昇を続け、二〇〇八年には一〇〇ドルを超えた。

この背景には、ドル不安（ドル安）によって投資資金が、石油や金に流れたことがある。さらに、中国やインドなどの新興国での石油需要の増大、いわゆる「需要ショック」が石油への投機マネーに拍車をかけた。中国では年一〇パーセント超、インドでも平均八パーセント以上の経済成長率が続き、石油需要も拡大していた。

中国の主要エネルギーは依然として石炭であるが、石油の需要が著しく増加している。二〇〇二年までは年間五〜六パーセントの増加率であったが、二〇〇四年には一六パーセントにまで伸びた。かつては石油輸出国であったが、二〇一四年現在では需要の半分以上を輸入に頼る石油消費国となっている。

新興国での需要増によって世界の石油需要は、一九九九〜二〇〇二年には一日一四〇万バレル増加だったのが、二〇〇三〜二〇〇六年には、その三・五倍の一日四九〇万バレルが増産された。その結果、産油国は、膨大な石油輸出収入による、いわゆる「オイル・マネー」（ペトロマネー、ペトロダラーともいう）で潤った。OPECの年間石油収入は、二〇〇四年に二四三〇億ドル、二〇〇七年に六九三〇億ドル、二〇〇八年半ばで年間一兆二五〇〇億ドルと推計されており、わずか四年の間で約五倍に増加した。

石油輸出収入で蓄積された余剰資金は投資に回されていった。一九七〇年代のオイル・ショック時、オイル・マネーの大半は欧米の金融機関によって吸収されたが、二〇〇〇年代になると、中東の不動産開発や、インフラ整備に、その一部は還流していった。産油国では、石油以外の産業が未発達のため、余剰資金の行き先が超高層ビルなどの不動産関連に集中していったのである。

オイル・マネーが中東に還流した理由としては、二〇〇一年のアメリカの同時多発テロの影響もある。このテロ以降、アメリカがイスラームに対する忌避感を強めたこともあり、金融封鎖や資産凍結のリスクを懸念した産油国は、アメリカへの投資の一部を引き揚げ、それを中東の開発に振り向けたのである。

ドバイの象徴ブルジュ・ハリファ

現在、中東における超高層ビルの建設をリードしているのがドバイである。高さ八二八メートルのブルジュ・ハリファをはじめ、中東における高さ一五〇メートル以上のビルの約六割（一四三棟）が、ドバイに集中している（二〇一四年末現在）。

その背景には、このドバイが置かれた特殊な環境がある。ドバイはアラブ首長国連邦（以下、UAE）を構成する七つの首長国の一つであり、首都のあるアブダビに続く二番目の首長国である。しかし、石油埋蔵量は、石油資源が豊富なアブダビに比べて、その三〇分の一にとどまる。それゆえドバイは、早い時期から脱石油依存に取り組まざるを得なかった。八代目首長のラシードは、一九七〇年代から港湾や国際ハブ空港の整備、航空会社（エミレーツ航空）の設立などのインフラ拡充に注力し、「中央アジアからアフリカ東海岸までをカバーする物流拠点」（前田高行『アラブの大富豪』）を目指した。なかでも、ジュバル・アリ自由貿易特区と呼ばれる経済特区は、海外企業の投資を呼び込むことに成功し（六〇〇〇社以上の企業が進出）、現在に至るドバイの方向性が形づくられていった。

二〇〇六年にムハンマド首長の時代に入ってからは、特に不動産開発が積極的に行われ、金融・観光サービス部門の強化がはかられていく。外国企業の法人税を五〇年間免除するほか、外国人の不動産取得を可能とすることで海外からの投資を呼び込み、国際金融センターとしての地歩を固めていった。ドバイの不動産開発は、中東に還流したオイル・マネーの受け皿ともなったのである。

ドバイでは、ヤシの木の形をした人工島群である高級リゾート（パーム・ジュメイラ、パーム・ジェベル・アリ、ザ・ワールド）、世界最大のショッピングモールなど、巨大な施設が次々と建設されているが、とりわけドバイにおける象徴的なプロジェクトがブルジュ・ハリファであろう。八二八メートル、一六三階建ての高さは、それまで世界一の高層ビルであった台北一〇一（五〇八メートル）だけでなく、当時世界一の自立式電波塔CNタワー（五五三メートル）も上回った。たとえれば、台北一〇一の上に東京タワーを載せたほどの高さに及ぶ。

ブルジュ・ハリファ。写真：朝日新聞社

もともと、この建物の名称は「ブルジュ・ドバイ」であった。ブルジュはアラビア語で「塔」を意味することから、ドバイのシンボルタワーを目指したと言えるだろう。ブルジュ・ドバイがシンボルたり得るためには、世界一の高さが必要だった。そのため、当初、設計者であるSOMが示した八〇階建て案は、ムハンマド首長の期待に応えるものではなかったという。

ムハンマドは、世界一への執着心を次のように語っている。

「我々は常に一番でありたい。二番目にエベレストに登った人や月へ行った人なんて誰も覚えていない。人々の記憶に残るのは一番だけだ」（二〇一三年の「政府サミット」での演説。ドバイのニュースサイト 7daysindubai.com 二〇一三年二月一一日の記事）

再検討の結果、当初の倍の一六三階建て、高さ八〇〇メートル超の、ムハンマドいわく「人類史上最高の建物」（前掲記事）として建設されることとなった。工事中、最終的な高さが秘密とされたのも、他のビルに出し抜かれずに世界一を達成するためであった。

しかし、ブルジュ・ドバイの建設が佳境に入った二〇〇九年、いわゆるドバイ・ショックが起こった。ドバイ政府が、政府系企業のドバイ・ワールドやその傘下の不動産デベロッパー・ナキール社の債務返済延期を求めたことに端を発する信用不安によって、世界の株価が急落したのである。

同年一二月、アブダビ首長国などによる一〇〇億ドルの金融支援が行われ、危機を脱することとなった。ドバイのムハンマド首長は、ハリファUAE大統領兼アブダビ首長に敬意を表して、ブルジュ・ドバイの名称を「ブルジュ・ハリファ」へと変更した。

この経済危機の原因ともなったナキール社は、ブルジュ・ハリファに対抗して一〇〇〇メートルを超える高層ビルの建設を二〇〇八年に開始していたのだが、ドバイ・ショックの影響で計画は中止された。一〇〇〇メートルを超えるビルの計画は、ドバイからサウジアラビアに舞台を移して、進んでいく。

サウジアラビアの一〇〇〇メートルビル

二〇〇八年一〇月、サウジアラビアのアルワリード王子は、西部の商業都市ジェッダに一〇〇〇メートル級の超高層ビル「キングダム・タワー」を建設すると発表した。キングダム・タワーはホテル、住宅、オフィスなどの複合ビルで、八万人が暮らし、一日二五万人が訪れることを想定している。いわば一つの都市とも言える規模の建築物である。完成すれば、前章で見たフランク・ロイド・ライトが発表した幻の計画「ザ・イリノイ」(一九五六年)が実現すると言ってもよいだろう(もっとも高さは一マイル＝一・六キロメートルではなく、一キロメートルだが)。最終的な高さは、ブルジュ・ハリファの時と同様に、世界一を狙う他のビルを牽制するため、発表されていない。

アルワリード王子は投資会社キングダム・ホールディング・カンパニーを率いる企業経営者であり、アメリカの経済誌『フォーブス』の億万長者ランキングに名を連ねる中東一

首都リヤドの夜景とキングダム・センター（中央）。写真：朝日新聞社

の資産家、実業家として知られる（二〇一四年版で三三位、二二七億ドル）。同王子は、すでに、首都リヤドにも、同社の所有する超高層ビルを建設している。二〇〇二年に完成した、高さ三〇二メートルのキングダム・センターで、最上階には王子の執務室が置かれている（頂部に穴の開いたデザインは二〇〇八年竣工の上海環球金融中心と類似している）。

キングダム・センターの三倍を超えるキングダム・タワーの計画について、アルワリード王子は、「石油輸出国機構（ＯＰＥＣ）で中心的な役割を果たし、政治的にも経済的にも安定しているサウジアラビアという国の強さを、このビルは象徴する」（ＡＦＰ通信、二〇一一年八月三日の記事）と説明している。世界最大の産油国であるサウジアラビアには世界の四分の一の原油が埋蔵されていると考えられている。その潤沢なオイル・マネーを駆使して、ドバイを上回る超高層ビルを建設し、中東の盟主がサウジアラビアであることを内外に知らしめることを意図しているのであろう。

二聖モスク

サウジアラビアは、超高層ビルの建設だけでなくムスリムの聖地の整備にも積極的である。

聖地とは言うまでもなく、メッカのモスクとメディナの預言者モスクである。サウジアラビアでは、二〇〇〇年の法改正で外国人による事業用不動産の取得が許可されたが、メッカとメディナは除外された。二聖モスクのある両都市が、この国でいかに特別な位置付けにあるかが理解できる。

「二聖モスクの守護者」を自任するサウジアラビア国王は、これまでたびたびモスクを拡張してきた。メッカでは、一九五〇年代と一九八〇年代に拡張工事が行われ、総面積は四・二ヘクタールから三五・六ヘクタールに、収容人数も約七七万人となった。メディナの預言者モスクも、一九五〇年代と一九九〇年代に行われた整備の結果、総面積一六・六ヘクタール、収容人数二七万人となった。いずれの工事も、サウジアラビア最大のゼネコンであるビン・ラディン・グループが請負っていた（ビン・ラディン・グループはアルカイダのオサマ・ビン・ラディンの父親が創業した企業である）。

両モスクの拡張工事では、ミナレットの増設も行われた。

メッカでは、ミナレットが二本新設され、計九本となった。高さはいずれも約九〇メートルもある。

（ところで、増設前の七本目のミナレットについては、次のような逸話が残っている。時代はさかのぼって一七世紀初頭のオスマン帝国の時代、当時の王アフメト一世は、イスタンブールのシンボル的なモスク、アヤ・ソフィア＝ハギヤ・ソフィアに対抗するために、高さ四三メートル、直径二七・五メートルの巨大なドームを持つスルタン・アフメト・モスクを建造した。内側の壁に青いタイルが張られていることから「ブルー・モスク」と呼ばれたモスクである。

アフメト一世は、このモスクに計六本のミナレットを建てようとした。四本のミナレットを持つアヤ・ソフィアを上回ることで、権勢を誇示しようとしたのである。

しかし、当時、六本のミナレットを有するモスクは聖地メッカのみで、これを超えることはできないとイスラームのウラマー（学者）に進言された。それなら、と彼はメッカに七本目のミナレットを寄贈し、自分のモスクには予定どおり六本のミナレットを建立したのだという。このエピソードは、ミナレットが持つ意味を象徴的に示しているのではないだろうか）

メディナの預言者モスクのミナレットは、拡張工事で、モスクの拡張部分を囲うように六本が追加され、計一〇本となった。メッカのミナレットよりも一本多いが、高さも一〇メートル近く上回っていて、一〇五メートルある。拡張前からあったミナレットは七二メートルだったから、三三メートルも高くなった。

二〇〇五年のアブドルアジーズ国王の即位以降も、さらに拡張工事は続いている。二大モスクは、ともに収容人数二〇〇万人以上のモスクへと様変わりしつつある。ミナレットも、これからさらに、増設されていくのだろう。

メッカ・ロイヤル・クロック・タワー・ホテル

モスクの周辺では、高層ビルの建設も盛んである。

その一つがメッカのモスクの目の前にひときわ高くそびえるメッカ・ロイヤル・クロック・タワー・ホテルである。ロンドンのビッグベンのような時計塔の形をした建物であるが、高さ六〇一メートル（一二〇階建て）は、ビッグベンの六倍強に及ぶ（二〇一四年末時点でブルジュ・ハリファに次ぐ世界二番目の高さである）。

メッカ・ロイヤル・クロック・タワー・ホテル。写真：ロイター／アフロ

高さ約四〇〇メートルの位置に巨大な時計が四方の壁に取り付けられており、その大きさは直径約四六メートル（ビッグベンの時計は直径七メートル）、礼拝時刻になると緑色に点灯する。その光は、一〇マイル（約一六キロメートル）先からでも確認でき、昼間でも一一～一二キロメートル離れた場所から見えるという。

この時計が、メッカ巡礼中の信者たちに、一日五回の祈りの時刻を伝えているのである。イスラーム聖職者たちは、世界の標準時とされるイギリスのグリニッジ標準時を、欧米に押し付けられた基準と考えていた。メッカこそが世界の中心であることを主張するために、この巨大な時計が設置されたのである。

このメッカ・ロイヤル・クロック・タワー・ホテルは、その名が示すように時計塔以外の機能も持っている。このタワーは、アブドルアジーズ国王の寄附により開発が進められている、アブラージュ・アル・ベイト・コンプレックスの中にある超高層建築物群の一つであり、巡礼者のための高級ホテルとして使われている。

こうした宿泊施設の拡充や礼拝施設の大拡張の背景には、聖地を訪れる巡礼者の増加がある。

メッカ巡礼は、ムスリムの五つの義務（信仰告白、礼拝、断食、喜捨、メッカ巡礼）の一つであり、生涯に一度は行わなければならない。健康で資力のある者に限るとされているが、近年のイスラーム諸国の経済発展から、メッカ巡礼を行う経済的余裕のある信者が増えている。大巡礼の時期には三〇〇万人もの信者がメッカやメディナを訪れるため、礼拝施設、宿泊施設、道路、鉄道などのインフラの不備が問題となっていた。そこで、二聖モスクの守護者たる国王が、関連するインフラの整備にも乗り出したわけである。たとえば交通では、メッカ―メディナ間（約四四四キロメートル）を結ぶ「巡礼高速鉄道」や、メッカから聖地ミナやラフマ山などをめぐるLRT（ライトレール）の整備が進んでいる。

巡礼者を迎えるための都市整備といえば、第三章で見たローマ教皇シクストゥス五世のローマ改造が思い起こされる。ローマでは、巡礼地（聖堂）の前に目印となるオベリスクが建立され、それぞれの巡礼地を結ぶ直線街路が整備された。メッカの場合は、オベリスクではなくミナレットと超高層ビル、直線道路ではなく鉄道、LRTという違いはあるにせよ、巡礼者を迎え入れ、神の威光を信者に知らしめるための都市改造という意味では変わりはない。

石油依存型経済からの脱却を目指すサウジアラビアでは、観光産業の育成が重要な政策の一つに位置付けられていた。そのため政府は、先の交通インフラ等の整備のほか、巡礼者用ビザの期間延長や、メッカとメディナ以外の地域への訪問の容認などにも取り組んでいた。一連の都市開発は、巡礼者を中心とする観光収入の増加や、急増する若年人口に対する雇用創出といった経済効果も期待されたのである。

一方で、モスクの拡張や周辺開発によって、歴史的な地区や建築物が失われていると批判する現地の考古学者も少なくない。しかし、歴史的な遺産を保全することよりも、巡礼を支えることが、イスラームの伝統の継承であり、「二聖モスクの守護者」たる国王の義務ということなのであろう。

5――ヨーロッパでの超高層ビルの増加

ここまでに見てきたように、超高層ビル競争の主な舞台は、かつてのアメリカからアジアや中東に移ったが、高層化に対する反発が大きかったヨーロッパの諸都市でも、超高層ビルを求める動きが活発化していった。二〇〇〇年代に入ると、高層ビルの立地が抑制されていたロンドン、パリなどの大都市の中心部でも、超高層ビルの建設が増加していく。超高層ビルの都心への回帰が、進んでいった。

二〇〇〇年代以降、超高層ビルが次々に

ヨーロッパにおける一五〇メートル以上の超高層建築物の数は、二〇一四年末現在、一四六棟である。ヨーロッパ全部をあわせても、上海と北京の合計数（二四七棟）と同程度にとどまる。

しかし、二〇〇〇年代に入ってからの伸びは著しいものがある。一九九〇年以前（つまりおよそベルリンの壁崩壊以前）には、一五〇メートル以上の高層ビルはわずか二一棟に過

順位	建物名	所在地	高さ(m)	階数	竣工年	主な用途
1	マーキュリー・シティ・タワー	モスクワ・ロシア	339	75	2013	住宅、オフィス
2	シャード	ロンドン・イギリス	306	73	2013	住宅、ホテル、オフィス
3	キャピタル・シティ・モスクワ・タワー	モスクワ・ロシア	302	76	2010	住宅
4	ナベレジナヤ・タワー・ブロックC	モスクワ・ロシア	268	61	2007	オフィス
5	トライアンフ・パレス	モスクワ・ロシア	264	61	2005	ホテル、住宅
6	サファイア・タワー	イスタンブール・トルコ	261	55	2010	住宅
7	コメルツ銀行タワー	フランクフルト・ドイツ	259	56	1997	オフィス
8	キャピタル・シティ・サンクトペテルブルク・タワー	モスクワ・ロシア	257.2	65	2010	住宅
9	メッセ・タワー	フランクフルト・ドイツ	256.5	64	1990	オフィス
10	トーレ・デ・クリスタル	マドリッド・スペイン	249	50	2008	オフィス

表6－2　ヨーロッパにおける超高層ビル上位10棟（2014年末現在）

ぎなかったが、二〇〇〇年以降、現在の四分の三にあたる計一〇八棟が建設された。

表6－2のヨーロッパにおける超高層ビルの高さ上位一〇棟を見ると、八棟（イギリス、ロシア、トルコ、スペイン）が、二〇〇〇年代半ば以降に建てられたものである。

ロシアでは、中東と同じく、二〇〇〇年代の原油・天然ガス価格の高騰による潤沢な資金を背景とした超高層ビルブームが起きた。一九五〇年代には社会主義が超高層ビル（スターリン・デコ）をつくり、二〇〇〇年代には資本主義化が超高層ビルをつくったわけである。

ロンドン・シティの超高層ビル

二〇〇〇年以前、ヨーロッパの超高層ビルは、ドイツであればフランクフルト、フランスではラ・デファンス地区に多かった。ドイツ一の経済都市であるフランクフルトは国際金融拠点として知られ、ラ・デファンス地区は歴史的街並みが広がるパリ近郊の再開発地区である。

パリと同じく、ロンドンでも、超高層ビルの建設は、市の東部のドックランズ地区などの都心から離れた場所で行われていた。第四章で見たように、ロンドン・シティでは、厳格な高さ制限（セント・ポールズ・ハイツ）が実施されているため、基本的に超高層ビルの建設は抑制されていた。そこで、一九八〇年代のマーガレット・サッチャー政権下では、規制緩和策の一環としてドックランズ地区で再開発が進められたのである。

しかし、経済のグローバル化による都市間の競争の激化で、利便性の高い都心部での超高層ビルの建設を求める議論が、ヨーロッパでも活発化していく。

ロンドン中心部のシティでも、経済・金融センターとしての地位が低下し、ドックランズ地区や他地域への投資資金の流出が懸念されたことから、シティにおける超高層ビル待望論が沸き起こった。こうして提案された計画の一つが、高さ三八五・六メートル、九六階建てのロンドン・ミレニアム・タワーである。一九九六年に建築家ノーマン・フォスターによって設計されたこの案は、ロンドン中心部における超高層ビルの是非をめぐる論争を呼ぶきっかけとなった。

一九九八年に英国政府の諮問を受けたロンドン計画諮問委員会（LPAC）は、「超高層ビル（tall building）は富と権威と影響力の顕示」に過ぎず、「二等の都市（second cities）が権威付けのために超高層ビルを必要としている」のであり、ロンドンに超高層ビルは必要なしという見解を示した（矢作弘「ロンドンの超高層ビル論争」福川裕一、矢作弘、岡部明子『持続可能な都市』。以下、段落内の引用も同様）。シティからドックランズへ企業が流出しても、ロンドン経済に不利にならないとの主張である。委員会は、世界都市ロンドンとしての強みは、「経済力と同時に、多様にして豊かな文化にある」ため、超高層ビルを建設するにしても「ロンドンに固有の都市の魅力や等身大のまちを呑み込むようなものであってはならない」とも指摘した。

30セント・メリー・アクス。写真：中井検裕

結局、ミレニアム・タワーは建設されなかったが、その敷地には、高さ一八〇メートルのスイス・リー本社ビル（三〇セント・メリー・アクス）が二〇〇四年に開業した。設計はミレニア

シャード。写真：中井検裕

ム・タワーと同じノーマン・フォスターである。キュウリのピクルスのような形状から「ガーキン」と呼ばれるこのビルは、セント・ポール大聖堂を中心としたロンドンのスカイラインに大きな変化をもたらした。セント・ポール大聖堂の司祭は、大聖堂のドームに対抗しようとしているとして、このビルに懸念を示した。

しかし、これ以降、ロンドン中心部で超高層ビルの建設が進んでいくことになる。二〇〇四年、ケン・リビングストン大ロンドン市長は、コンパクトシティを実現するためには超高層ビルが有用であるとして、地区を限定して超高層ビルを都心部に誘致する方針を示した。

この方針転換の結果、いまや、ロンドンにある高さ一五〇メートル以上のビルのうち、シティやその近辺に立地するものが一二棟中五棟にのぼる。

その一つが、二〇一三年七月に完成したシャード（The Shard）である。テムズ川を挟んでシティの向かい側に立つこのビルは、高さ三〇六メートル（七三階建て）でヨーロッパ第二位の高さを持つ（二〇一四年末時点）。先に、二〇〇〇年以降の超高層ビルブームはオイル・マネーにも支えられていたと述べたが、シャードも、その建設資金は中東のオイル・マネーによる。

パリにおける規制緩和と超高層ビル開発

前章で見たとおり、パリは、一九七〇年代初頭の高さ二〇九メートルのモンパルナス・タワーの建設を契機として、市内の伝統的な都市景観を守るために規制強化に転じていた。市内では高さ三七メートル（再開発区域）までに制限されていたため、高層ビルは、市外のラ・デファンス地区に建設されるようになったのである。

ラ・デファンス地区は、グラン・ダルシュ（Grande Arche）という高さ一一〇メートルの大凱旋門を中心に高さ一〇〇メートル超の高層ビル群が林立する再開発地区である。大凱旋門は、一九八九年に、フランス革命二〇〇年を記念して建てられたのだが、ルーヴル美術館前のカルーゼル凱旋門とエトワールの凱旋門を結ぶパリの歴史的な軸線の延長線上に据えられ、新しいパリ都市圏のシンボルとなっている。

このように、パリ市内での超高層ビルは制限されていたわけだが、二〇〇八年にベルトラン・ドラノエ市長は規制緩和策を発表した。市の外周道路沿いの六ヵ所に、高さ一五〇メートルから二〇〇メートルの商業・オフィスビルと高さ五〇メートルの住宅を建設する構想を示し、市議会の承認を得た。その背景には、市内の慢性的なオフィス不足による市外・国外への企業流出があった。都心部の住宅がオフィスとして使用されるケースも増え、結果として住宅不足も問題となっていた。

この規制緩和に対しては、高層ビルの建設が進んだ七〇年代に逆戻りするとして批判の声も多かった。二〇〇四年のある調査では、市民の六割が高層化に反対だったという。

しかし、開発は進んできており、プロジェクトの一つ「トリアングル（Triangle）」では、市南西部の見本市会場跡地に、高さ二〇〇メートルのガラス張りの三角錐状の高層ビルが計画されている。ほかにも計画が進んでいるが、いずれのプロジェクトも開発区域は、シャンゼリゼなどの都心部ではなく、市縁辺部の外周道路沿いである。これはモンパルナス・タワーの反省を踏まえたものと言えるが、反対意見はいまだ根強い。

6――日本の超高層ビルの現在

二〇〇〇年代に入ると、日本でも超高層ビルの建設が活発になっていく。世界的な都市間競争の激化とともに、バブル崩壊後の景気対策として容積率等の規制緩和が講じられていったことが背景にある。東京、大阪、名古屋の都心部での再開発が行われていく中で、先に見たロンドンやパリと同じように、高層ビルの都心回帰が進んでいく。

日本における高さ一五〇メートル以上の建築物の数は、二〇一四年末現在、一九〇棟で、ヨーロッパ全体（一四六棟）と比べれば多いものの、中国（一一〇五棟）には及ばない。高さでも、三〇〇メートル以上が二九棟ある中国に対して、日本における三〇〇メートル以上の高層ビルは、二〇一四（平成二六）年に竣工したあべのハルカス（三〇〇メートル）のみである。超高層ビル建設における日本の存在は、薄くなりつつある。

横浜ランドマークタワー。写真：著者

臨海部の超高層ビル開発

あべのハルカスに抜かれるまで日本一の座にあったのは、一九九三（平成五）年完成の横浜ランドマークタワー（二九六メートル）である。

横浜のみなとみらい地区にある、この横浜ランドマークタワーをはじめ、一九九〇年代半ばの超高層ビルを見ると、りんくうゲートタワービル（泉佐野市りんくうタウン）、大阪ワールドトレードセンタービル（コスモスクエア地区）など、都心

順位	建物名	所在地	高さ(m)	階数	竣工年	主な用途
1	あべのハルカス	大阪・阿倍野	300	60	2014	ホテル、オフィス、商業
2	横浜ランドマークタワー	横浜・みなとみらい	296	73	1993	ホテル、オフィス、商業
3	りんくうゲートタワービル	大阪・りんくうタウン	256	56	1996	ホテル、オフィス
4	大阪ワールドトレードセンタービル（現大阪府咲洲庁舎）	大阪・コスモスクエア	256	55	1995	オフィス
5	虎ノ門ヒルズ	東京・虎ノ門	256	52	2014	ホテル、住宅、オフィス、商業
6	ミッドタウン・タワー	東京・赤坂	248	54	2007	ホテル、オフィス
7	ミッドランド スクエア	名古屋・名古屋駅前	247	48	2007	オフィス、商業
8	JRセントラルタワーズ オフィスタワー	名古屋・名古屋駅前	245	51	2000	オフィス、商業
9	東京都庁第一本庁舎	東京・西新宿	243	48	1991	オフィス
10	サンシャイン60	東京・池袋	240	60	1978	オフィス

表6－3　日本における超高層ビル上位10棟（2014年末現在）

から離れた臨海開発部に立地するものが多い。土地不足や、一極集中の弊害を解消する手段の一つとして超高層開発が行われた例と言えるだろう。なお、バブル期には、土地不足から都心の国有地の売却も進められていった。防衛庁跡地につくられたミッドタウン・タワー（高さ二四八メートル、二〇〇七年）や国鉄の操車場跡地であった汐留、品川における一連の超高層ビル開発は、バブル崩壊後に進捗していくことになる。

バブル後の規制緩和と超高層ビルの都心回帰

バブル経済の崩壊後、景気回復の

手段として各種規制緩和が行われていった。不良債権化した土地の流動化と有効利用を促進するために、容積率の緩和が実施されていった結果、東京、大阪、名古屋の都心部において再開発が進展し、超高層ビルも林立していくようになる。

図6－6は東京都内における六〇メートル超の建築物の建設数の推移を見たものである。一九九〇年代はほぼ年間三〇棟以下であったが、規制緩和策が本格化する二〇〇〇年代に入ると、年間四〇棟から七〇棟程度と大幅に増加している。高さ六〇メートル超の高層建築物の半数強が二〇〇二年以降の約一〇年間に建設されている。しかし、高さが二〇〇メートルを超えるものはほとんどない。

なお、日本で三〇〇メートルを超えるビルが建たない理由の一つは航空法の制限が大きく影響している。東京の場合、羽田空港の離着陸の安全性を確保するために一定範囲に高さ制限が設けられており、超高層ビルの需要がある都心部には、この高さ制限がかかっている。したがって、建物の高さで世界と競う道がそもそも閉ざされた日本において、企業やデベロッパーが、高さの追求ではなく、容積率の緩和に注力していくのは必然であったと言えよう。

あべのハルカス。写真：著者

これら一連の開発により、東京都心のスカイラインは大

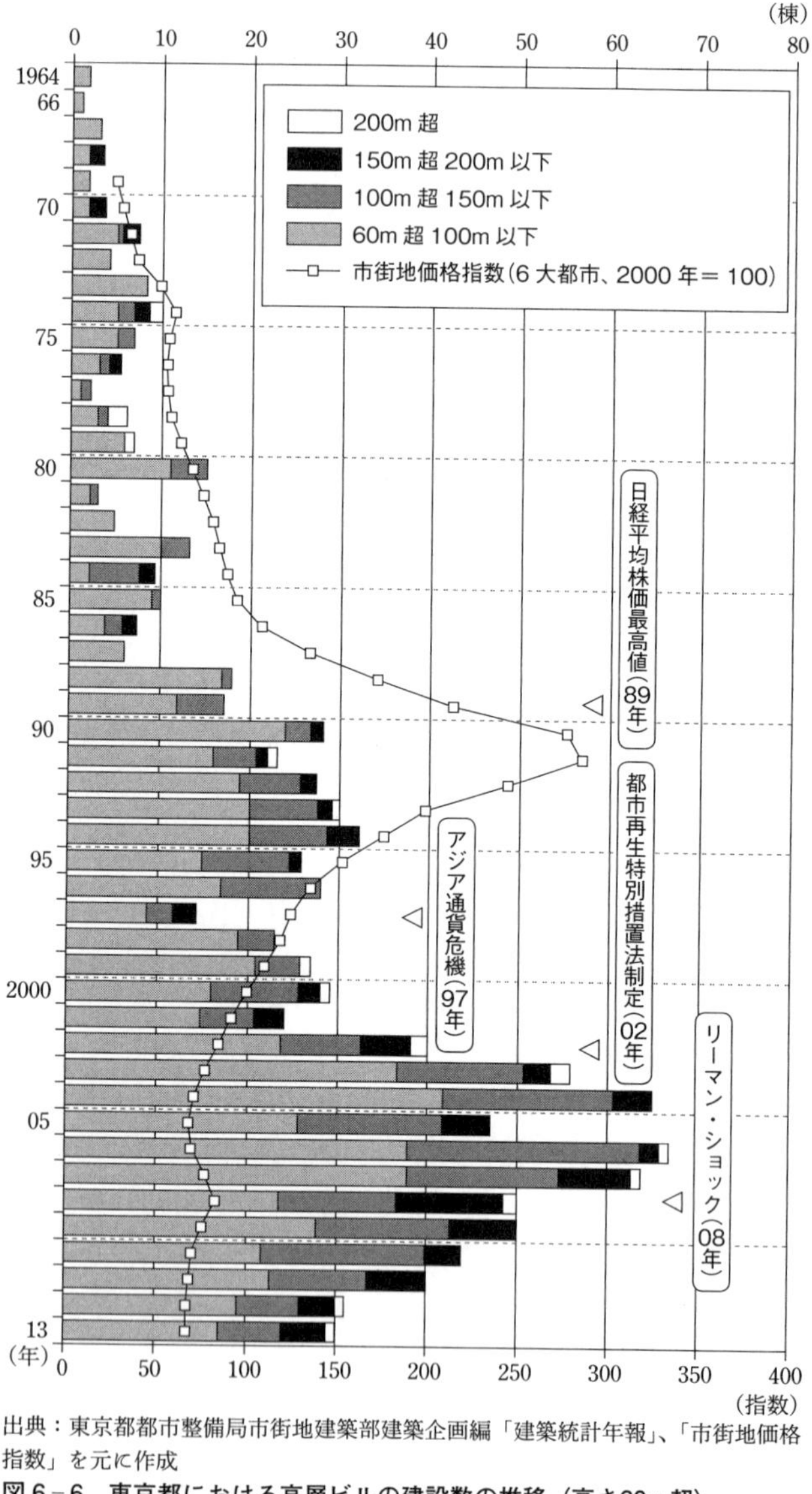

出典：東京都都市整備局市街地建築部建築企画編「建築統計年報」、「市街地価格指数」を元に作成

図6－6　東京都における高層ビルの建設数の推移（高さ60m超）

きく変化した。たとえば、丸の内では、一九九〇年代末から再開発が進み、近年一五〇〜二〇〇メートル規模の超高層ビルの建設が進んだ。かつて美観論争の発端となった東京海上ビル（第五章参照）が周囲の建物の中に埋没し、目立たないほどである。

一九九七年には丸ビル（一九二三年竣工）が解体され、二〇〇二年に高さ一八〇メートルの新しい丸ビルとして生まれ変わった。丸の内では一〇〇メートルを超えるビルはかつて東京海上ビルだけであったが、現在、新しい丸ビルをはじめ、約三〇棟（二〇一三年時点）にまで増えている。

丸の内地区では、高層化にあたって、主に一九五九年の「丸ノ内総合改造計画」以降つくられた、三一メートルライン（かつての一〇〇尺）の街並みを継承するために、高さ三一メートルの基壇部（低層部分）の上に、壁面を後退させて高層部分を載せる形で再開発（明治期の赤煉瓦の開発から数えると再々開発）を行った。

前章で見たように、一九六〇年代以降、建物の周囲に空地をとるタワー・イン・ザ・パーク型の高層ビルが理想的であるとされていた。だが、こうした空地は、必ずしも都市の環境に寄与したわけではなかった。広いだけの空地は使いにくく、人のいない寂しい広場となることも珍しくなかったのである。丸の内の再開発は、タワー・イン・ザ・パーク型の反省を踏まえ、道路に沿って建物をつくる従来の街並みを維持しながら、高層化をはかった。

皮肉なことではあるが、一九六〇年代には、時代遅れとみなされていた従来の高さ三一メートルの街並みは、丸の内の歴史的な資産と認識されるようになり、街並みの連続性や賑わいを生む要素として積極的に評価されるようになったのである。

また、容積率緩和の要件が、オープン・スペースの設置だけでなく、歴史的建造物の保存なども対象となった。たとえば、明治生命館（一九三四年竣工）の重要文化財の指定にあわせて、隣接敷地の高層ビルの容積率が緩和された。一九六八（昭和四三）年に取り壊された旧三菱一号館は、二〇〇九（平成二一）年の再開発に際して復元（再現）されたが、これにより容積率の緩和も受けている。

丸の内のスカイライン。写真：著者

7——自立式タワーの現在

高層建築物の数が増加する一方、電波塔や展望塔などの自立式タワーの建設は九〇年代

	高層ビル（棟）	自立式タワー（棟）
1960年代	11	9
1970年代	44	11
1980年代	64	12
1990年代	108	22
2000年代	298	5
2010年代	390	4
計	929	63

出典：CTBUHの高層建築物データベースを元に作成

表6−4　年代別に見た高さ200m以上の高層ビル・自立式タワーの建設数

をピークに減少の一途をたどってきた。二〇〇〇年以降に世界で建てられた高さ二〇〇メートル超の高層ビルは、計六八八棟に及ぶが、自立式タワーはわずか九棟にとどまっている。

タワーの建設が少ない理由は、三〇〇メートル、四〇〇メートル級の高層ビルが増え、屋上にアンテナをつければ電波塔としても活用できるようになったためである（前章で見た、北米において自立式電波塔が少ない理由と同じである）。

二〇世紀半ば以降、電波塔が最も高い建造物であった。しかし、現在、世界で一番高い建造物は高層ビルであるブルジュ・ハリファである。同じ中東のクウェートでも、電波塔のリベラシオン・タワー（三七二メートル）よりも、高層ビルであるアル・ハムラ・タワー（四一三メートル）の方が高い。アジアに目を向けると、上海では、東方明珠電視塔（四六八メートル）のすぐそばに、上海中心（六三二メートル。二〇一五年完成予定）が建設中である。クアラルンプールでは、四五二メートルのペトロナス・ツイン・タワーが、電波塔であるメナラ・クアラルンプール（KLタワー、一九九六年竣工）を三〇メートルほど上回っている。

こうした世界的な流れを考えると、二〇一二（平成二四）年に完成した高さ六三四メートルの東京スカイツリーは異質の存在である。

東京スカイツリー

東京スカイツリー建設の直接的なきっかけは、一九九八（平成一〇）年に郵政省（現総務省）がテレビ放送の地上デジタル化の方針を決めたことにさかのぼる（一九九八年一〇月『地上デジタル放送懇談会報告書』）。地上デジタル化は一九九八年九月にイギリス、同年一一月にアメリカで開始され、世界的な趨勢だった。

地上デジタル放送を関東一円に送信するためには、六〇〇メートル級の電波塔が必要であるとされていた。従来の地上アナログで用いていたVHF帯と異なり、UHF帯の電波は直進性が強く、到達距離も短いためにより高い場所から送信する必要があるという。高さ三三三メートルの東京タワーでは、UHF帯電波の送信能力が十分ではないことになる。

そこで、まず東京タワーを運営する日本電波塔株式会社が、東京タワーの隣接地に約七〇〇メートルの電波塔を新設する構想を示した。その後、他地域からも電波塔の新設案が出されていった。新宿副都心に六〇〇メートル級の電波塔をつくる案をはじめ、多摩部、さいたま新都心、豊島区、練馬区、足立区、秋葉原、台東区、墨田区などさまざまなエリアがタワー建設候補地に名乗りを上げた。

最終的には、二〇〇六年三月に、在京放送局で構成される「在京六社新タワー推進協議会」によって、墨田区押上の東武鉄道が所有する貨物鉄道用地を含む六・四ヘクタールに決まった。墨田区が選ばれた理由は、都心に近く混信が少ない点など、技術的問題がクリアされていたことが大きかったという。

東京スカイツリー。写真：著者

しかし、いちばんの決め手となったのは、東武鉄道という具体的な事業主体が確保できたことであろう。

放送局側はタワーの建設や運営には直接関与せず、賃料を支払って間借りする形がとられた（これは従来の東京タワーと同じである）。先に「さまざまなエリアが名乗りを上げた」と述べたが、候補地側がタワー建設・運営の事業主体を探し、建設資金の目途をつける必要があった。しかし、多くの候補地は、建設意欲はあったものの、資金を確保する力が不足していた。最も実現性の高い候補地が墨田区押上だったのである。

テレビ局側とすれば、新タワーができるに越したことはないが、東京タワーの継続利用でも、問題はなかった。つまり、タワーをきっかけに町おこしを望む地域が名乗りを上げなかったら、新タワーは建設されず、それまでどおり送信も東京タワーから行われていただろう（実際、地上デジタル放送移行後、しばらくは東京タワーから問題なく電波は送信されていた）。

前章で見たように、自立式電波塔のかわりに、アンテナを屋上に据えた六〇〇メートル級の超高層ビルをつくる方が、経済的合理性があるとも言える。しかし、都心部（おもに都心三区）の建物床の需要は旺盛だったが、その大半のエリアには航空法の高さ制限がかかるため、実現性は低かった。逆に、航空法の影響を受けないエリアは需要がそれほど期待できない。東京タワーに代わる電波塔が、高層ビルではなく自立式電波塔となったのは、こうした東京ならではの事情があったとも言えるだろう。

広州タワーとスカイツリー

新しい電波塔の当初の仮称は「すみだタワー」、高さは六一〇メートルであった（この高さは、第五章で見た幻のＮＨＫタワーと同じ高さである）。正式名称は、二〇〇八（平成二〇）年、公募の結果「東京スカイツリー」に決まり、翌年一〇月には高さが六一〇メートルから六三四メートルに変更された。この高さは武蔵《むさし》の国の語呂合わせと発表されている。

だが、高さの上積みには、同時期に建設が進められていた中国の自立式電波塔・広州タワーが、六一〇メートルで計画されていたことも影響していた(実際の広州タワーは、航空局からのクレームに対応して、計画より一〇メートル低い六〇〇メートルのタワーとして完成した)。アジア一の座をめぐる競争である。

デザインを比較すると、広州タワーは、鼓《つづみ》型の鋼管構造であり、神戸ポートタワーを思わせるデザインとなっている。一方、東京スカイツリーも鋼管構造ではあるが、鼓型ではなく、東京タワーのような開脚型の鉄骨の塔でもない。開脚式にすると、地表面で一辺二〇〇メートル四方の面積が必要となるが、建設用地は細長くスペースのゆとりはない。ヨーロッパのタワーのように鉄筋コンクリート造のシリンダー型であれば平面の面積は節約できるが、鉄骨と比べて重量が大きくなり、ひび割れなどの問題が懸念された。そこで、鉄骨の鋼管構造を採用し、地表から三〇〇メートルくらいまでの平面形状は、一辺六八メートルの正三角形となった。これは、あまり広くない敷地でタワーを建てるための工夫だが、そもそもこのタワーはいわゆる密集市街地に立地している。家屋が高密度で建て込んでいる中に六〇〇メートルを超えるタワーが屹立するさまは、都心から離れた場所に電波塔をつくるヨーロッパの景観とは大きく異なる。

一九五〇年代のテレビ放送開始当時を振り返っても、東京にはＮＨＫ、日本テレビ、ＴＢＳのテレビ塔が市街地の只中に立っていた。また、東京タワーは芝公園の中にあるが、公園の端に位置するため実質的に市街地の中に立地している。つまり、東京スカイツリーは、東京における伝統的な電波塔の配置を踏襲していると言えるだろう。

変わる東京タワーの存在

東京スカイツリーの完成で東京タワーの役割は大きく変わった。東京の視覚的ランドマークとしてばかりでなく、本来の電波塔としての機能も終えようとしている（ただし、緊急時におけるバックアップ機能やＦＭ放送などの一部電波の発信は継続している）。

ランドマークや実用的機能としての役割は弱くなったものの、最近では映画『ALWAYS三丁目の夕日』などに見られるように、東京タワーは、昭和の時代の象徴として、懐かしさや郷愁をもたらす存在にもなりつつある。

東京タワーは、二〇〇八（平成二〇）年に、五〇周年を迎え、二〇一三（平成二五）年には、文化財保護法に基づく登録有形文化財に登録された。

文部科学省が告示した登録有形文化財の登録基準を見ると、建築物、土木構造物及びその他の工作物のうち、原則として建設後五〇年を経過し、かつ、（１）国土の歴史的景観に寄与しているもの、(2) 造形の規範となっているもの、(3) 再現することが容易でないもの、のいずれかに該当することとされている。高度成長期に先進性や未来のシンボルだった東京タワーは、「歴史的」な建造物へと移行しているとも言えるだろう。

なお、テレビ塔などのタワーの文化財登録は、東京タワーが最初ではない。二〇〇五(平成一七)年には日本初の集約電波塔である名古屋テレビ塔が、また、二〇〇七(平成一九)年には通天閣が登録有形文化財となっている(二〇一四年には神戸ポートタワーも登録された)。

クウェートとイランの電波塔が示すもの

本書は、中東の古代文明の巨大建造物から始まった。本書の最後も、中東にまた戻る。中東においても電波塔はつくられているが、他の国のものとは異なる役割、意味を有するタワーがある。それがクウェートのリベラシオン・タワーとイランのミーラード・タワーである。

中東有数の産油国の一つ、クウェートの首都の中心部には、高さ三七二メートルのテレビ塔「リベラシオン・タワー(解放タワー)」がそびえ立つ。高さ三七二メートルのテレビ塔は、東京タワーを四〇メートル近く上回っている。

クウェート・タワー。写真：共同通信社

この電波塔は、「クウェート・テレコミュニケーション・タワー」として、一九八七年から建設が進んでいた。しかし、一九九〇年八月、イラク軍のクウェート侵攻から湾岸戦争が勃発し、工事の中断を余儀なくされた。戦後、一九九三年に工事は再開、タワーの名前は「リベラシオン・タワー」に変更され、一九九六年に完成した。当初は単に市のランドマークとなる電波塔であったのだが、イラクからの解放を記念するシンボルとしての意味が付与されたのである。

クウェートには湾岸戦争の影響を受けたタワーがもう一つある。イラク軍の侵攻後、間もなく攻撃されたクウェート・タワーである。一九七九年、ペルシア湾に面する公園内に建設されたこのタワーは、一八七メートルと一四七メートルの、高さが異なる二本の給水塔である。

給水塔ではあるが、実用性を超えたシンボリックなデザインが特徴的となっている。シリンダー状の塔身に巨大な球体が串刺しにされた形をなし、球体はイスラーム建築のような陶器製の青いタイルで覆われている。巨大な球体部分は貯水タンクとなっており、四五〇〇立方メートル（キロリットル）もの水を貯めることが可能であるという。高い方のタワーには大小二つの球体があり、高さ一二三メートルの位置に設置された小さい方の球体には回転式のカフェと展望デッキが設けられている。

しかし、なぜ給水塔に象徴性を持たせる必要があったのだろうか。

クウェートの地勢に目を向けると、大半は砂漠地帯でしかも河川がない。降水量が少ない土地柄ゆえ、国の発展のためには水資源の確保が急務であった。海水蒸留工場で精製された水は給水タンクに貯められた。水道は、石油とともにクウェートの命運を握る生命線であり、それを象徴する建物が給水塔であった。

また、この二つの給水塔が計画されたのは、イギリスから独立を果たした一九六一年の翌年である。ヨーロッパの帝国列強に支配されていた時代からの脱却を記念する意図から、よりイスラーム色の強い意匠をまとうタワーをつくることになったのであろう。

イランの情報統制のためのタワー

二〇〇八年、イランの首都テヘランの北西部に、高さ四三五メートルのミーラード・タワー (Milad Tower) が完成した。CNタワーに似た形状の鉄筋コンクリート製の塔体に高さ一二〇メートルのアンテナがつけられたタワーで、高さ三〇〇メートルの位置には展望台が設置されている。展望台のある部分は一二層に及ぶ巨大な建物ともなっている。この

ミーラード・タワー。写真：ESLAMIRAD Mohammad/GAMMA/アフロ

タワーは通信・貿易・観光の拠点となる複合開発のランドマークと位置付けられ、タワーの足元には国際会議場なども設けられている。

テヘランのシンボル的な建造物としては、アザディ広場にあるアザディ・タワー（自由の記念碑）が知られている。高さ約五〇メートルのアーチ状のコンクリートのタワーで、一九七一年にパーレビ王朝二代目のムハンマド・レザー・シャー・パーレビがペルシア帝国建国二五〇〇周年を記念して建立したモニュメントである。いわば、一九七九年のイラン革命（イスラーム革命）以前の王政期のシンボルであった。それゆえ、革命後の政権は、ミーラード・タワーを新たなシンボルに位置付けたと言えるだろう。

革命後の保守的なイスラーム政権は、西洋文明をイスラーム文明に対する脅威とみなしてきた。一九九五年、西側諸国からの情報浸透を防ぐために衛星放送受信禁止法を制定したことは、そのあらわれと言える。しかし、西側からの情報を手に入れたい人びとの欲求を抑えることは難しく、闇ルートを使ってパラボラアンテナを立てる家が少なくなかった。

そこで政府の取った手段が受信妨害電波の発信であり、その妨害電波がミーラード・タワーから送信されている。情報を送信する電波塔が、むしろそれを妨げるものとして用いられているわけである。西欧文化の侵入を防ぐために、西側文化の産物である電波塔を用いている点が皮肉と言えよう。

終章　高層建築物の意味を考える

ここまで見てきたように、人類は、さまざまな動機で高層建築物をつくってきた。建物の高さには、意識的にせよ無意識的にせよ、多様な意味が込められてきた。

建物の高さや高層化が持つ意味は、次の二つの観点に分けることができるだろう。作り手（「高さ」を生み出す側）にとっての高さの意味と、受け手（「高さ」を享受する側）にとっての意味である。

前者には、権力の象徴・権威の誇示の手段、人間の本能・能力の誇示、経済性の追求、国家間・都市間競争の手段などがあり、後者には、アイデンティティの形成、眺望の獲得、景観・スカイラインの形成がある。

この中から、以下の七つの視点

1 権力
2 本能
3 経済性
4 競争
5 アイデンティティ
6 眺め
7 景観

を取り上げ、本書のまとめとしたい。

1 権力

「人間は自らが残したモニュメントによってのみ偉大となる」(トーマス・ファン・レーウェン『摩天楼とアメリカの欲望』)とナポレオン一世が語ったように、為政者は高層建築物や巨大建造物をつくることで、自らの権力の大きさを示そうとしてきた。

巨大な建築物を建設するためには、莫大な富や労働力、高度な技術を必要とする。巨大建造物の建設は、それらすべてを手にしていることを世に知らしめる手段として最適であった。建築評論家のディヤン・スジックは、「風景のなかに建築物で痕跡を残すことと、政治的な権力を行使すること」は、「どちらも、意志の押しつけに依存している」点で心理的な類似が見られると指摘している(『巨大建築という欲望』)。高層建築物と権力者は、親和性の高い組み合わせというわけである。

高層建築物や巨大建造物によって象徴される権力の種類は、時代や地域によって異なる。

かつては、主に宗教的権威を象徴した。現人神であるファラオを象徴するピラミッドや、地上と天国を結びつけるジッグラト、キリスト教のゴシック大聖堂、釈迦の遺骨を納めた仏塔などを見ればわかるように、圧倒的な高さや規模を有する建造物は、人間の力を超越した存在を暗示し、国王や聖職者はそれを利用することで自らの力を誇示する恩恵に与《あずか》った。

一六世紀の宗教改革以降のヨーロッパでは、記念碑的な巨大な建造物が国家の威信を示していった。

一九世紀末からは、資本主義経済の発展に伴って企業等が高層オフィスビルや高層住宅を建設し、高層建築物の世俗化、大衆化が進んだ。その時代を代表する産業の大企業が、高層建築物の担い手となっていった。たとえば、ニューヨークにおけるクライスラー・ビルやイタリアでのピレリ・ビルは、モータリゼーションが本格化した時代につくられた自動車関連企業の本社ビルであった。シカゴのシアーズ・タワーは、戦後アメリカの消費文化の象徴である百貨店シアーズの本社ビルとしてつくられた。一九九〇年代以降は、潤沢なオイル・マネーを抱える国営・政府系のエネルギー企業が、中東、東南アジア、ロシアなどで超高層ビルを建設していった。

二〇世紀はじめ、ナチス・ドイツをはじめとする全体主義国家では、国民の誇りを取り戻すことを大義名分に凱旋門や大会堂などの巨大建造物が計画された。冷戦時に建設されたソ連のオスタンキノ・タワーや、東ドイツのベルリン・テレビ塔は、社会主義・共産主義のイデオロギーの浸透を意図したものであった。

高層建築物が権力の表象であるのは、民主主義国家でも変わらない。アメリカの首都ワシントンD.C.の中心に屹立するオベリスク状のワシントン記念塔は、アメリカの国家理念を象徴し、連邦の紐帯《ちゅうたい》となるべく建立された記念碑であった。フランスのミッテラン大統領が一九八〇年代に、シャンゼリゼの軸線の延長線上につくった新凱旋門（グラン・ダルシュ）などは、ナポレオン一世やナポレオン三世と同じように、自らの存在を都市に刻むモニュメントであったと言えよう。

新しい政治体制が誕生するさい、過去の権力の象徴的な建造物を破壊することで自らの正統性を示すことは少なくない。たとえば、ソヴィエト連邦でスターリンは、旧体制のシンボルである救世主キリスト大聖堂を破壊し、その跡地に共産党を称えるソヴィエト宮殿を建てようとした。また、日本の明治新政府は、各地の天守を封建時代の遺物として破壊し、軍用地、行政施設などに転用して近代国家を支える機能への衣替えをはかった。

破壊ではないが、以前の為政者がつくった巨大建造物の高さを超える建築物をつくることで、自らの権力、権威を誇示しようとすることもある。

ナポレオン一世によるエトワール凱旋門（高さ五〇メートル）は、古代ローマの凱旋門より高いものをつくらせたと言われている。ヒトラーがベルリンに計画した凱旋門は、さらにその二倍以上の約一二〇メートルであった。北朝鮮の首都平壌にある金日成の凱旋門は、エトワール凱旋門を一〇メートル上回ることが観光の「売り」となっている。

そして、先に述べたミッテランの新凱旋門は、本家の二倍強の約一一〇メートルに及ぶ。

高い建物を「つくらせないこと」で権力の存在を示すことも、歴史を通して行われてきた。

日本に目を向けると、徳川幕府は、一国一城令によって城の建設や修繕を原則的に禁止した。町人に対しても、身分制に基づいて三階建ての建物の建設を禁じた。

一九六〇年代半ばの丸の内美観論争においては、皇居の濠端に建設予定の東京海上ビルが皇居を見下ろすことになり、これを「不敬」であるとして問題視する意見も出された。これも、建物の高さが、ある種の権力の存在を浮かび上がらせることになった例と言える（第五章で見たように美観論争の本質は皇居ではなかったが）。

中世のヨーロッパを見てみると、イングランドでは、ギヨーム（ウィリアム一世征服王）による一一世紀の制圧以降、数百もの城がつくられたが、その息子のヘンリー一世は、許可のない築城を禁止した。一二世紀から一四世紀のイタリアでは、豪族や貴族が塔の高さを競っていたが、自治政府が力を持つようになると、市役所や裁判所より高い塔をつくることは禁じられるようになった。この高さ制限には、私的な建物が都市のスカイラインを支配すべきではないとの意思が込められていた。

イスラーム国家であるオスマン帝国は、支配下にあるキリスト教国に対して、聖堂にドームや塔、鐘楼を設置することを認めなかったばかりでなく、モスクの高さやムスリムの住宅の高さを超えてはならないと命じた。これも建物の「高さ」が支配者と被支配者の関係を象徴する要素であったことを示している。なお、オスマン帝国から独立したブルガリアでは、学校や聖堂、鐘楼、時計塔のような公共的な建物は高台に建てられ、意図的にモスクの高さを超えるものがつくられたという。この例では、「高さ」が、旧権力からの脱却を象徴していたわけである。

イスラーム世界にとって光は重要な意味を持つが、その光を象徴させたミナレットは、モスクに欠かせない象徴的な建築物である。モスクに複数のミナレットが設けられることもあるが、その数は聖地メッカのミナレットの数を上回ることができなかった。これなどは、メッカを頂点とするイスラーム権力のヒエラルキーを視覚的に表現したものと言えるだろう。

2　本能

高層建築物の歴史は、崩壊・焼失の歴史でもある。建物自身の重さを支えきれなくなった自然崩壊や、地震による倒壊、落雷、焼失などによって壊れた大聖堂、仏塔、鐘塔は多い（近年は、テロの脅威もリスク要因の一つになっている）。それらは、その後、再建されたり、より高いものにつくり替えられたりしてきた。

壊れるリスクを冒してもなお、高い建築物が求められたのは、なぜなのだろうか。

宗教学者のミルチア・エリアーデは、人は直立姿勢を取ることによって、上―下の軸を中心に、空間を前後、左右、上下に広がるものとして認識できるようになったと述べる（『世界宗教史1』上巻）。つまり、直立姿勢によって、人は重力に縛られた存在であることを強く意識し、それゆえ上方、高さへの憧れが生まれたとも考えられる。宗教的機能を有するジッグラトやゴシック大聖堂などが、天に伸びる高層建築物としてつくられたのも、現実を超越した存在（神）の住む領域への憧れ、畏敬の念を表しているとも解釈できる。

重力に縛られた存在であることを克服するために、高さを求めたとの見解もある。建築史家のクリスチャン・ノルベルグ＝シュルツは、垂直性の表現とは「重力――すなわち地上の存在――を支配したり、あるいは重力に屈伏するある現実に向かう一つの『通路』(path) を表わして」おり、建てることは「人間のもっている『自然征服』の能力を表現する」と述べている（『実存・空間・建築』）。

また、高さの追求は、宗教的感覚や自然征服の欲求だけでなく、人間の根源的な欲求との見方もある。

マグダ・レヴェッツ・アレクサンダーは、中世イタリアの塔が実用性に基づくものであれば、あれほどの高さは必要ないはずと述べたうえで、塔の建設は「人間の抗しがたいひとつの衝動」（『塔の思想』）であると指摘する。

一九世紀のイギリスの美術評論家・思想家であるジョン・ラスキンも、「人は建築家として技術を身につけると、高いものを建てようとする性向を持ってきた。それは宗教的感覚からではなく、単に溢れんばかりの精神と力に基づくものである。まるで虚栄心を伴って踊り歌うように――子供がトランプのタワーをつくる時の感覚」のように高さが追求されてきたと述べる (John Ruskin, *Lectures on Architecture and Painting Delivered at Edinburgh in November 1853*)。その感覚は「高い樹木や峻嶮な山に対して感じるのと同じように、建物それ自体が持つ荘厳さ、高さ、強さに抱く激しい感覚と歓喜の念を伴うものである」（前掲書、同様に拙訳）とも指摘する。

摩天楼黎明期の建築家ルイス・サリヴァンは、高層ビルの特長を「そのすらりとした高さ、大地から伸びあがり、舞いあがろうとする熱望、その野放図さの美である」と指摘する。この単純な原理をわきまえなければ、「俗っぽく感傷的な、さもなければ軽率で押しつけがましく鈍重な、一群の奇形物」となってしまい、それは「人間の優れた力の否定であり、またそれへの侮辱でしかない」（『サリヴァン自伝』）と述べる。

つまり、高い建造物を建てようとする衝動は、「見慣れたものの限界を試し、未知のものを探求するという冒険者の感覚」（ファン・レーウェン、前掲書）であった。こうした「冒険者の感覚」が、建設技術の進歩をもたらし、ピラミッド、ジッグラト、大聖堂、摩天楼といった当時の先進的な巨大建造物の建設を支えたのである。

建設に携わる人びとにとっても高層建築物は誇りであったかもしれない。たとえば、ピラミッド建設に従事した労働者は、ファラオや神のために働くことを喜びとしていたことが、碑文に残されている。これは大聖堂においても同様で、宗教的な歓喜が労働の源泉となった。

設計者を顧みても、サン・ピエトロ大聖堂の設計に晩年を捧げたミケランジェロや、サグラダ・ファミリアに後半生を費やしたアントニオ・ガウディの情熱を支えたものは、敬虔な信仰心であった。

水晶宮（クリスタル・パレス）やエッフェル塔が、産業や技術の進歩を謳う万国博覧会のシンボルとして建設された理由は、これらが時代を画する新しい産業社会や先進的技術を視覚的に体現していたためであった。近代以降の、オフィスビルや電波塔、展望塔など、先進的な技術を駆使した高層建築物は、エンジニアの技術力を発揮する対象としてもうってつけであった。

3 経済性

高層建築物は、経済的な利益を生むものでもある。高層化は、土地から得られる利益を最大化するための合理的方法として用いられてきた。超高層ビルが島や半島内に林立するマンハッタン、香港、シンガポールなどを見ればわかるように、高層化は、限られた土地を有効活用するための工夫でもあった。

建物を高層化して利益を得ることは、古代ローマにおいてすでに行われていた。ローマ市内の人口増の受け皿となった高層アパート「インスラ」は、投資の対象でもあった。

高層建築物が経済的な利益を生み出すことに本格的に成功したのは、一九世紀末以降の、シカゴやニューヨークの摩天楼であった。しかし、供給過多は地価や賃料を下げる要因にもなり得る。この時代以降、建物の高さを決める要素として経済的な採算性が大きな位置を占めるようになる。

厳密な採算性だけでなく、経済発展のシンボルとして超高層ビルがつくられてきた。経済発展は都市の高層化を促し、超高層建築物は経済発展の証とみなされることもしばしばある。CTBUH（高層ビル・都市居住協議会）のアントニー・ウッドは、「摩天楼を建設することは、その国が世界的なレベルに達し、先進国の仲間入りをしたことを示す重要なシンボルと考えられている」（M・ラムスター「進化する摩天楼」『別冊日経サイエンス』一八九号）と述べる。二〇世紀初頭のニューヨーク、高度成長期の日本、改革・開放路線以降の中国、オイル・マネーに沸く中東やロシアなど、これまでの超高層ビルブームは、各時代の新興国で起きてきたとも言えるだろう。

ただ、ここで注意すべきなのは、経済発展が超高層ビルを生むのであって、その逆ではないことである。都市経済学者のエドワード・グレイザーは、次のように指摘する。「成功した都市は確かに建設が増える。経済活力で人々はもっと空間にお金を出したがるようになるし、建設業者も喜んでそれに応じるからだ。だが建築は成功の結果であって原因ではない。すでに必要以上の建築物を持つ衰退都市に、さらに建物を増やすというのは、愚行以外の何物でもない」(『都市は人類最高の発明である』)。

超高層建築物は経済発展のシンボルであると同時に、不況のシグナルとしても捉えられてきた。多くの人が指摘しているように、世界一の超高層ビルは、世界的な経済不況のさなかに誕生してきたのである。たとえば、クライスラー・ビルの建設中の一九二九年に、株価暴落をきっかけとする世界大恐慌が起こり、シアーズ・タワーの建設中の一九七三年に第一次オイル・ショックが起きた。そのシアーズ・タワーの高さを上回ったペトロナス・ツイン・タワー建設中の一九九七年のアジア通貨危機、ブルジュ・ハリファの建設中の二〇〇九年のドバイ・ショック、などが挙げられる。

もちろん、超高層ビルの建設が経済不況の直接の原因ではない。好況はいずれ終焉を迎える。好景気のピークに超高層ビルの建設がはじまり、景気が後退するタイミングで完成したために、このような現象が生じるのだろう。

4　競争

高層建築物は、国家間競争、都市間競争、さらには都市内の競争の手段としても、利用されてきた。

たとえば、中世のヨーロッパでは、各都市の間で、大聖堂の尖塔、塔状住宅、鐘楼の高さが競われた。フィレンツェやシエナでは、貴族などが競うように塔状住宅を建てる一方、敵対するグループの塔を破壊した。また、市庁舎の塔をつくる際、シエナはライバル都市フィレンツェを上回る高さとした。

現代でも、世界の都市の間で競争が激化している。グローバル化する経済情勢の中で、世界的な経済拠点のシンボルとして超高層ビルを位置付ける都市は少なくない。中国、インド、中東諸国などの新興国だけでなく、あまり超高層ビルに積極的でなかったフランスやイギリスも、パリやロンドンなどで、国際競争力を高める手段として超高層化を進めている。ドバイのブルジュ・ハリファ、台北一〇一、ロンドンのシャードなどは、超高層ビル群の中でも突出した高さを誇り、都市の顔となっている。国際的な経済拠点にシンボル的な高層建築物がつくられることは、かつて地中海世界の経済・物流の拠点であった古代のアレクサンドリアに建設されたファロスの大灯台を見ればわかるように、現代に限ったことではない。

より高い建物をつくること自体が目的となった競争も見られる。ニューヨークのクライスラー・ビルとエンパイア・ステート・ビル、ヒトラーの大会堂とスターリンのソヴィエト宮殿（いずれも実現していない）、上海環球金融中心と台北一〇一、東京スカイツリーと広州タワーなど、そうした例は数多い。

ドバイのブルジュ・ハリファが完成直前まで最終的な高さを公表しなかったのも、他のビルに出し抜かれるのを懸念してのことであった。ドバイのムハンマド首長が、二番では意味がないと語ったことに象徴されるように、経済的な収益性よりも世界一であること自体が何よりも重要と考えるオーナーの存在が高さ競争を過熱させてきたのである。

5　アイデンティティ

高層建築物は、愛郷心や都市への愛着の強化をもたらすことにもつながる。人びとにとって誇りや自慢の種であり、時には心の拠り所とも言える存在となった。

ヨーロッパの都市では、町の中心に位置する広場に面して聖堂や市庁舎が建っている。聖堂の尖塔や市庁舎の時計塔は「共同体を統合するシンボル」として市民に仰がれるとともに、「市庁舎の時計塔の巨大な文字盤が示す時刻は、共同体の成員をひとつに結びあわせる同時性のシンボル」（前田愛『都市空間のなかの文学』）として市民生活を律した。また、イタリアでは、お国自慢のことを「カンパニリスモ（campanilismo）」と言うが、これは教会の鐘塔（カンパニーレ）に由来する。その高さが町の人びとにとって何よりの誇りであったことがうかがえる。

近世日本において、城は大名の権威を表す存在であったが、徳川治世に入り軍事的な機能が弱まると、城は象徴的な役割に特化するようになる。民俗学者の柳田國男が「自分は低い小家に住む者でも、何かというとお城を自慢の種にした。後には防禦《ぼうぎょ》の本来の役目よりも、むしろこのほうが重要であったかもしれない」（『明治大正史　世相篇』）と述べるように、天守は城下町の人びとにとって誇りとなり、故郷への愛着をもたらすことにもつながった。現在、全国各地の天守が保存、復元されているのは、城が地域のランドマークとして浸透し、親しまれているためとも言えよう。その象徴的な例が、会津若松の鶴ヶ城である。一八七四（明治七）年に廃城とされたが、城は会津人の「精神的な支柱」（横山武・会津市長）であるとして、一九六五（昭和四〇）年に再建された。

故郷や自分の暮らす場所の建物ではなくとも、高い建物が心の拠り所となることもある。一〇九九年の十字軍によるエルサレム侵攻で、シリアの首都ダマスクスへの脱出を余儀なくされたムスリムの人びとがいた。逃避先のダマスクスに向かう道中、遠望にウマイヤ・モスクの三本のミナレットが見えた途端、「祈禱用のじゅうたんを広げてその上にひれ伏し、もはやこれまでと思った命を永らえさせたもうた全能の神に感謝した」という（アミン・マアルーフ『アラブが見た十字軍』）。

時代は下って、第二次世界大戦時、ドイツ軍から解放されたパリ市内に向かうフランス軍の兵士たちは、エッフェル塔を見つけると、「戦車も、半装軌車もトラックも、磁石にひきよせられるように速度を早め」ていったという（ドミニク・ラピエール他『パリは燃えているか？』下巻。以下、段落内の引用も同様）。彼らにとってエッフェル塔は、「フランスの不朽性の証」であり、「フランス人の不屈の希望と勇気を象徴しているもの」だったのである。

高層建築物は、「復興のシンボル」としての役割も担ってきた。第二次世界大戦後、昭和築城ブームで建設された天守をはじめとして、東京タワー、名古屋テレビ塔、通天閣は、いずれも戦後復興の象徴としての意味も有していた。

高さにこめた意志ということで言えば、二〇〇一年の同時多発テロで崩壊したニューヨークのワールド・トレード・センターの跡地に建設された、ワン・ワールド・トレード・センター（当初の名称はフリーダム・タワー）の高さは、一七七六フィート（五四一メートル）である。アメリカ独立宣言が発布された一七七六年にちなんだ高さにすることで、国家理念である自由を強調し、テロへの対抗を明確に示したのである。

高層建築物の存在が心の拠り所となる一方で、その裏返しとしての否定的な反応も起きることがある。エッフェル塔や摩天楼に対する拒絶反応、丸の内美観論争、そして昨今の高層建築物を巡る紛争からは、街の姿が急激に変化し、物理的・時間的な連続性が失われることへの心理的な不安を読み取ることができる。

しかし、こうした心理的な反発も、時がたてば慣れが生じ、親しみが生まれる場合もある。たとえば、エッフェル塔に対しては、当初、知識人を中心に拒否反応があったが、いまやパリのランドマークとして欠かせない存在になっている。作家、フランス文学者の松浦寿輝が「今日、エッフェル塔の『イメージ』とパリの『イメージ』は、互いに互いを支え合いながら、その実物を体験したことのない全世界の文化圏を横断しつつ、生成し流通し、更新され消費され再生産されつづけている」（『エッフェル塔試論』）と指摘するように、パリといえばエッフェル塔、エッフェル塔といえばパリといったイメージの補完構造を形成するまでになっている。

ある建物を視野全体に収めるためには、一定の距離を置き、引いた視点から眺める必要があるように、ランドマークが人々に親しまれるようになるまでにも、一定の時間的な距離が必要とされるのだろう。

6 眺め

高層建築物は、都市を見下ろす眺めも提供してきた。

高所から都市を見下ろす眺めは、かつて一部の特権的な人びとに独占されていた。それまでも山や丘の上から眺めることができたが、天守、聖堂の鐘楼、モスクのミナレット等の人工的な構造物の上に登れるのは限られた人たちだけであった。しかし、近代以降の高層建築物の大衆化は、高所からの眺めを一般市民に開放した。

展望の場の例としては、エッフェル塔などの展望塔が挙げられる。また、展望台としてはエンパイア・ステート・ビルがある。日本では、浅草十二階（凌雲閣）をはじめとする望楼建築が人気を博し、大正以降はデパートの屋上なども眺めを提供した。

現代の高層建築物を見ても、観光地となった復元天守をはじめ、東京タワー等のテレビ塔、シアトルのスペース・ニードルといった展望タワー、オフィスビルの最上階に設けられた展望室など、展望可能なスペースを設けており、眼下の都市を眺めることができるようになっている。超高層住宅の中には、部屋からの眺望を売りにした上層階ほど高い販売価格設定がなされているものが少なくない。

このように、高層建築物の意味は「見られるもの」から「眺望の場」へと拡大したのである。鳥の眼で都市を一望する体験が、「都市のイメージ」にも変質をもたらした。

また、超高層建築物の存在が高所からの眺めに対する欲望を喚起するとともに、眼下を見下ろす経験がさらなる超高層ビルを求めるという循環をなしており、それが都市の活力の源泉となっているとも言えるだろう。

7 景観

高層建築物は、都市のランドマークとして、様々な場所から見える目印となり、都市のスカイラインを形づくる重要な景観要素ともなってきた。

ただし、高ければランドマークになるわけではない。ランドマークは、その周囲にある

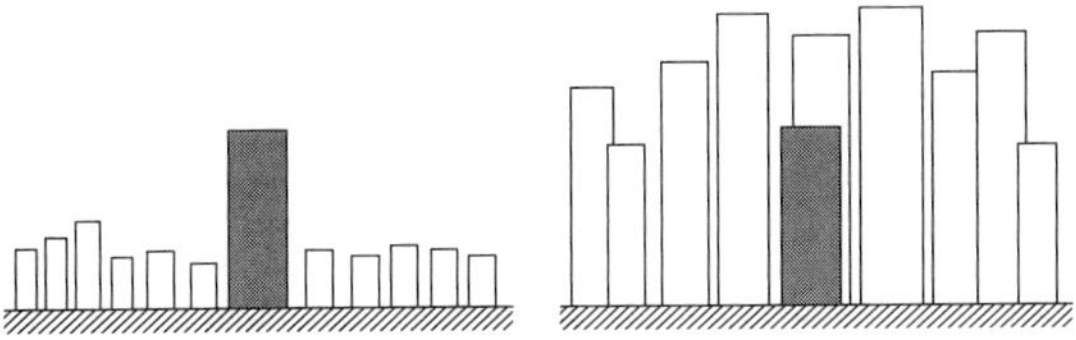
ランドマーク埋没の概念図。著者による

建物との関係に依存する。都市計画家のケヴィン・リンチが指摘するように、「明瞭な形状をもち、背景との対照が著しく、またその空間的配置が傑出したものであれば、ランドマークは一層見分けられやすい」（『都市のイメージ』）ものとなる。つまり、周りの建物が高くなれば、全体の中で埋没することになる。クフ王のピラミッド、シャルトルの大聖堂、エッフェル塔などを見れば分かるように、これらがランドマークとなっているのは、周りに高い建物が存在しないためである。

また、地形と一体となることでランドマークとして際立つ建造物もある。アクロポリスの丘の上に立つパルテノン神殿、海に囲まれた岩山につくられた修道院モン・サン・ミシェル、山の上に築かれた日本の天守のように、山や丘の上に立つことで傑出したランドマークとなっている。

本書の中で、ランドマークとなる建物を「図」、それ以外の建築物群を「地」と呼んできたが、「図」と「地」のメリハリが、ランドマークを中心とする都市景観をつくってきたと言えるだろう。

しかし、二〇世紀以降、超高層ビルの林立による「地」の高層化が、ランドマークに多大な影響を与えてきた。たとえば、一九世紀末までは、ウォール街のトリニティ教会がニューヨークのランドマークであったが、それ以降、ランドマークはウールワース・ビルやクライスラー・ビル、エンパイア・ステート・ビルに変わっていった。小説家のヘンリー・ジェイムズは、トリニティ教会が摩天楼の間に埋没したことを嘆いたが、現在、摩天楼がニューヨークの象徴となっていることは誰もが認めるところだ。社会心理学者のアンセルム・ストラウスが、映画の中でニューヨークという場所を認識させるには摩天楼の輪郭を数秒間だけスクリーンに映せばよいと指摘したように、摩天楼のスカイラインは、ニューヨークの固有性を形づくっている。

しかし、高層建築物は、景観をつくることもあれば壊すこともある。「地」の高層化が進み、ランドマークを核とするスカイラインが阻害されることは少なくない。高層建築物を巡る景観論争や建築紛争は、世界各地で起きてきた。一九三〇年代のロンドンでは、大聖堂のドームへの眺めが保全するために、セント・ポール大聖堂の周辺で高さ制限が行われ、一九七〇年代のパリでは、モンパルナス・タワーの建設をきっかけに規制の強化がはかられることとなった。また、ヨーロッパにおける電波塔が、中世以来の歴史的市街地から離れた場所に立地するケースが多い理由は、聖堂や市庁舎といった伝統的なランドマークへの配慮があったためである。

だが、高層建築物と景観の問題は、いまなお大きな課題である。本書では触れられなかったが、世界遺産の景観に限って見ても、ドイツのケルン大聖堂、ロシアのサンクトペテルブルク歴史地区、広島の原爆ドーム周辺で、高層建築物を巡る景観論争が起きている。

景観は、見る人の評価や価値観が影響するために、一義的にその良し悪しを判断することは難しい。しかし、人の価値観や評価の枠組みは、その人が育ち、暮らす場所や時代に少なからず依存するだろう。つまり、景観とは、単に見た目の美しさだけではなく、生活の営みの蓄積である「場所性」や「歴史性」が伴ってこそ、人びとに共有されるのではないか。その意味で、高層建築物と景観を巡る問題とは、地域固有の場所性や歴史性をどのようにとらえ、継承していくかの問題でもあると言えよう。

おわりに

今から一〇年ほど前、建築物の高さ規制に関する研究をはじめた。地域の景観や住環境を守るためには有効な手法と考えたからである。ただ、その当初から疑問だったことがある。「人はなぜ高層建築物を建ててきたのか」「建物の高さにはどういった意味があるのだろうか」。高さ制限のあり方を考える前に、まずその疑問に答えなければと思ったことが、『高層建築物の世界史』の執筆につながった。

本書で見たように、高層建築物は、常に人びとを魅了してきた。これからも絶えることなく、つくられていくだろう。だが、高層建築物が日常的な存在となった今だからこそ、その光と影の両面を吟味し、都市に与える影響に注意を払う必要がある。

一つひとつの建物は、そこに暮らす人の記憶に少なからず作用する。そして、個々の記憶の集合が、土地や地域の記憶として紡がれていく。そうした記憶は、人びとのアイデンティティの根幹を成すだろう。つまり、建築物は、高い公共性が求められる存在と言える。

フランスの作家ヴィクトル・ユゴーは、こう述べている。『一つの建物には二つの要件がある。建物の効用と、建物の美しさである。効用のほうは、建物の所有者に帰属するが、建物の美しさはすべての人に帰属する』（ジョセフ・L・サックス『「レンブラント」でダーツ遊びとは』）。

ユゴーは、「美しさ」という言葉を用いて、建物が単に私的な所有物ではなく、公共的な存在であることを強調しているのである。特に高層建築物は、都市の上に広がる空を占めるため、土地の記憶に多大なインパクトを及ぼす。これからの高層建築物は、いかにして公共性を獲得していくべきかが問われている。とりわけ、人口減少が進むわが国では、闇雲に高層ビルをつくる必要はない。その役割や意義を問い直すことが求められるだろう。本書が、都市における街並みの高さや高層建築物の意味、ひいては今後の都市の姿を考えるきっかけとなれば幸いである。

最後になるが、本書の出版を支えてくださったすべての人に感謝を捧げたい。特に、博士論文を指導してくださった中井検裕先生には、本書の執筆にあたっても、多岐にわたり相談に乗っていただいた。現在所属する研究室の大野隆造先生には、多くの助言と自由に執筆する時間を与えていただいた。わが師である二人の先生には感謝の言葉もない。

本書の実現にあたっては、高校時代の同級生である大越裕君と加藤弘士君がきっかけをつくってくれた。二人の友情に謝意を表したい。
そして、講談社の堀沢加奈さんからは、二年半の長きにわたり、懇切丁寧な助言と温かい励ましをいただいた。心より感謝を申し上げたい。

大澤昭彦

二〇一五年一月

ケヴィン・リンチ（2007）『都市のイメージ（新装版）』丹下健三、富田玲子訳、岩波書店

以上のほか、多くの学術論文、雑誌・新聞記事などを参考にしたが、紙幅の都合上、割愛した。

倉沢進、李国慶（2007）『北京――皇都の歴史と空間』中公新書
エドワード・グレイザー（2012）『都市は人類最高の発明である』山形浩生訳、NTT出版［終章でも使用］
アンソニー・H・コーデスマン（2012）『21世紀のサウジアラビア――政治・外交・経済・エネルギー戦略の成果と挑戦』中村覚監訳、須藤繁、辻上奈美江訳、明石書店
酒井啓子（2010）『〈中東〉の考え方』講談社現代新書
佐々木信彰編（1992）『上海浦東開発戦略』晃洋書房
柴田聡、長谷川貴弘（2012）『中国共産党の経済政策』講談社現代新書
ディヤン・スジック（2011）『ノーマン・フォスター――建築とともに生きる』三輪直美訳、TOTO出版
鳥居高編（2006）『マハティール政権下のマレーシア――「イスラーム先進国」をめざした22年』アジア経済研究所
任哲（2012）『中国の土地政治――中央の政策と地方政府』勁草書房
野町和嘉（1997）『メッカ巡礼』集英社
野町和嘉（2002）『メッカ――聖地の素顔』岩波新書
福川裕一、矢作弘、岡部明子（2005）『持続可能な都市――欧米の試みから何を学ぶか』岩波書店
保坂修司（2005）『サウジアラビア――変わりゆく石油王国』岩波新書
前田高行（2008）『アラブの大富豪』新潮新書
森稔（2009）『ヒルズ　挑戦する都市』朝日新書
ダニエル・ヤーギン（2012）『探求――エネルギーの世紀』上巻、伏見威蕃訳、日本経済新聞出版社
Georges Binder, *Taipei 101*, Images Publishing, 2008
Dave Parker, Antony Wood(ed.), *The Tall Buildings Reference Book*, Routledge, 2013
Michael J. Short, *Planning for Tall Buildings*, Routledge, 2012

●終章

ミルチア・エリアーデ（2000）『世界宗教史1　石器時代からエレウシスの密儀まで』上巻、中村恭子訳、ちくま学芸文庫
スザンヌ・スティーブンス（2004）『グラウンド・ゼロ　再生への始動――ニューヨークWTC跡地　建築コンペティション選集』下山裕子訳、エクスナレッジ
鶴見俊輔編著（2007）『日本の百年1　御一新の嵐』ちくま学芸文庫
クリスチャン・ノルベルグ＝シュルツ（1973）『実存・空間・建築』加藤邦男訳、鹿島研究所出版会（SD選書）
柳田國男（1993）『明治大正史　世相篇』講談社学術文庫
ジョン・ラスキン（1933）『建築と絵画』内田佐久郎訳、改造社（改造文庫）
ドミニク・ラピエール、ラリー・コリンズ（1977）『パリは燃えているか？』下巻、志摩隆訳、ハヤカワ文庫

オルギヴァンナ・L・ライト（1977）『ライトの生涯』遠藤楽訳、彰国社
フランク・ロイド・ライト（2010）『テスタメント』樋口清訳、中央公論美術出版
〈日本のタワー〉
株式会社京都産業観光センター社史刊行委員会（1969）『京都タワー十年の歩み』京都産業観光センター社史刊行委員会
木下直之（2007）『わたしの城下町――天守閣からみえる戦後の日本』筑摩書房
京都を愛する会（1964）『古都の破壊――京都タワー反対の論点』京都を愛する会
建築・都市ワークショップ編（2006）『タワー――内藤多仲と三塔物語』INAX BOOKLET
鮫島敦著、日本電波塔株式会社監修（2008）『東京タワー50年』日本経済新聞出版社（日経ビジネス人文庫）
鈴木博之編（2006）『復元思想の社会史』建築資料研究社
通天閣観光株式会社（1987）『通天閣30年のあゆみ』通天閣観光
東京放送編（2002）『TBS50年史』東京放送
豊科穂監修（2012）『ニッポンのタワー――LOVE TOWER！』朝日新聞出版
内藤多仲（1965）『日本の耐震建築とともに』雪華社
中川大地（2012）『東京スカイツリー論』光文社新書［第六章でも使用］
日本テレビ放送網株式会社社史編纂室（1978）『大衆とともに25年』沿革史、日本テレビ放送網
日本テレビ放送網株式会社総務局編（1984）『テレビ塔物語――創業の精神を、いま』日本テレビ放送網
日本電波塔株式会社編（1977）『東京タワーの20年』日本電波塔
日本放送協会編（1977）『放送五十年史　資料編』日本放送出版協会
橋爪紳也（2012）『ニッポンの塔――タワーの都市建築史』河出ブックス
氷川丸マリンタワー30年史編纂委員会編（1991）『氷川丸マリンタワー30年史』氷川丸マリンタワー
兵頭二十八、小松直之（1999）『日本の高塔――写真＆イラスト』四谷ラウンド
前田久吉（1959）『東京タワー物語』東京書房
前田久吉傳編纂委員会編（1980）『前田久吉傳』日本電波塔
渡部茂（1956）『一九五〇年代の人物風景　第3部』人物展望社

●第六章
榎本泰子（2009）『上海――多国籍都市の百年』中公新書
大阪市立大学経済研究所監修、植田政孝、古澤賢治編（2002）『アジアの大都市5：北京・上海』日本評論社
大西國太郎、朱自煊編（2001）『中国の歴史都市――これからの景観保存と町並みの再生へ』井上直美監訳、鹿島出版会

James Glanz, Eric Lipton, *City in the Sky: The Rise and Fall of the World Trade Center*, Henry Holt and Co., 2003
Phyllis Lambert, *Building Seagram*, Yale University Press, 2013
〈ヨーロッパの超高層〉
荒又美陽（2011）『パリ神話と都市景観――マレ保全地区における浄化と排除の論理』明石書店
マーク・カーランスキー（2008）『1968――世界が揺れた年〈前編〉』越智道雄監修、来住道子訳、ヴィレッジブックス
シモーナ・コラリーツィ（2010）『イタリア20世紀史』村上信一郎監訳、橋本勝雄訳、名古屋大学出版会
西武美術館、鹿島出版会編（1986）『ジオ・ポンティ作品集 1891～1979』鹿島出版会
オギュスタン・ベルク編（2007）『日本の住まいと風土性』国際日本文化研究センター（日文研叢書41）
〈日本の超高層〉
石田繁之介（1968）『超高層ビル』中公新書
磯崎新、鈴木博之（2013）『二〇世紀の現代建築を検証する』エーディーエー・エディタ・トーキョー
大橋雄二（1993）『日本建築構造基準変遷史』日本建築センター出版部
霞が関ビル建設委員会監修（1968）『霞が関ビルディング』三井不動産
田中誠（1968）『超高層ビルの話』日経新書
野口悠紀雄（2008）『戦後日本経済史』新潮選書
平松剛（2008）『磯崎新の「都庁」――戦後日本最大のコンペ』文藝春秋
前川國男、宮内嘉久（1981）『一建築家の信條』晶文社
前川國男（1996）『建築の前夜――前川國男文集』而立書房
三菱地所株式会社社史編纂室編（1993）『丸の内百年のあゆみ――三菱地所社史』下巻、三菱地所
三菱地所株式会社製作編纂（1988）『丸の内再開発計画』三菱地所
武藤清、岩佐氏寿（1968）『超高層ビルのあけぼの』鹿島研究所出版会
武藤清監修、吉武泰水編（1972）『超高層建築1　計画編』鹿島研究所出版会
〈ヨーロッパのタワー〉
Joachim Kleinmanns, Cristiane Weber, *Fritz Leonhardt 1909-1999: The Art of Engineering*, Edition Axel Menges, 2009
Chad Randl, *Revolving Architecture: A History of Buildings that Rotate, Swivel, and Pivot*, Princeton Architectural Press, 2008
〈北米のタワー〉
ブレンダン・ギル（2009）『ライト　仮面の生涯』塚口眞佐子訳、学芸出版社
二川幸夫企画・編集、ブルース・ブルックス・ファイファー文（1987）『フランク・ロイド・ライト全集第11巻――プレミナリー・スタディ 1933-1959』小林克弘訳、A. D. A. EDITA TOKYO

芳賀徹、岡部昌幸（1992）『写真で見る江戸東京』新潮社（とんぼの本）
初田亨（1999）『百貨店の誕生』ちくま学芸文庫
原田棟一郎（1914）『紐育』政教社
細馬宏通（2011）『浅草十二階――塔の眺めと〈近代〉のまなざし（増補新版）』青土社
前田愛（2005）『前田愛対話集成Ⅱ　都市と文学』みすず書房
ピエール・ロチ（1953）『秋の日本』村上菊一郎、吉氷清訳、角川文庫
渡部功編纂（1990）『日本におけるエレベーター百年史』日本エレベータ協会

●第五章

〈アメリカの超高層〉

飯塚真紀子（2010）『9・11の標的をつくった男――天才と差別　建築家ミノル・ヤマサキの生涯』講談社
ボブ・オルテガ（2000）『ウォルマート――世界最強流通業の光と影』長谷川真実訳、日経BP社
ドナルド・R・カッツ（1989）『シアーズの革命』堤清二監訳、鈴田敦之訳、ダイヤモンド社
アンガス・K・ギレスピー（2002）『世界貿易センタービル――失われた都市の物語』秦隆司訳、KKベストセラーズ
神代雄一郎編（1967）『現代建築を創る人々』鹿島研究所出版会（SD選書）
チャールズ・ジェンクス（1978）『ポスト・モダニズムの建築言語　a+u 1978年10月臨時増刊号』竹山実訳、エー・アンド・ユー
ディヤン・スジック（1994）『新世紀末都市』植野糾訳、鹿島出版会
ロン・チャーナウ（2000）『タイタン――ロックフェラー帝国を創った男』上下巻、井上廣美訳、日経BP社
オスカー・ニューマン（1976）『まもりやすい住空間――都市設計による犯罪防止』湯川利和、湯川聡子訳、鹿島出版会
二川幸夫写真、圓堂政嘉、椎名政夫文（1968）『現代建築家シリーズ SOM』美術出版社
アンソニー・フリント（2011）『ジェイコブズ対モーゼス――ニューヨーク都市計画をめぐる闘い』渡邉泰彦訳、鹿島出版会
アーサー・マルティネス、チャールズ・マディガン（2004）『巨大百貨店再生――名門シアーズはいかに復活したか』松岡真宏解説、菊田良治訳、日経BP社
ミース・ファン・デル・ローエ（2009）『建築家の講義　ミース・ファン・デル・ローエ』小林克弘訳、丸善
八束はじめ（2001）『ミースという神話――ユニヴァーサル・スペースの起源』彰国社
デイヴィッド・ロックフェラー（2007）『ロックフェラー回顧録』楡井浩一訳、新潮社

〈全体主義〉
井上章一（2006）『夢と魅惑の全体主義』文春新書
下斗米伸夫（1994）『スターリンと都市モスクワ―― 1931－34年』岩波書店
アルベルト・シュペーア（2001）『第三帝国の神殿にて――ナチス軍需相の証言』上下巻、品田豊治訳、中公文庫BIBLIO
ディヤン・スジック（2007）『巨大建築という欲望――権力者と建築家の20世紀』五十嵐太郎監修、東郷えりか訳、紀伊國屋書店［終章でも使用］
多木浩二（2006）『「もの」の詩学――家具、建築、都市のレトリック』岩波現代文庫
パオロ・ニコローゾ（2010）『建築家ムッソリーニ――独裁者が夢見たファシズムの都市』桑木野幸司訳、白水社［第五章でも使用］
藤澤房俊（2001）『第三のローマ――イタリア統一からファシズムまで』新書館
松戸清裕（2011）『ソ連史』ちくま新書
松本佐保（2013）『バチカン近現代史――ローマ教皇たちの「近代」との格闘』中公新書
リシャット・ムラギルディン（2002）『ロシア建築案内』TOTO出版
八束はじめ、小山明（1991）『未完の帝国――ナチス・ドイツの建築と都市』福武書店
〈日本〉
池田稔（1911）『高層建築』須原屋書店
大蔵省営繕管財局編纂（1936）『帝国議会議事堂建築の概要』大蔵省営繕管財局
岡本哲志（2009）『「丸の内」の歴史――丸の内スタイルの誕生とその変遷』ランダムハウス講談社
木村至聖（2014）『産業遺産の記憶と表象――「軍艦島」をめぐるポリティクス』京都大学学術出版会
高層住宅史研究会編（1989）『マンション60年史――同潤会アパートから超高層へ』住宅新報社
渋谷区立松濤美術館（2009）『野島康三　作品と資料集』渋谷区立松濤美術館
鈴木博之（1999）『日本の〈地霊《ゲニウス・ロキ》〉』講談社現代新書
田中厚子（2014）『土浦亀城と白い家』鹿島出版会
東京市役所（1935）『東京市高層建築物調査 昭和十年五月調査』東京市役所
東京電機大学阿久井研究室編、阿久井喜孝、滋賀秀實、松葉一清解説編執筆（2011）『［復刻］実測・軍艦島――高密度居住空間の構成』鹿島出版会
永井荷風著、野口富士男編（1986）『荷風随筆集』上巻、岩波文庫
永井荷風（2002）『あめりか物語』岩波文庫

ルイス・H・サリヴァン（1977）『サリヴァン自伝――若き建築家の肖像』竹内大、藤田延幸訳、鹿島出版会［終章でも使用］
ヘンリー・ジェイムズ（1976）『アメリカ印象記』青木次生訳、研究社出版
フランツ・シュルツ（2006）『評伝ミース・ファン・デル・ローエ』澤村明訳、鹿島出版会［第五章でも使用］
ポール・ジョンソン（2002）『アメリカ人の歴史Ⅱ』別宮貞徳訳、共同通信社
G・トマス、M・モーガン゠ウィッツ（1998）『ウォール街の崩壊――ドキュメント　世界恐慌・1929年』上下巻、常盤新平訳、講談社学術文庫
中井検裕、村木美貴（1998）『英国都市計画とマスタープラン――合意に基づく政策の実現プログラム』学芸出版社
ミッチェル・パーセル（2002）『エンパイア』実川元子訳、文藝春秋
トーマス・ファン・レーウェン（2006）『摩天楼とアメリカの欲望』三宅理一、木下壽子訳、工作舎［終章でも使用］
スコット・フィッツジェラルド（2006）『マイ・ロスト・シティー』村上春樹訳、中央公論新社
ル・コルビュジエ（1976）『アテネ憲章』吉阪隆正編訳、鹿島出版会（SD選書）
ル・コルビュジエ（2007）『伽藍が白かったとき』生田勉、樋口清訳、岩波文庫
コーリン・ロウ（1981）『マニエリスムと近代建築』伊東豊雄、松永安光訳、彰国社
Neal Bascomb, *Higher: A Historic Race to the Sky and the Making of a City*, Broadway Books, 2003
Vincent Curcio, *Chrysler: The Life and Times of an Automotive Genius*, Oxford University Press USA, 2001
David Farber, *Everybody Ought to Be Rich: The Life and Times of John J. Raskob, Capitalist*, Oxford University Press, 2013
Francisco Mujica, *History of the Skyscraper*, Archaeology & Architecture Press, 1929
Ann Saunders, *St Paul's Cathedral: 1400 years at the Heart of London*, Scala Arts Publishers, 2012
Robert A. Slayton, *Empire Statesman: The Rise and Redemption of Al Smith*, The Free Press, 2001
Carol Willis, *Form Follows Finance: Skyscrapers and Skylines in New York and Chicago*, Princeton Architectural Press, 1995
Herbert Wright, *London High: A Guide to the past, present and future of London's Skyscrapers*, Frances Lincoln, 2006
Herbert Wright, *Skyscrapers: Fabulous Buildings That Reach for the Sky*, Parragon, 2008

●第四章

〈鉄・ガラス・エレベーター〉
エッフェル塔100周年記念展実行委員会編（1989）『エッフェル塔 100年のメッセージ　建築・ファッション・絵画』エッフェル塔100周年記念展実行委員会、群馬県立近代美術館
倉田保雄（1983）『エッフェル塔ものがたり』岩波新書
倉田保雄（2010）『エッフェル塔ミステリー』近代文藝社
フレデリック・サイツ（2002）『エッフェル塔物語』松本栄寿、小浜清子訳、玉川大学出版部
ロラン・バルト（1997）『エッフェル塔』宗左近、諸田和治訳、ちくま学芸文庫
ヴァルター・ベンヤミン（2003）『パサージュ論』第1巻、今村仁司、三島憲一他訳、岩波現代文庫［第三章でも使用］
松浦寿輝（1995）『エッフェル塔試論』筑摩書房［終章でも使用］
松村昌家（2000）『水晶宮物語――ロンドン万国博覧会1851』ちくま学芸文庫
アンリ・ロワレット（1989）『ギュスターヴ・エッフェル――パリに大記念塔を建てた男』飯田喜四郎、丹羽和彦訳、西村書店
Gustave Eiffel, Bertrand Lemoine, *The Eiffel Tower: The Three-hundred Metre Tower,* Taschen, 2008
〈摩天楼：アメリカ・ヨーロッパ〉
有賀夏紀（2002）『アメリカの20世紀（上）1890年～1945年』中公新書
磯崎新（2001）『磯崎新の建築談議＃12　クライスラー・ビル［20世紀］』六耀社
英米文化学会編、君塚淳一監修（2004）『アメリカ1920年代――ローリング・トウェンティーズの光と影』金星堂
ノーマ・エヴァンソン（2011）『ル・コルビュジエの構想――都市デザインと機械の表徴（新装版）』酒井孝博訳、井上書院
岡田泰男（2000）『アメリカ経済史』慶應義塾大学出版会
賀川洋（2000）『図説 ニューヨーク都市物語』河出書房新社
上岡伸雄（2004）『ニューヨークを読む――作家たちと歩く歴史と文化』中公新書
亀井俊介（1984）『摩天楼は荒野にそびえ――わがアメリカ文化誌』旺文社文庫
亀井俊介（2002）『ニューヨーク』岩波新書
ポール・ゴールドバーガー（1988）『摩天楼――アメリカの夢の尖塔』渡辺武信訳、鹿島出版会
小林克弘（1990）『アール・デコの摩天楼』鹿島出版会（SDライブラリー）
坂本圭司（2007）『米国における主として摩天楼を対象とした建物形態規制の成立と変遷に関する研究――シカゴ及びニューヨークの事例から―』東京大学学位論文［第五章でも使用］

近江榮（1998）『光と影——蘇る近代建築史の先駆者たち』相模書房
太田牛一（2013）『現代語訳　信長公記』中川太古訳、KADOKAWA（新人物文庫）
岡本良一（1970）『大坂城』岩波新書
岡本良一編（1982）『日本城郭史研究叢書8　大坂城の諸研究』名著出版
川崎桃太（2006）『フロイスの見た戦国日本』中公文庫
木下直之（2007）『わたしの城下町——天守閣からみえる戦後の日本』筑摩書房［第五章でも使用］
近世史料研究会編（1994）『江戸町触集成』第一巻、塙書房
近世史料研究会編（2002）『江戸町触集成』第十八巻、塙書房
新建築社編（1992）『別冊新建築 日本現代建築家シリーズ 三菱地所』新建築社［第四章でも使用］
鈴木博之（1999）『日本の近代10　都市へ』中央公論新社
千田嘉博（2013）『信長の城』岩波新書
高尾一彦（2006）『近世の庶民文化——付「京都・堺・博多」』岩波現代文庫
東京都編（1955）『都市紀要3　銀座煉瓦街の建設』東京都
東京都江戸東京博物館監修、藤森照信、熊田英企、林丈二、林節子著（1994）『復元文明開化の銀座煉瓦街』ユーシープランニング
内藤昌（1966）『江戸と江戸城』鹿島研究所出版会（SD選書）
内藤昌（2001）『日本　町の風景学』草思社
内藤昌（2006）『復元安土城』講談社学術文庫
内藤昌編著（2011）『城の日本史』講談社学術文庫
中村彰彦（2006）『保科正之——徳川将軍家を支えた会津藩主』中公文庫
野口孝一（1997）『銀座物語——煉瓦街を探訪する』中公新書
橋爪紳也（2008）『増補 明治の迷宮都市——東京・大阪の遊楽空間』ちくま学芸文庫［第四章、終章でも使用］
樋口清之監修、NHKデータ情報部編（1993）『ヴィジュアル百科 江戸事情 第五巻 建築編』雄山閣出版
平井聖監修（2000）『図説 日本城郭大事典』第一巻〜第三巻、日本図書センター ［第五章でも使用］
藤岡通夫（1988）『城と城下町』中央公論美術出版
藤森照信（1990）『明治の東京計画』岩波書店（同時代ライブラリー）
藤森照信（1993）『日本の近代建築（上）幕末・明治篇』岩波新書
ルイス・フロイス（2000）『完訳フロイス日本史③安土城と本能寺の変——織田信長篇Ⅲ』松田毅一、川崎桃太訳、中公文庫
前田愛（1992）『都市空間のなかの文学』ちくま学芸文庫［終章でも使用］
前田愛（2005）『前田愛対話集成Ⅱ　都市と文学』みすず書房
正岡子規著、阿部昭編（1985）『飯待つ間』岩波文庫
三菱地所株式会社（1952）『縮刷　丸の内今と昔』三菱地所［第四章でも使用］

〈ロンドン〉
小池滋（1999）『ロンドン（世界の都市の物語）』文春文庫
小林章夫（2000）『ロンドン・シティ物語——イギリスを動かした小空間』東洋経済新報社
クリストファー・ヒバート（1997）『ロンドン——ある都市の伝記』横山徳爾訳、朝日選書
見市雅俊（1999）『ロンドン＝炎が生んだ世界都市—大火・ペスト・反カソリック』講談社選書メチエ
矢島鈞次（1994）『1666年ロンドン大火と再建』同文館
S・E・ラスムッセン（1987）『ロンドン物語——その都市と建築の歴史』兼田啓一訳、中央公論美術出版
〈パリ〉
鹿島茂（2010）『怪帝ナポレオン三世——第二帝政全史』講談社学術文庫
ハワード・サールマン（2011）『パリ大改造——オースマンの業績（新装版）』小沢明訳、井上書院
鈴木隆（2005）『パリの中庭型家屋と都市空間—— 19世紀の市街地形成』中央公論美術出版
アルフレッド・フィエロ（2011）『パリ歴史事典（普及版）』鹿島茂監訳、白水社
松井道昭（1997）『フランス第二帝政下のパリ都市改造』日本経済評論社
L・S・メルシエ（1989）『十八世紀パリ生活誌——タブロー・ド・パリ』上巻、原宏編訳、岩波文庫
ヴィクトル・ユゴー（2000）『ノートル＝ダム・ド・パリ』（ヴィクトル・ユゴー文学館　第五巻）辻昶、松下和則訳、潮出版社
ル・コルビュジエ（1967）『ユルバニスム』樋口清訳、鹿島研究所出版会
〈ワシントンD.C.〉
石川幹子（2001）『都市と緑地——新しい都市環境の創造に向けて』岩波書店
入子文子（2006）『アメリカの理想都市』関西大学出版部
合衆国国会議事堂歴史協会（1982）『われら国民——アメリカ合衆国国会議事堂物語　その過去と展望』合衆国国会議事堂歴史協会
チャールズ・ディケンズ（2005）『アメリカ紀行』上巻、伊藤弘之他訳、岩波文庫
マーク・トウェイン、C・D・ウォーナー（2001）『金メッキ時代』上巻、柿沼孝子訳、彩流社
中村甚五郎（2011）『アメリカ史「読む」年表事典2—— 19世紀』原書房［第四章でも使用］
吉村正和（1989）『フリーメイソン』講談社現代新書
M・C・ペリー著、F・L・ホークス編（2014）『ペリー提督日本遠征記』下巻、宮崎壽子監訳、角川ソフィア文庫
〈日本〉
石井良助、服藤弘司編（1993）『幕末御触書集成』第四巻、岩波書店

——聖地の至宝」』島根県立古代出雲歴史博物館
奈良文化財研究所編（2003）『奈良の寺』岩波新書
藤島亥治郎（1978）『塔』光村推古書院
藤森照信、前橋重二（2012）『五重塔入門』新潮社（とんぼの本）
村井康彦（2013）『出雲と大和——古代国家の原像をたずねて』岩波新書
山岸常人（2005）『塔と仏堂の旅——寺院建築から歴史を読む』朝日選書
幼学の会編（1997）『口遊注解』勉誠社
吉川真司（2011）『シリーズ日本古代史③　飛鳥の都』岩波新書
和田萃（2003）『飛鳥——歴史と風土を歩く』岩波新書

●第三章

〈ルネサンス〉

ジュウリオ・C・アルガン（1983）『ルネサンス都市』（THE CITIES＝New illustrated series）堀池秀人監訳、中村研一訳、井上書院
L・B・アルベルティ（1982）『建築論』相川浩訳、中央公論美術出版
D・J・オールセン（1992）『芸術作品としての都市——ロンドン　パリ　ウィーン』和田旦訳、芸立出版
アンソニー・グラフトン（2012）『アルベルティ——イタリア・ルネサンスの構築者』森雅彦、足達薫、石澤靖典、佐々木千佳訳、白水社
ポール・ジョンソン（2006）『ルネサンスを生きた人々』富永佐知子訳、ランダムハウス講談社
白幡俊輔（2012）『軍事技術者のイタリア・ルネサンス——築城・大砲・理想都市』思文閣出版
ジャン・ドリュモー（2012）『ルネサンス文明』桐村泰次訳、論創社
中嶋和郎（1996）『ルネサンス理想都市』講談社選書メチエ
野口昌夫（2008）『イタリア都市の諸相——都市は歴史を語る』刀水書房
レオナルド・ダ・ヴィンチ（1958）『レオナルド・ダ・ヴィンチの手記』下巻、杉浦明平訳、岩波文庫
若桑みどり（1999）『フィレンツェ（世界の都市の物語）』文春文庫

〈ローマ〉

石鍋真澄（1991）『サン・ピエトロが立つかぎり——私のローマ案内』吉川弘文館
石鍋真澄（2000）『サン・ピエトロ大聖堂』吉川弘文館
河島英昭（2000）『ローマ散策』岩波新書［第四章でも使用］
ジークフリート・ギーディオン（1973）『空間・時間・建築1（新版）』太田實訳、丸善
バーバラ・W・タックマン（2009）『愚行の世界史——トロイアからベトナムまで』上巻、大社淑子訳、中公文庫
弓削達（1999）『ローマ（世界の都市の物語）』文春文庫
コーリン・ロウ、レオン・ザトコウスキ（2006）『イタリア十六世紀の建築』稲川直樹訳、六耀社

二川幸夫企画・撮影、横山正文解説（1973）『世界の村と街＃4　イタリア半島の村と街Ⅰ』A.D.A. EDITA Tokyo
ジーン・A・ブラッカー（2011）『ルネサンス都市フィレンツェ』森田義之、松本典昭訳、岩波書店
〈イスラーム〉
会田雄次、江上波夫、高津春繁、富永惣一、森鹿三監修（1968）『世界歴史シリーズ第9巻　イスラム世界』世界文化社
浅野和生（2003）『イスタンブールの大聖堂——モザイク画が語るビザンティン帝国』中公新書
飯島英夫（2010）『トルコ・イスラム建築』冨山房インターナショナル
片倉もとこ編集代表（2002）『イスラーム世界事典』明石書店
W・S・ギブソン（1992）『ブリューゲル　民衆劇場の画家』森洋子、小池寿子訳、美術公論社
アンリ・スチールラン（1987）『イスラムの建築文化』神谷武夫訳、原書房
セゾン美術館・土田久子・一條彰子編（1993）『ボイマンス美術館展——バベルの塔をめぐって』セゾン美術館
日本イスラム協会、嶋田襄平、板垣雄三、佐藤次高監修（2002）『新イスラム事典』平凡社
羽田正（1994）『モスクが語るイスラム史』中公新書
深見奈緒子（2003）『イスラーム建築の見かた——聖なる意匠の歴史』東京堂出版
深見奈緒子（2005）『世界のイスラーム建築』講談社現代新書
深見奈緒子（2013）『イスラーム建築の世界史』岩波書店
ジョナサン・ブルーム、シーラ・ブレア（2001）『岩波 世界の美術 イスラーム美術』桝屋友子訳、岩波書店
アミン・マアルーフ（2001）『アラブが見た十字軍』牟田口義郎、新川雅子訳、ちくま学芸文庫［終章でも使用］
水谷周（2010）『イスラーム建築の心——マスジド』国書刊行会
〈仏塔・出雲大社〉
足立康（1987）『塔婆建築の研究』中央公論美術出版
井上章一（1994）『法隆寺への精神史』弘文堂
上田篤編（1996）『五重塔はなぜ倒れないか』新潮選書
大林組プロジェクトチーム編（2000）『古代出雲大社の復元（増補版）』学生社
川添登（1960）『民と神の住まい——大いなる古代日本』光文社
川添登（1964）『日本の塔』淡交新社
木下正史（2005）『飛鳥幻の寺、大官大寺の謎』角川選書
「五重塔のはなし」編集委員会編著（2010）『五重塔のはなし』建築資料研究社
佐竹昭広他校注（1999）『新日本古典文学大系1 萬葉集一』岩波書店
東京国立博物館、島根県立古代出雲歴史博物館編（2012）『特別展「出雲

のテクノロジー』栗原泉訳、講談社学術文庫
酒井健（2006）『ゴシックとは何か』ちくま学芸文庫［第三章でも使用］
サン＝テグジュペリ（1984）『サン＝テグジュペリ著作集2　夜間飛行・戦う操縦士』山崎庸一郎訳、みすず書房
志子田光雄、志子田富壽子（1999）『イギリスの大聖堂』晶文社
ジャン・ジャンペル（1969）『カテドラルを建てた人びと』飯田喜四郎訳、鹿島研究所出版会（SD選書）
出口保夫、小林章夫、齊藤貴子編（2009）『21世紀 イギリス文化を知る事典』東京書籍　［第三章、第四章でも使用］
ジョルジュ・デュビィ（1995）『ヨーロッパの中世——芸術と社会』池田健二、杉崎泰一郎訳、藤原書店
パトリック・ドゥムイ（2010）『大聖堂』武藤剛史訳、白水社（文庫クセジュ）
グザヴィエ・バラル・イ・アルテ（2001）『中世の芸術』西田雅嗣訳、白水社（文庫クセジュ）
蛭川久康、櫻庭信之、定松正、松村昌家、ポール・スノードン編著（2002）『ロンドン事典』大修館書店［第三章、第四章でも使用］
ハンス・ヤンツェン（1999）『ゴシックの芸術——大聖堂の形と空間』前川道郎訳、中央公論美術出版
ジャック・ル・ゴフ（2007）『中世西欧文明』桐村泰次訳、論創社
ジャック・ル・ゴフ、ピエール・ジャンナン、アルベール・ソブール、クロード・メトラ（2012）『フランス文化史』桐村泰次訳、論創社
〈イタリアの塔〉
池上俊一（2001）『シエナ——夢見るゴシック都市』中公新書
石鍋真澄（1988）『聖母の都市シエナ——中世イタリアの都市国家と芸術』吉川弘文館
D・ウェーリー（1971）『イタリアの都市国家』森田鉄郎訳、平凡社（世界大学選書）
金沢百枝、小澤実（2011）『イタリア古寺巡礼——フィレンツェ→アッシジ』新潮社
黒田泰介（2011）『イタリア・ルネサンス都市逍遥——フィレンツェ：都市・住宅・再生』鹿島出版会
齊藤寛海、山辺規子、藤内哲也編（2008）『イタリア都市社会史入門——12世紀から16世紀まで』昭和堂
陣内秀信著、大坂彰執筆協力（1988）『都市を読む——イタリア』法政大学出版局
高橋慎一朗、千葉敏之編（2009）『中世の都市——史料の魅力、日本とヨーロッパ』東京大学出版会
C・M・チポラ（1977）『時計と文化』常石敬一訳、みすず書房
徳橋曜編著（2004）『環境と景観の社会史』文化書房博文社
クリストファー・ヒバート（1999）『フィレンツェ』上巻、横山徳爾訳、原書房

E・M・フォースター（1994）「ファロスとファリロン」『E.M.フォースター著作集7　ファロスとファリロン／デーヴィーの丘』池澤夏樹、中野康司訳、みすず書房
E・M・フォースター（2010）『アレクサンドリア』中野康司訳、ちくま学芸文庫
ジャスティン・ポラード、ハワード・リード（2009）『アレクサンドリアの興亡──現代社会の知と科学技術はここから始まった』藤井留美訳、主婦の友社
ダニエル・ロンドー（1999）『アレクサンドリア』中条省平、中条志穂訳、Bunkamura
〈日本〉
一瀬和夫（2009）『古墳時代のシンボル──仁徳陵古墳』新泉社
国立歴史民俗博物館編（2001）『高きを求めた昔の日本人──巨大建造物をさぐる』山川出版社
清水眞一（2007）『最初の巨大古墳──箸墓古墳』新泉社
都出比呂志（2000）『王陵の考古学』岩波新書
寺沢薫（2008）『日本の歴史02　王権誕生』講談社学術文庫
広瀬和雄（2010）『前方後円墳の世界』岩波新書
松木武彦（2007）『全集日本の歴史第1巻　列島創世記』小学館
松木武彦（2009）『進化考古学の大冒険』新潮選書
松木武彦（2011）『古墳とはなにか──認知考古学からみる古代』角川選書

●第二章
A・ジェラール（2000）『ヨーロッパ中世社会史事典（新装版）』池田健二訳、藤原書店
〈城郭〉
太田静六（2011）『世界の城郭　ヨーロッパの古城──城郭の発達とフランスの城（新装版）』吉川弘文館
J・E・カウフマン、H・W・カウフマン（2012）『中世ヨーロッパの城塞──攻防戦の舞台となった中世の城塞、要塞、および城壁都市』中島智章訳、マール社
白幡俊輔（2012）『軍事技術者のイタリア・ルネサンス──築城・大砲・理想都市』思文閣出版
〈ゴシック大聖堂〉
浅野和生（2009）『ヨーロッパの中世美術──大聖堂から写本まで』中公新書
ヘンリー・アダムズ（2004）『モン・サン・ミシェルとシャルトル』野島秀勝訳、法政大学出版局
馬杉宗夫（1992）『大聖堂のコスモロジー──中世の聖なる空間を読む』講談社現代新書
J・ギース、F・ギース（2012）『大聖堂・製鉄・水車──中世ヨーロッパ

美訳、河出書房新社
ニナ・バーリー（2011）『ナポレオンのエジプト』竹内和世訳、白揚社
ラビブ・ハバシュ（1985）『エジプトのオベリスク』吉村作治訳、六興出版
アンドレ・パロ（1976）『聖書の考古学（新装版）』波木居斉二、矢島文夫訳、みすず書房
ピョートル・ビエンコウスキ、アラン・ミラード編著（2004）『大英博物館版　図説 古代オリエント事典』池田裕、山田重郎翻訳監修、池田潤、山田恵子、山田雅道訳、東洋書林
J・G・マッキーン（1976）『バビロン』岩永博訳、法政大学出版局
ヤロミール・マレク（2004）『岩波 世界の美術　エジプト美術』近藤二郎訳、岩波書店
吉村作治（2006）『ピラミッドの謎』岩波ジュニア新書
ポール・ランプル（1983）『古代オリエント都市』北原理雄訳、井上書院
Dieter Arnold, *The Encyclopedia of Ancient Egyptian Architecture*, Princeton University Press, 2003
〈古代ローマ〉
青柳正規（1990）『古代都市ローマ』中央公論美術出版
青柳正規（1992）『皇帝たちの都ローマ――都市に刻まれた権力者像』中公新書
アルベルト・アンジェラ（2012）『古代ローマ人の24時間――よみがえる帝都ローマの民衆生活』関口英子訳、河出文庫
ウィトルーウィウス（1979）『ウィトルーウィウス　建築書（普及版）』森田慶一訳註、東海大学出版会
エドワード・ギボン（1996）『ローマ帝国衰亡史〈5〉第31－38章 アッティラと西ローマ帝国滅亡』朱牟田夏雄訳、ちくま学芸文庫
ピエール・グリマル（1995）『ローマの古代都市』北野徹訳、白水社（文庫クセジュ）
ピエール・グリマル（1998）『都市ローマ』青柳正規、野中夏実訳、岩波書店
ピエール・グリマル（2005）『古代ローマの日常生活』北野徹訳、白水社（文庫クセジュ）
ピエール・グリマル（2009）『ローマ文明』桐村泰次訳、論創社
タキトゥス（1981）『年代記――ティベリウス帝からネロ帝へ』下巻、国原吉之助訳、岩波文庫
Jérôme Carcopino, *Daily Life in Ancient Rome*, Yale University Press, 2003
〈アレクサンドリア〉
イブン・ジュバイル（2009）『イブン・ジュバイルの旅行記』藤本勝次、池田修監訳、講談社学術文庫
ストラボン（1994）『ギリシア・ローマ世界地誌』Ⅰ・Ⅱ巻、飯尾都人訳、龍渓書舎
野町啓（2009）『学術都市アレクサンドリア』講談社学術文庫

会
ローランド・J・メインストン（1984）『構造とその形態――アーチから超高層まで』山本学治、三上祐三訳、彰国社
S・E・ラスムッセン（1993）『都市と建築』横山正訳、東京大学出版会
マグダ・レヴェツ・アレクサンダー（1992）『塔の思想――ヨーロッパ文明の鍵（新装版）』池井望訳、河出書房新社
エドワード・レルフ（1999）『都市景観の20世紀』高野岳彦、神谷浩夫、岩瀬寛之訳、筑摩書房
Jonathan Barnett, *City Design: Modernist, Traditional, Green and Systems Perspectives*, Routledge, 2011
Georges Binder(ed.), *Tall Buildings of Europe, the Middle East and Africa*, Images Publishing, 2006
Georges Binder(ed.), *101 of the world's tallest buildings*, Images Publishing, 2006
Peter Hall, *Cities of Tomorrow: third edition*, Blackwell Publishing, 2002
Erwin Heinle, Friz Leonhardt, *Towers*, Rizzoli, 1989
K. Al-Kodmany, M. M. Ali, *The Future of the City - Tall Buildings and Urban Design*, Wit Press, 2013
Spiro Kostof, *The City Shaped*, Bulfinch, 1991

●第一章

〈古代オリエント（メソポタミア・エジプト）〉

ベアトリス・アンドレ＝サルヴィニ（2005）『バビロン』斎藤かぐみ訳、白水社（文庫クセジュ）
磯崎新（2001）『磯崎新の建築談議＃01　カルナック神殿［エジプト時代］』六耀社
リチャード・H・ウィルキンソン（2002）『古代エジプト神殿大百科』内田杉彦訳、東洋書林
H・ウーリッヒ（2001）『人類最古の文明の源流――シュメール』戸叶勝也訳、アリアドネ企画
ミロスラフ・ヴェルナー（2003）『ピラミッド大全』津山拓也訳、法政大学出版局
大城道則（2010）『ピラミッドへの道――古代エジプト文明の黎明』講談社選書メチエ
岸本通夫・伴康哉他（1989）『世界の歴史2　古代オリエント』河出書房新社
小林登志子（2005）『シュメル――人類最古の文明』中公新書
K・ジャクソン、J・スタンプ（2004）『図説 大ピラミッドのすべて』吉村作治監修、月森左知訳、創元社
イアン・ショー、ポール・ニコルソン（1997）『大英博物館　古代エジプト百科事典』内田杉彦訳、原書房
アルベルト・シリオッティ（1998）『ピラミッド』矢島文夫監訳、吉田春

参考文献

●全体に関わる文献

太田博太郎（1989）『日本建築史序説（増補第2版）』彰国社
太田博太郎（2013）『日本の建築――歴史と伝統』ちくま学芸文庫
川添登（1970）『都市と文明（改訂版）』雪華社
川添登（1982）『象徴としての建築』筑摩書房
河村英和（2013）『タワーの文化史』丸善出版
ジョナサン・グランシー（2010）『失われた建築の歴史』中川武日本版監修、清野有希、千葉麻由子、島田麻里子訳、東洋書林
スピロ・コストフ（1990）『建築全史――背景と意味』鈴木博之監訳、住まいの図書館出版局
佐藤彰（2006）『崩壊について』中央公論美術出版
佐原六郎（1971）『塔のヨーロッパ』NHKブックス
佐原六郎（1985）『世界の古塔』雪華社
彰国社編（1993）『建築大辞典（第2版）』彰国社
P・D・スミス（2013）『都市の誕生――古代から現代までの世界の都市文化を読む』中島由華訳、河出書房新社
坪井善昭、小堀徹、大泉楯、原田公明、鳴海祐幸編著（2007）『［広さ］［長さ］［高さ］の構造デザイン』建築技術
イーフー・トゥアン（1992）『トポフィリア――人間と環境』小野有五、阿部一訳、せりか書房
東京都江戸東京博物館、読売新聞社、NHK、NHKプロモーション編（2012）『ザ・タワー――都市と塔のものがたり』東京都江戸東京博物館、読売新聞社、NHKプロモーション
アレクシ・ド・トクヴィル（2008）『アメリカのデモクラシー』第二巻（上）、松本礼二訳、岩波文庫
ジェームズ・トレフィル（1994）『ビルはどこまで高くできるか』出口敦訳、翔泳社
ジョナサン・バーネット（2000）『都市デザイン――野望と誤算』兼田敏之訳、鹿島出版会
日端康雄（2008）『都市計画の世界史』講談社現代新書
藤岡通夫、渡辺保忠、桐敷真次郎、平井聖（1967）『建築史』市ケ谷出版社
ケネス・フランプトン（2003）『現代建築史』中村敏男訳、青土社
レオナルド・ベネヴォロ（1976）『近代都市計画の起源』横山正訳、鹿島出版会（SD選書）
レオナルド・ベネヴォロ（2004）『近代建築の歴史』武藤章訳、鹿島出版会
ルイス・マンフォード（1974）『都市の文化』生田勉訳、鹿島研究所出版

講談社現代新書　2301

高《こう》層《そう》建《けん》築《ちく》物《ぶつ》の世《せ》界《かい》史《し》

二〇一五年二月二〇日第一刷発行

著者　大《おお》澤《さわ》昭《あき》彦《ひこ》　© Akihiko Ōsawa 2015

発行者　鈴木　哲

発行所　株式会社講談社
東京都文京区音羽二丁目一二―二一　郵便番号一一二―八〇〇一
電話　出版部　〇三―五三九五―三五二一
販売部　〇三―五三九五―五八一七
業務部　〇三―五三九五―三六一五

装幀者　中島英樹

印刷所　凸版印刷株式会社

製本所　株式会社大進堂

定価はカバーに表示してあります　Printed in Japan

N.D.C. 520　438p　18cm
ISBN978-4-06-288301-6

「講談社現代新書」の刊行にあたって

教養は万人が身をもって養い創造すべきものであって、一部の専門家の占有物として、ただ一方的に人々の手もとに配布され伝達されうるものではありません。

しかし、不幸にしてわが国の現状では、教養の重要な養いとなるべき書物は、ほとんど講壇からの天下りや単なる解説に終始し、知識技術を真剣に希求する青少年・学生・一般民衆の根本的な疑問や興味は、けっして十分に答えられ、解きほぐされ、手引きされることがありません。万人の内奥から発した真正の教養への芽ばえが、こうして放置され、むなしく滅びさる運命にゆだねられているのです。

このことは、中・高校だけで教育をおわる人々の成長をはばんでいるだけでなく、大学に進んだり、インテリと目されたりする人々の精神力の健康さえもむしばみ、わが国の文化の実質をまことに脆弱なものにしています。単なる博識以上の根強い思索力・判断力、および確かな技術にささえられた教養を必要とする日本の将来にとって、これは真剣に憂慮されなければならない事態であるといわなければなりません。

わたしたちの「講談社現代新書」は、この事態の克服を意図して計画されたものです。これによってわたしたちは、講壇からの天下りでもなく、単なる解説書でもない、もっぱら万人の魂に生ずる初発的かつ根本的な問題をとらえ、掘り起こし、手引きし、しかも最新の知識への展望を万人に確立させる書物を、新しく世の中に送り出したいと念願しています。

わたしたちは、創業以来民衆を対象とする啓蒙の仕事に専心してきた講談社にとって、これこそもっともふさわしい課題であり、伝統ある出版社としての義務でもあると考えているのです。

一九六四年四月　野間省一

哲学・思想I

哲学・思想Ⅱ

宗教

27 禅のすすめ——佐藤幸治
135 日蓮——久保田正文
217 道元入門——秋月龍珉
330 須弥山と極楽——定方晟
606 「般若心経」を読む——紀野一義
667 生命《いのち》あるすべてのものに　マザー・テレサ
698 神と仏——山折哲雄
997 空と無我——定方晟
1210 イスラームとは何か——小杉泰
1222 キリスト教文化の常識——石黒マリーローズ
1254 日本仏教の思想——立川武蔵
1469 ヒンドゥー教　クシティ・モーハン・セーン 中川正生 訳
1609 一神教の誕生——加藤隆
1755 仏教発見！——西山厚
1988 入門 哲学としての仏教　竹村牧男
2100 ふしぎなキリスト教——橋爪大三郎 大澤真幸
2146 世界の陰謀論を読み解く——辻隆太朗
2150 ほんとうの親鸞——島田裕巳
2159 古代オリエントの宗教　青木健

世界の言語・文化・地理

368 地図の歴史(世界篇) 織田武雄
958 英語の歴史——中尾俊夫
987 はじめての中国語——相原茂
1073 はじめてのドイツ語 福本義憲
1111 ヴェネツィア——陣内秀信
1183 はじめてのスペイン語 東谷穎人
1253 アメリカ南部 ジェームス・M・バーダマン 森本豊富 訳
1353 はじめてのラテン語 大西英文
1386 キリスト教英語の常識——石黒マリーローズ
1396 はじめてのイタリア語 郡史郎
1402 英語の名句・名言 ピーター・ミルワード 別宮貞徳 訳
1446 南イタリアへ!——陣内秀信
1701 はじめての言語学 黒田龍之助
1753 中国語はおもしろい 新井一二三
1905 甲骨文字の読み方——落合淳思
1949 見えないアメリカ——渡辺将人
1959 世界の言語入門——黒田龍之助
1991 「幽霊屋敷」の文化史 加藤耕一
1994 マンダラの謎を解く 武澤秀一
2052 なぜフランスでは子どもが増えるのか 中島さおり
2081 はじめてのポルトガル語 浜岡究
2086 英語と日本語のあいだ 菅原克也
2104 国際共通語としての英語——鳥飼玖美子
2107 野生哲学——管啓次郎 小池桂一
2108 現代中国「解体」新書——梁過
2158 一生モノの英文法——澤井康佑

日本史

369 地図の歴史(日本篇) 織田武雄
1258 身分差別社会の真実——斎藤洋一 大石慎三郎
1265 七三一部隊——常石敬一
1292 日光東照宮の謎——高藤晴俊
1322 藤原氏千年——朧谷寿
1379 白村江——遠山美都男
1394 参勤交代——山本博文
1414 謎とき日本近現代史 野島博之
1599 戦争の日本近現代史 加藤陽子
1648 天皇と日本の起源 遠山美都男
1680 鉄道ひとつばなし——原武史
1685 謎とき本能寺の変——藤田達生

1707 参謀本部と陸軍大学校 黒野耐
1797 「特攻」と日本人——保阪正康
1885 鉄道ひとつばなし2——原武史
1918 日本人はなぜキツネにだまされなくなったのか 内山節
1924 東京裁判——日暮吉延
1971 歴史と外交——東郷和彦
1982 皇軍兵士の日常生活 一ノ瀬俊也
2031 明治維新 1858-1881 坂野潤治 大野健一
2040 中世を道から読む——齋藤慎一
2051 岩崎彌太郎——伊井直行
2089 占いと中世人——菅原正子
2095 鉄道ひとつばなし3——原武史
2098 戦前昭和の社会——井上寿一

2102 宣教師ニコライとその時代——中村健之介
2106 戦国誕生——渡邊大門
2109 「神道」の虚像と実像 井上寛司
2131 池田屋事件の研究——中村武生
2152 鉄道と国家——小牟田哲彦
2154 邪馬台国をとらえなおす——大塚初重
2190 戦前日本の安全保障——川田稔
2192 江戸の小判ゲーム——山室恭子
2196 藤原道長の日常生活 倉本一宏
2202 西郷隆盛と明治維新 坂野潤治

世界史Ⅰ

世界史Ⅱ